全国高职高专教育"十一五"规划教材

口才与演讲

主编　孟庆荣　李文博
副主编　王立军　韩富军　潘有华

高等教育出版社

内容提要

本书系统地讲述了口语交际的基础知识，介绍了一系列行之有效的口语交际能力训练方法，引用了大量生动的、有说服力的案例，附有形式多样、可操作性强的"实训设计"。全书分为口语表达基础、态势语、口才基础训练、口才技巧训练、演讲基础、演讲稿设计与拟写训练、演讲综合训练，内容充实，讲解深入浅出。

本书既可作为高职高专教材使用，还可作为短期培训教材和进行自我口才训练用书。

图书在版编目（CIP）数据

口才与演讲/孟庆荣，李文博主编．—北京：高等教育出版社，2009.8（2016.11 重印）
ISBN 978-7-04-027394-6

Ⅰ．口… Ⅱ．①孟…②李… Ⅲ．①口才学-高等学校：技术学校-教材②演讲学-高等学校：技术学校-教材 Ⅳ．H019

中国版本图书馆 CIP 数据核字（2009）第 113748 号

策划编辑	王　冰	责任编辑	赵愫简	封面设计	张申申	版式设计	马敬茹
责任校对	王　超	责任印制	刘思涵		

出版发行	高等教育出版社	咨询电话	400-810-0598
社　　址	北京市西城区德外大街 4 号	网　　址	http://www.hep.edu.cn
邮政编码	100120		http://www.hep.com.cn
印　　刷	唐山市润丰印务有限公司	网上订购	http://www.landraco.com
开　　本	787×1092　1/16		http://www.landraco.com.cn
印　　张	12.25	版　　次	2009 年 8 月第 1 版
字　　数	290 000	印　　次	2016 年 11 月第 4 次印刷
购书热线	010-58581118	定　　价	19.90 元

本书如有缺页、倒页、脱页等质量问题，请到所购图书销售部门联系调换
版权所有　侵权必究
物 料 号　27394-00

前 言

语言作为信息的载体,是人类进行思维和交际最重要的工具之一。现代社会人们之间的交往日益频繁,语言表达能力对人们显得尤为重要。美国人早在20世纪40年代就把"会说话、金钱、原子弹"看做是在世界上生存和发展的三大法宝;到了60年代,又把"会说话、金钱、电脑"看成是最有力的三大法宝。而"会说话"一直独冠三大法宝之首,由此足以看出"会说话"的价值所在。在我国也一样,"会说话"是打开成功大门的一把金钥匙。

无论是在生活中,还是在社交中,抑或在职场中,"会说话"的人,即有口才的人都会用朴实无华的语言感染人,用激情的语言吸引人,用坦诚的语言打动人,用机智的语言征服人。而"笨嘴拙舌"的人,事事有心而无能为力;处事主动,却被迫受制于人;话题虽好,说来却索然无味;心里一团火,话语却冷冰冰;心存善意,人际关系却紧张。

美国医药学博士大卫·奥门说过:"我们应该尽力培养出一种(语言)能力,让别人能够进入我们的脑海和心灵,能够在别人面前、在人群当中、在大众之前,清晰地把自己的思想和意念传递给别人。"没有哪个人生来就拥有语言能力。语言能力和好口才是在学习和实践中训练出来的技能。在现实生活与学习中,由于每个人的主客观条件和学习需求不同,获得语言能力的快慢和能力高低也有所差异,人的语言能力主要还是依赖后天的语言交流和训练得到强化和提升。因此,只要讲究方法,下了真工夫,人人都能掌握口语表达的基本技巧,说得好,说得妙。

本教材不仅系统地讲述了口语交际的基础知识,介绍了一系列行之有效的能力训练方法,而且传授了一些口语交际的基本技巧。这些技巧融入了为人处世的道理和社交的智慧,汇集了理性的考量与思辨的语言,概括了"口才"要旨,既使人领略到神奇的语言魅力,又能使人逐渐掌握口才的真谛。

本教材编写本着"理论点拨,着重操练"的原则,以加强高职高专学生语言运用能力培养为目标,把学习语言的过程作为一个交际过程,使学生在交际中不仅能规范地运用语言,而且能结合语境灵活地、得体地运用语言。为此,本教材设计了七章内容,分别为口语表达基础、态势语、口才基础训练、口才技巧训练、演讲基础、演讲稿设计与拟写训练、演讲综合训练。

本教材编写分工如下:

第一章　口语表达基础,由李文博、张丹编写;

第二章　态势语,由韩富军、李彦华编写;

第三章　口才基础训练,由高春倩编写;

第四章　口才技巧训练,由许贵研、孟庆荣、李长城编写;

第五章　演讲基础,由祁福雪、孟庆荣、李金颖、张永力编写;

第六章　演讲稿设计与拟写训练,由王立军、潘有华编写;

第七章　演讲综合训练,由王立军、华英编写。

本教材由孟庆荣组织作者编写和负责全书统稿。

承蒙西安东方亚太职业学院黄高才教授担任本书主审,在本书编写过程中给予了指导,我们在此表示十分的感谢。本书编著中参考了一些书籍和资料,在此,向原作者们表示衷心的感谢。书中不当之处,恳请各位专家和读者指正。

孟庆荣
二〇〇九年七月

目 录

第一章 口语表达基础 1
    第一节 口语表达的基本要求 1
    第二节 普通话 5
    第三节 口语表达方式及特点 10
    第四节 影响口语表达能力形成的几个因素 18

第二章 态势语 26
    第一节 表情 26
    第二节 姿势 33
    第三节 手势 36
    第四节 致意 42

第三章 口才基础训练 46
    第一节 朗读 46
    第二节 背诵 55
    第三节 复述 58
    第四节 模仿 61
    第五节 倾听 64

第四章 口才技巧训练 69
    第一节 幽默 69
    第二节 委婉 72
    第三节 诡辩 77
    第四节 模糊 80
    第五节 发问 84

第五章 演讲基础 88
    第一节 演讲者素养 88
    第二节 主体形象气质类型设计 97
    第三节 演讲场合和风格 104

第六章 演讲稿设计与拟写训练 113
    第一节 演讲稿的选题和取材 113
    第二节 演讲稿结构设计和语言的锤炼 123

第七章 演讲综合训练 136
    第一节 求职 136
    第二节 竞聘 144
    第三节 主持 153
    第四节 社交 161

第五节　发言 …………………………………………………………… 173
　　第六节　论辩 …………………………………………………………… 177
参考文献 ………………………………………………………………………… 188

第一章　口语表达基础

　　口语是人们在交往过程中口头使用的语言,是最早被人类普遍应用的语言形式。口语表达是我们生活当中最常用、最普及的表达方式。口语表达灵活多变,不同的场合、不同的心态、不同的表达对象、不同的话题、不同的表述技巧都会影响表达的效果。

第一节　口语表达的基本要求

【学习目标】
1. 了解口语表达的基本要求。
2. 学会正确的发音、断句以及使用恰当的音量。
3. 通过绕口令练习,掌握正确的发音。
4. 通过训练,能够流畅、声音洪亮地当众发言。

【引例与分析】
　　1997年春季,上海市的一些中学公开招聘青年教师。这条信息对上海的大专院校应届毕业生中的外地生来说是天赐良机,应聘者如潮。其中不少学生在回答"你为什么应聘"的问题时,坦率直言:尽管自己不是师范类学生,但愿意应聘,这样就可以留在上海了。如此回答者全部落聘。

　　有位女生不同,她笑言:"我不否认这是留在上海的一个好机会。但如果有一天我的学生站在了国际奥林匹克竞赛的领奖台上,也同样可以证实我的人生价值。"她被录用了。

分析:
　　前面那些同学失败的原因就在于诚实过了头,目的性赤裸得毫无遮掩,招聘者无法不失望,他们甚至宁可希望听到几句美丽的谎言也不愿一览无余。后面的这位女生首先是诚实的,想留在上海;但她又避实就虚地说更看重发展机会。没有"为人师表"、"传道授业解惑"的豪言壮语,希望培桃育李证明自身价值。虚实相间的应对,多少来一点"投其所好",是一种智慧的表现。有实无虚,就会流于浅薄,闻之生腻;有虚无实,则会让人捉摸不定,无从信任。以实为主,以虚为辅,虚实相间,才能游刃有余,志在必得。择业如此,别的人生机遇也大抵如此。

【相关知识】
　　口语表达即说话,是日常生活中我们与他人沟通的主要方式。口语表达应做到发音正确、清晰、优美,词句流畅、准确、易懂,语调贴切、自然、符合情景。

一、发音正确、清晰、优美

口语表达对以声音为主要手段的语音的要求很高,既要能准确地表达出丰富多彩的思想感情,又要赏心悦耳、清晰优美。为此,口语表达者必须认真对语音进行研究,努力使自己的声音达到最佳状态。

一般来说,最佳语音是:

准确清晰,即吐字正确清楚,语气得当,节奏自然;

清亮圆润,即声音洪亮,铿锵有力,悦耳动听;

富于变化,即区分轻重缓急,随感情变化而变化;

有传达力,即声音有一定的响度和力度,能够很好地使用共鸣,使在场听众都能听真切、听明白。

口语语音中常见的毛病有声音痉挛颤抖,飘忽不定;大声喊叫,音量过高;音节含糊,夹杂明显的气息声;声音忽高忽低,音响失度;朗诵腔调,生硬呆板等。所有这些,都会影响听众对口语内容的理解。

要达到最佳语音效果,一般来说,要做到如下几点:

(一)字正腔圆

字正,是口语语言的基本要求,要读准字音,读音响亮,送音有力。读音要符合普通话声母、韵母、声调、音节、音变的标准,严格避免地方音和误读。如将"鞋子"说成"孩子",将"干涸"说成"干固"等。读错、讲错字音,一方面直接影响听众对一个词、一个句子,甚至整篇内容的理解;另一方面也直接影响口语者的声誉和威信,降低听众对口语者的信任感。

腔圆,即声音圆润清亮,婉转甜美,富有音乐美。话是说给别人听的,一般说话要把声音送到人家耳朵里,要让听者听得清楚,所以要响亮。生活中经常会遇到这样一些人,他们说话声音很小,一番对话中有时候要重复好几遍才听清楚他要表达的是什么,这样不但令聆听者吃力,更表现出说话者缺乏自信的一面,试想一下有哪个成功的人说话像蚊子一样小声。另外,口语中齐齿呼音节(i 和 i 开头的韵母)与撮口呼音节(ü 或以 ü 开头的韵母)发音时由于口腔开合小,共鸣腔体不大,会使声音发出来不亮。在准备讲稿时要尽量换成开口呼音节(a 或以 a 开头的韵母)与合口呼音节(o 或以 o 开头的韵母)。如:把"北京'至'上海的特快"改为"北京'到'上海的特快",把"老师'与'同学们"改为"老师'和'同学们"。

字正腔圆也就是说话清晰,要让听者知道说的是什么。当然,有时候可以说得幽默一点,也可以加入生活题材的玩笑,但切忌不要离题太远,最终还是要让听者知道重点在哪儿,让人听得懂。

(二)分清词界

词分单音节和多音节。单音节词不会割裂分读,而多音节词则有可能割裂引起歧义。例如:"一米九个头的冯骥才伫立在空荡荡的山谷里。"这句话中的"一米九个头"本意是"一米九的个头",念时应为"一米九——个头",如果词界划分不当,很容易弄成为"一米——九个头",把"个头"(表身材)一词割裂为"个"(量词)和"头"(名词)两个词,因而产生歧义。口语者如出现这种错误,便会引出笑话。

(三)讲究音韵配搭

汉语讲究声调,声调能产生抑扬急缓的变化,使口语富有音乐美。好的口语,平仄错落有致,抑扬顿挫,显得悦耳动听。

（1）双音节化。汉语中的一些单音节词表达意义复杂、深刻,如果能改成双音节就明白、通俗些。并且双音节响亮明朗,有顿挫变化,易于表现语言的音乐美。

（2）注意押韵。如果在适当的地方有意押韵,更能产生一种声音的回环美与和谐美,讲起来上口,听起来悦耳,似有散文诗的风韵。

（3）平仄相间。汉字一字一调,高低升降,起伏变化。平声字的阴平、阳平变化不大,比较稳,易听清楚;仄声字的上声、去声变化大,声音短促,音感强烈。二者要相间配合,使音节起伏变化。此外,恰当地运用象声词和叠声词,进行渲染烘托,也能收到声情并茂的功效。

二、词句流畅、准确、易懂

流畅,主要指没有口头禅。在日常生活或正式报告中,有些人喜欢用"这个、这个"或"那个、那个"或"那……那……"或"嗯……啊……",在句子中加入太多的连接词或语气助词,会使句子的流畅性减低。听众通过口语活动接受信息主要诉诸听觉作用。口语者借助口语发出的信息,要使听众立即能理解。口语与书面语之间有较明显的差距。书面语大多是需要经过反复琢磨才能被理解,而口语则需立即被听懂。与书面语相比,口语具有以下特点：

（1）句式短小。口语不宜使用过长的句子。

（2）通俗易懂。要使用常用词语和一些较流行的口头词语,使语言富有生气和活力。

（3）不过多地做某些精确的列举,特别是过大的数字,常用约数。

（4）较多地使用那些表明个人倾向的词语,如"显而易见"、"依我看来"等,并且常常运用"但是"、"除了"等连接词,使讲话显得活泼、生动、有气势。

三、语调贴切、自然、动情

语调是口语表达的重要手段,它能很好地辅助语言表情达意。同样一句话在不同的语境里,由于语调轻重、高低、长短、急缓等的不同变化可以表达出多种不同的思想感情。一般来讲,表达坚定、果敢、豪迈、愤怒的思想情感,语气急骤,声音较重;表达幸福、温暖、体贴、欣慰的思想感情,语气舒缓,声音较轻;表示优雅、庄重、满足,语调则前后较弱中间强。只有这样,才能绘声绘色地传情达意。

语调的选择和运用,必须切合思想内容,符合语言环境,考虑现场效果。语调贴切、自然正是口语者思想感情在语言上的自然流露。所以,口语者要恰当地运用语调,事先必须准确地掌握口语内容和感情。

四、口语表达的基本注意事项

（1）话语自然。要做到自然,就要按照日常口语的语音、语调来说话,不要带着朗读或背诵的腔调。

（2）语速适当。正常语速大约240~270个音节/分钟,过快和过慢的语速尽量避免。过快的语速会导致别人听不清楚,过慢的语速则显得拖沓、没有生气。

（3）用词得体。要避免方言词,少用书面语,不用时髦语,不用方言句式。

（4）语言流畅。语言流畅是口语表达很重要的一部分,只有语言流畅才能使思想感情准确、恰当地表达,如果总是停顿容易使说话者紧张加剧、思维中断,更使听者不知其意甚至产生厌倦。

【实训设计】

实训任务1： 口述见闻。

从自己身边所看到、听到的最喜欢的事情，或从电视、广播、电影、报刊和广告中所吸收的信息中，选一两条，抓住中心，按一定的顺序简单地讲给大家听。讲述的内容尽量是日常生活中亲眼所见、亲耳所闻的，要注意内容丰富，感情自然。

实训任务2： 绕口令练习。

（1）布和裤
一块粗土布，一条粗布裤。
哥哥拿布又拿裤，飞针走线来扎布。
扎过布，再缝裤，裤子破了用布补。

（2）鹅过河：b　p　g　k
哥哥弟弟坡前坐，坡上卧着一只鹅，坡下流着一条河。
哥哥说：宽宽的河，弟弟说：白白的鹅。
鹅要过河，河要渡鹅。不知是鹅过河，还是河渡鹅。

（3）你会炖我的冻豆腐，就来炖我的冻豆腐；你不会炖我的冻豆腐，别胡炖乱炖炖坏了我的冻豆腐。

（4）房梁吊刀刀倒吊着。

（5）画凤凰：f　h
粉红墙上画凤凰，凤凰画在粉红墙。
红凤凰、粉凤凰，红凤凰、花凤凰。
粉 fen 红 hong 墙 qiang 上 shang 画 hua 凤 feng 凰 huang，
凤 feng 凰 huang 画 hua 在 zai 粉 fen 红 hong 墙 qiang。
红 hong 凤 feng 凰 huang、粉 fen 凤 feng 凰 huang，
红 hong 粉 fen 凤 feng 凰 huang、花 hua 凤 feng 凰 huang。

（6）八百标兵：b　p
八百标兵奔北坡，炮兵并排北边跑。
炮兵怕把标兵碰，标兵怕碰炮兵炮。
八 ba 百 bai 标 biao 兵 bing 奔 ben 北 bei 坡 po，
炮 pao 兵 bing 并 bing 排 pai 北 bei 边 bian 跑 pao。
炮 pao 兵 bing 怕 pa 把 ba 标 biao 兵 bing 碰 peng，
标 biao 兵 bing 怕 pa 碰 peng 炮 pao 兵 bing 炮 pao。

（7）哥挎瓜筐过宽沟：g　k
哥挎瓜筐过宽沟，赶快过沟看怪狗。
光看怪狗瓜筐扣，瓜滚筐空哥怪狗。
哥 ge 挎 kua 瓜 gua 筐 kuang 过 guo 宽 kuan 沟 gou，

赶 gan 快 kuai 过 guo 沟 gou 看 kan 怪 guai 狗 gou。
光 guang 看 kan 怪 guai 狗 gou 瓜 gua 筐 kuang 扣 kou,
瓜 gua 滚 gun 筐 kuang 空 kong 哥 ge 怪 guai 狗 gou。

（8）漆匠和锡匠:j q x
七巷一个漆匠,西巷一个锡匠。
七巷漆匠偷了西巷锡匠的锡,
西巷锡匠拿了七巷漆匠的漆。
七巷漆匠气西巷锡匠偷了漆,
西巷锡匠讥七巷漆匠拿了锡。
请问锡匠和漆匠,谁拿谁的锡？谁偷谁的漆？
七 qi 巷 xiang 一 yi 个 ge 漆 qi 匠 jiang,西 xi 巷 xiang 一 yi 个 ge 锡 xi 匠 jiang。
七 qi 巷 xiang 漆 qi 匠 jiang 偷 tou 了 le 西 xi 巷 xiang 锡 xi 匠 jiang 的 de 锡 xi,
西 xi 巷 xiang 锡 xi 匠 jiang 拿 na 了 le 七 qi 巷 xiang 漆 qi 匠 jiang 的 de 漆 qi。
七 qi 巷 xiang 漆 qi 匠 jiang 气 qi 西 xi 巷 xiang 锡 xi 匠 jiang 偷 tou 了 le 漆 qi,
西 xi 巷 xiang 锡 xi 匠 jiang 讥 ji 七 qi 巷 xiang 漆 qi 匠 jiang 拿 na 了 le 锡 xi。
请 qing 问 wen 锡 xi 匠 jiang 和 he 漆 qi 匠 jiang,
谁 shui 拿 na 谁 shui 的 de 锡 xi?
谁 shui 偷 tou 谁 shui 的 de 漆 qi?

（9）男旅客女旅客:n l
男旅客穿着蓝上装,女旅客穿着呢大衣。
男旅客扶着拎篮子的老大娘。
女旅客搀着拿笼子的小男孩儿。
男 nan 旅 lü 客 ke 穿 chuan 着 zhuo 蓝 lan 上 shang 装 zhuang,
女 nü 旅 lü 客 ke 穿 chuan 着 zhuo 呢 ni 大 da 衣 yi。
男 nan 旅 lü 客 ke 扶 fu 着 zhuo 拎 lin 篮 lan 子 zi 的 de 老 lao 大 da 娘 niang。
女 nü 旅 lü 客 ke 搀 chan 着 zhuo 拿 na 笼 long 子 zi 的 de 小 xiao 男 nan 孩 hai 儿 er。

第二节　普　通　话

【学习目标】
　　1. 了解并掌握普通话的语音结构以及普通话音系。
　　2. 通过声、韵、调的学习,了解在发音中容易犯的错误,并通过训练掌握正确的发音。

【引例与分析】
　　小李是一位来自海南某大学的毕业生,心仪上海已久,打算毕业后一定到上海谋生,听说同学王某已在上海找到了工作。他也准备试试。
　　上海经常举办招聘会,聚集数万名来自全国各地的求职者。他几乎场场不落,但就是没有一家单位准备聘用他。

分析：

一般招聘公司都对求职者的语言规范有明确要求。招聘方普遍表示，如果求职者有浓重的乡音，一般不会考虑。特别是销售、客户服务、主持、礼仪、公关、技术支持以及公共服务业的各类职位，对语言的要求甚至更高。其实说一口标准且流利的普通话，能给招聘官良好的第一印象，也能表现出自身优秀的职业素质。小李屡试不聘的原因很简单，即不会说普通话。

【相关知识】

一、普通话语音的结构单位

一个语句是由许多词按照一定的语法规则组织构成的。词有的是一个音节的，如"美"；有的是两个音节的，如"祖国"；有的是三个音节的，如"普通话"；有的是四个音节的，如"计算机系"。那么，音节是什么？它是由什么构成的呢？

（一）音节和音素

音节是自然的语音单位。人们说话，总是一个音节一个音节发出来的。在汉语里，一个音节写下来就是一个汉字。"我是中国人"五个音节写下来就是五个汉字。有极少的情况例外，"一下儿"这三个字实际上是两个音节，"下儿"是一个音节，念"xiàr"。

音素是最小的语音单位。它是从音节中分析出来的。语音，分解到音素就不能再分了。"绿"可以分析出 l 和 ü，"红"可以分析出 h、o、ng 来。当然，这种分析，必须具备一定的语音知识才能做到，不过，如果我们把声音拖长念，是完全可以体会得到的。

（二）元音和辅音

音素按发音特点分成两大类：元音和辅音。

元音发音时，颤动声带，声音响亮，气流在口腔不受到阻碍，如 a、o、u。辅音发音时，不一定颤动声带（有的颤动声带，如 m、n、l，有的不颤动声带，如 s、sh、x），声音不响亮，气流在口腔要受到不同部位、不同方式的阻碍，如 b、d、g、c、ch、q、f。

辅音一般要跟元音拼合，才能构成音节。

（三）声母、韵母、声调

声母、韵母、声调是我国传统分析汉语音节的结构单位。它们不是最小的单位，因为韵母还有第二层次的结构单位：韵头、韵腹、韵尾，也叫介音、主要元音、尾音。

声母是音节开头的辅音。例如："买 mǎi、卖 mài、明 míng 媚 mèi"开头的"m"就是声母。"二 èr"、"矮 ǎi"这样的音节没有辅音声母，叫做"零声母"音节。

韵母是音节中声母后面的部分。它主要是由元音构成的（鼻韵母有鼻辅音 n 或 ng 作韵尾）。比如："发达 fādá"的 a，"机器 jīqì"的 i，"电线 diànxiàn"的 ian 就是韵母。韵母是每个音节不能缺少的构成成分。没有韵母，就不能构成音节。韵母里面分韵头、韵腹、韵尾。比如"ian"i 是韵头，a 是韵腹，n 是韵尾。只有一个元音的韵母，这个元音就是韵腹，如 i、a。做韵头的元音只有 i、u、ü，如 ia、ua、üe。做韵尾的只有元音 i、o、u 和辅音 n、ng，如：ai、ao、an、ang。

声调是音节的高低升降形式，它是由音高决定的。比如："辉 huī"、"回 huí"、"毁 huǐ"、"惠 huì"四个音节的声母都是 h，韵母都是 ui，但是它们的声调不同，就成了不同的音节，代表不同的意义。所以，声调是构成音节非常重要的成分。一个音节没有标上声调，这个音节就毫无意义，好像一个人没有生命。

普通话声母和韵母相拼构成的基本音节(包括零声母音节)有400多个,加上声调的区别,共有1 200多个音节。这1 200音节的能量非常大,构成我们语言里成千上万的词。

二、普通话音系介绍

普通话"以北京语音为标准音",普通话音系就是北京音系。

(一)普通话的音位系统

能够区分意义的音素叫音位。例如:"布 bù"和"铺 pù"、"变 biàn"和"骗 piàn"、"标 biāo"和"飘 piāo"就是靠 b、p 两个音素来区分的,b、p 就是音位。

人类能发出的音是多种多样的,也可以说是无限的,但某种语言或方言只能选择有限的声音来区别意义。在某种语言或方言里,这些能区分意义的音素互相对立、互相区别,又互相联系、互相制约,构成某种语言或方言的语音系统,简称音系。

普通话能区别意义的音素有元音音素 10 个,辅音音素 22 个,它们构成普通话的音位系统。

1. 元音音素

舌面元音:前元音　i 衣　ü 迂　ê 欸

　　　　　央元音　a 啊

　　　　　后元音　o 喔　e 婀　u 乌

舌尖元音:舌尖前　-i(zi 资　ci 疵　si 思的韵母)

　　　　　舌尖后　-i(zhi 知　chi 吃　shi 诗　ri 日的韵母)

卷舌元音:er 儿

这 10 个元音在构成音节时有选择性。舌尖前元音 -i 只跟 z、c、s 拼合构成音节,舌尖后元音 -i 只和 zh、ch、sh、r 拼合构成音节。ê、er 能自成音节,不直接跟辅音相拼。其他元音既能跟辅音相拼,也能自成音节。

2. 辅音音素

塞音　　b　p　d　t　g　k

塞擦音　z　c　zh　ch　j　q

擦音　　f　s　sh　r　x　h

鼻音　　m　n　ng

边音　　l

辅音音素中的 m、n、ng 三个鼻音,在某些方言里可以独立成音节。比如,有些地方称"妈妈"为"m ma",称"你"为"n",称"五"为"ng"。普通话中有叹词"唔欠 hm"、"哼 heng"等纯辅音音节。这是个别的现象。

(二)普通话的声、韵、调系统

从声、韵、调系统来看,普通话有声母 21 个,韵母 39 个,声调 4 类。

声母,上面所列的 22 个辅音,除 ng 不作声母外,其余 21 个都作声母。

韵母,39 个韵母按它们的结构分为单韵母、复韵母、鼻韵母。

单韵母 10 个,上列 10 个元音都作单韵母。

复韵母 13 个,由两个或三个元音复合而成。有:

ai　ei　ao　ou

ia　ie　ua　uo　üe
iao　iou　uai　uei

鼻韵母 16 个,由元音和鼻辅音 n 或 ng 复合而成。有:
an　en　ang　eng　ong
ian　in　iang　ing　iong
uan　uen　uang　ueng
üan　ün

声调 4 类:

(1) 阴平,念高平调。用五度标记法来表示,就是从 5 到 5,写作 55。声带绷到最紧,始终无明显变化(标为"-")。如:飞、妈、书、家、音、乒。

(2) 阳平,念高升调(或说中升),起音比阴平稍低,然后升到高。用五度标记法表示,就是从 3 升到 5,写作 35。声带从不松不紧开始,逐步绷紧,直到最紧,声音从不低不高到最高(标为"ˊ")。如:池、河、神、床、笛、虫。

(3) 上声,念低降升调。起音半低,先降后升,用五度标记法表示,是从 2 降到 1 再升到 4,写作 214。声带从略微有些紧张开始,立刻松弛下来,稍稍延长,然后迅速绷紧,但没有绷到最紧("赏"读作 shǎng,标为"ˇ")。如:马、把、始、可、果、表。

(4) 去声,念高降调(或称全降),起音高,接着往下滑,用五度标记法表示,是从 5 降到 1,写作 51。声带从紧开始到完全松弛为止,声音从高到低,音长是最短的(标为"ˋ")。如:电、灭、醉、亚、进、贡。

音素系统和声韵调系统,都可以用来说明汉语的语音结构。这两套系统可以结合,但不能混淆。比如:声母是由辅音充当的,但辅音不等于声母,因为辅音除做声母外,还可以作韵母的一部分——韵尾。韵母虽然主要是由元音充当的,但韵母不等于元音,因为韵母里面还有辅音。

和汉语其他方言音系相比较,普通话音系比较简单,它的声母、韵母、声调,一般来说,比其他方言要少,因而比较容易掌握。

在世界语言之林中,汉语属于汉藏语系。跟英、法等印欧语系的语言相比较,汉语语音的最大特点是:声调区别意义。

三、普通话的注意事项

(1) 注意平时易读错的字词,如:菌、虽、茎、拙、戈、瞥(以上都读一声)、髓、瞟、拟、匹(读三声)、档(四声)、因为(四声)、质(四声)量、复(四声)杂、教室(四声)、比较(四声)。

(2) 字词的声调使用准确,避免地方音、方言的使用。注意辅音发音的准确,如:l—n(刘—牛)、y—r(又—肉)、q—x(七—西)、f—h(飞—灰)等。

(3) 注意轻声词的读法,末尾的字要读得既轻又短,有些轻声词以后缀"子、头、们"的形式出现,比较容易分辨,但有一些需要特别记忆,如:朋友、使唤、暖和、包袱、称呼、打听、牌楼、作坊、岁数、打量、比方、包涵、爱人、盘算、白净、快活、热闹、困难、累赘、利索、清楚、模糊等。

【实训设计】

实训任务1： 字词练习。

贴	吻	抓	略	女	怀	涮	司	还（还原）	相（相机）
砣	君	岸	存	坡	炕	枕	虐	俩（咱俩）	石（石板）
避	夸	停	贵	模	饼	痣	秦	采（采访）	叶（叶片）
凡	掐	孔	丢	惹	卧	婶	姜	广（广播）	沓（一沓）
恋	笙	矿	除	张	籽	嘣	习	漂（漂泊）	那（口语音）
锌	润	墙	次	涌	餐	绕	将（将来）	恶（恶毒）	嘿（嘿嘿一笑）
面	播	订	牌	兄	物	索	六（六月）	否（否定）	冲（酒味很冲）
群	窗	掉	跟	熔	拒	孙	尽（尽力）	眯（眯缝）	褪（褪去冬衣）
美	院	吃	贰	险	赴	隋	沤（沤肥）	揣（怀揣）	拗（拗不过）
翁	选	造	海	灌	啪	荫	曾（曾孙）	轴（轴承）	扎（扎裤脚）

小曲儿	罚款	脾气	血渍	知遇	动员
漂亮	安全	群体	没错	强度	死亡
下午	搅扰	亚军	婆婆	劳驾	稳定
刮脸	匪首	课本	舅舅	障碍	奶水
搜查	中间儿	仍然	拐弯	陶瓷	侵略
分蘖	凶狠	回头	修女	赞成	特别
尺寸	恒星	广博	冲刷	随时	快乐
穷人	帮忙	竹笋	民用	打嗝儿	因而
做活儿	命运				

实训任务2： 字词练习。

镍	涩	习	宽	狗	迈	吻	驴	恽	区（姓氏）
坏	嘣	墨	慌	由	入	子	播	润	藏（躲藏）
瞥	救	闩	逛	学	付	均	抵	荫	俩（咱俩）
蝉	寸	嘭	领	心	涌	亏	罚	司	券（债券）
婶	初	砣	篇	却	捐	磷	郑	爷	哄（起哄）
抓	病	秦	面	煮	患	饶	欧	纫	揣（怀揣）
饿	翁	贼	箭	夺	酱	夸	舜	鳀	相（相机）
则	兄	二	梗	跪	池	掉	枕	榻	石（石板）
蹴	标	痛	港	丢	框	掐	宋	啪	那（口语音）
名	枣	痣	防	次	窝	惨	溺	挨（挨打）	褪（褪去冬衣）

送信儿	咖啡	扭搭	沙漠	哈尼族	按期

实用	贫困	喷嚏	昂扬	交流	平反
榫头	独特	蠢笨	肆虐	沉冤	月份
酌量	号召	萌芽	鲜花	奶嘴	判定
上座儿	搜寻	蛐蛐儿	接洽	仍然	拐弯
白菜	冠军	总得	熊猫	萝卜	策略
走味儿	培植	快乐	软骨	鄙薄	物价
因此	调和	而且	往常	机床	生日
悬挂	听讲				

实训任务3： 朗读下面这篇文章。

谦虚是一种美德

谦虚是一种美德，是一种难能可贵的品德。

自古以来，我国人民就有谦虚的美德，人们有许多这方面的格言警句启迪后人。如"满招损，谦受益"，"谦虚使人进步，骄傲使人落后"，"虚心竹有低头叶，傲骨梅无仰面花"，"百尺竿头，更进一步"！

事实上也是如此，没有一个人能够有骄傲的资本，因为任何一个人，即使他在某一方面的造诣很深，也不能够说他已经彻底精通，彻底研究全了。"生命有限，知识无穷"，任何一门学问都是无穷无尽的海洋，都是无边无际的天空……所以，谁也不能够认为自己已经达到了最高境界而停步不前、趾高气扬。如果是那样的话，则必将很快被同行赶上，很快被后人超过。

爱因斯坦是20世纪世界上最伟大的科学家之一，他的相对论以及他在物理学界的其他方面的研究成果，留给我们的是一笔取之不尽、用之不完的财富。然而，就是像这样，他还是在有生之年不断地学习、研究，活到老，学到老。

有人问爱因斯坦："您老可谓是物理学界的空前绝后了，何必还要孜孜不倦地学习呢？何不舒舒服服地休息呢？"爱因斯坦并没有立即回答他这个问题。而是找来一支笔、一张纸，在纸上画上一个大圆和一个小圆，对那位年轻人说："在目前情况下，在物理学这个领域里可能是我比你懂得略多一些。正如你所知的是这个小圆，我所知的是这个大圆，然而整个物理学知识是无边无际的。对于小圆，它的周长小，即与未知领域的接触面小，它感受到自己的未知少；而大圆与外界接触的这一周长大，所以更感到自己的未知东西多，会更加努力地去探索。"

是啊！多么好的一个比喻，多么深刻的一番阐述！

我们每个人都要养成一个"虚怀若谷"的胸怀，都要有一种"谦虚谨慎、戒骄戒躁"的精神。用我们的有限的生命时间去探求更多的知识空间吧！

第三节 口语表达方式及特点

【学习目标】

1. 要求明确和掌握日常口语表达方式的主要内容，明确各种表达方式的特点和应用环境。

2. 了解口语表达与书面语相比具有哪些特点。

3. 学会常用口语表达的技巧,能够在不同的场合,运用不同的口语表达方式与人交流沟通,从而建立良好的人际关系。

4. 通过有效的训练,提高口语表达的灵活性并善于应用。

【引例与分析】

20世纪50年代,有一位英国记者曾向周总理提出:"一个国家向外扩张是由于人口过多。"周总理当即答道:"我不同意这种看法。英国人在第一次世界大战前是4 500万,不算太多,但是英国在很长时间内曾是'日不落'的殖民帝国。美国的面积略小于中国,而美国人口还不及中国人口的1/3,但是美国的军事基地遍布全球,美国的海外驻军150万人。中国人口虽多,但是没有一兵一卒驻在外国领土上,更没有在外国建立军事基地。可见一个国家是否对外扩张,并不决定于它的人口多少,而决定于它的社会制度。"

分析:

周总理在反驳英国记者的论点时,以人口为基点,对比地概述了美、英、中三国的事实,强有力地论证了自己的观点。在该段案例中,论证时所进行的叙述一般是采用概述的方式。

【相关知识】

一、叙述

(一) 叙述的含义及认识

叙述是根据实际的交际情况和表达需要,将一些人或事的情况有条不紊地说清楚,其中包括人物的经历、行为、性格特征或事情的发生、发展、结局等的变化过程,是实现交际目的的最基本、最常见的一种表达方式。通过该方式,接收者才能了解事件的来龙去脉和问题的原始情况;接受者才能认识人物的身份地位、学识教养、思想状况、工作能力、兴趣爱好等。

例如:孔子的"吾十有五而志于学,三十而立,四十而不惑,五十而知天命,六十而耳顺,七十而从心所欲不逾矩",就是他对自己的经历的叙述;他的"伯夷、叔齐不念旧恶,怨是用希",就是他对别人行为的叙述。

由此可见,叙述的形式是多种多样的:它可以是发送者向接受者介绍自己的经历、行为,也可以是发送者向接受者介绍别人的经历、行为;它可以是发送者向接受者交代社会上发生的事件、出现的问题,也可以是发送者向接受者交代自己遇到的事件、感知的问题。

(二) 叙述的要求

不管是详述还是略述,都要求叙述者条理分明、头绪清楚,要让接受者听了你的叙述后,有一个清晰的认识,这样才能够产生你所期待的效果。这一要求主要体现在如下三个方面:

1. 人称得当

叙述中的人称,就是讲述的观察点、立足点。站在不同的地位、从不同的角度来叙述人物的经历、事情的经过,就会产生两种不同的人称:第一人称和第三人称。第一人称的叙述有两种情形:一种是介绍自己不平凡的经历或动人事迹,如英模所作的报告等;另一种是讲述者介绍自己与模范人物的交往情形,以此介绍其先进事迹,如孔繁森事迹报告团所作的先进报告、雷锋的战友所作的报告等。第三人称的叙述,就是讲述者站在"第三者"的立场上,叙述他人的经历或事件经过。所谓人称得当就是选准角度,讲述使用的人称要与讲述者的身份和有关内容协调一致,做到人称统一。

2．交代清楚

任何事件都是由它的起因、经过、结果,以及时间、地点、人物等要素构成的。既然要交代清楚,就要做到头绪清晰,主线明朗,过程完整。这里需要注意的是,详述并非翻来覆去、滔滔不绝。一件事,本来三句话就可以叙述清楚的,你却用了五句、八句,甚至五句、八句之后听者仍未得其要领,那不叫详述,而叫啰唆。

3．繁简适宜

叙述时,对突出人物性格、展示人物精神、表现人物命运的关键情节、典型情景,应根据需要详细叙述,对一般内容则简单地叙述。在较长的口语叙述中,叙述时切忌平铺直叙,详略处理要恰当。重要的、非如此不足以使听者明白的就要详;次要的、一提听者便明了的,就要略。这样的叙说,有张有弛,听者才不会感觉枯燥无味,才把握得住主旨。

（三）叙述的方法

由于详略、先后、开阖、地位和功用的不同,叙述一般可分为概述和详述、顺叙和逆叙、合叙和分叙、特叙和复叙。

概述又称略述、简述,即对人物、事件、事物、情况等作简要的陈述、交代,只勾勒出一个大致的轮廓,注重于事物的总体和全貌,一般呈快节奏的流动,给人留下大概、简略的印象。

详述又称细述、具体叙述,即对人物、事件、事物、情况作详细、具体的述说、交代。叙述中既有时间、地点、状态、特征的具体交代,又有发展过程和场景的详细说明,一般呈慢节奏的流动,给人留下真切、翔实的印象。

顺叙是按照一定的时空发展顺序来叙述人物、事件、事物、情况的方法。这是一种最常见、最基本的叙述方法。顺叙主要有两种:一种是按照人物成长过程或事件发生、发展、高潮、结局的时间顺序叙述;另一种是按照人物活动或事件发展的空间顺序叙述,如由近到远,由左到右,从上到下,从内到外等。口语表达大多采用顺叙。

逆叙是插叙的一种技巧,指说话人有意将正在进行的叙述中断,插入另一段叙述,插叙的内容是由近及远、由今及古的回溯。待逆叙结束后,再接着原来的叙述。

合叙又称总叙,就是在叙述人物、事件、事物、情况时,先作一个总的概括,然后再分头陈述;或先总括地提出自己的观点,再分叙各种新的发展状况,最后再作结论。

分叙又称平叙,指叙述同一时间内在不同地点发生的两件或几件事。由于口语交际的限制,不可能将两件以上的事情同时叙述,就出现了评书中常用的"花开两朵,各表一枝"的手法,这就是分叙。

特叙,指在口语表达中,对所侧重的内容进行特别详尽、着重的叙述,以示强调。

复叙又称复述,它不同于重复啰唆,而是为了突出某种思想,强调某方面的内容,表达深切、浓烈的感情,增强话语的节奏感,往往有意识地连续或间隔地反复使用某一词语或句子。

二、描述

（一）描述的含义及认识

描述,是用生动形象的言辞进行具体细致的描绘,表示自己对客观事物的看法。通过这种表示,接受者可以获得鲜明的印象和深刻的感受,产生如临其境、如闻其声的感受。描述与叙述是有区别的：叙述着重对人物的经历、事件的经过作动态的介绍和交代，描述则着重于对人物、事件、环境的活生生的画面作静态的描绘和刻画。然而在通常情况下二者也需要结合起来运用，二者相辅相成，才能使语言绘声绘色。

（二）描述的对象

描述的对象可简单划分为三类。第一，景物描述，即从形、态、色、神等方面对自然风光、人文景观、社会环境的描绘。第二，人物描述，包括对人物的容貌、衣着、神情、姿态的肖像描绘和事件中对人物语言、行为、心理的描绘，以此表现其性格特点。第三，场面描述，是对特定时间和环境内的以人物活动为中心的总体生活画面的描绘，也是对一些令人兴奋、愤怒、悲哀、喜悦等场面的描绘，这种场面往往具有强烈的感染作用。

（三）描述的要求

1. 描述的目的要明确

真正实用的口才不是耍嘴皮子，不是摆花架子，而是需要描述才描述；不该描述而描述，过分的铺排，会伤害内容的表达，会给对方以虚假的感觉，影响交际效果。需要描述时，也必须明确描述的目的，紧紧围绕交际的中心，为自己发送的主旨服务。

2. 描述要贴切逼真

在口语表达中，通过对人物、景物的形象描绘，可以使对方产生丰富的联想和情感的共鸣，并受到启发和感染。想取得这样的效果，就必须描绘得生动具体，就必须抓住特点本质加以鲜明刻画，达到"可感"的程度，只有描述得贴切逼真，才能给人深刻的印象。

3. 描述要"超凡脱俗"

无论描绘的是人物、景物还是事物，都绝不能面面俱到地把所有地方都加以表现，泛泛而谈，人云亦云，这样反而索然无味，落入俗套。为使描绘能够帮助对方更好地认识、理解描述对象，就必须抓住描述对象最突出的特点，全力地去表现它，这样才能有新意，给人留下深刻的印象，产生强烈的共鸣。当然，这一点是需要发出者本人通过认识和经验去实现的。

（四）描述的方法

1. 正面描述

这种描述也可以叫做直接描述，它是语言的发出者把观察或感受到的东西直截了当地说给对方，省时省力，言简意赅，这是最基本、最普遍的描述方法。

2. 侧面描述

又叫间接描述。他不是发出者对描述对象进行直接的描述，而是通过与之有联系的其他人、其他事、其他物、其他景的描述，或者是别人的评价，来达到描述自己的对象的目的，一般也可叫做烘托法。这种方法有时是发出者的有意行为，有时是根据环境的需要，而不得不为之，有其实际的目的。

3. 技巧性描述

主要是指借助拟人、比喻、引用、镶嵌、段取、对比、反语、反问等修辞方式来描述。运用这种手法可增强言语的艺术魅力，增强形象性和感染力，从而取得更积极的描绘效果。

三、评述

（一）评述的含义及认识

评述是在叙述事实、缘由的基础上表明自己的看法，评论他人、他物是非的一种口语表达技巧。评述是介于叙述技巧和说理技巧之间,合二者为一的一种综合性技巧。它有"述"有"评",但"评"是目的、是核心。它不同于单纯的叙述,即不以看到、听到、接触到和回忆起的人、事、景、物为表达对象,而是以看到、听到、接触到和回忆起的人、事、景、物引发的见解和感受为表达对象,即要以说理为宗旨。但它又离不开"述",没有对客观事物、社会生活的叙述,"评"就失去了依据,成了没有依托的空中楼阁。

在日常生活、工作和学习中,我们会亲眼看到各种社会现象,听到各种见闻,接触到各种事物,遇到各种问题,这些都要求我们在尊重客观事实的基础上表明自己的态度,做出自己的评价,提出自己的看法。大到国际国内大事,小到身边的家长里短,人们都会用到评述这一表达技巧。如果"述"得准确生动,能开阔视野,提高陈述、概括事物的能力,并能吸引人的注意,达到信息共享的目的;如果"评"得恰到好处,有画龙点睛之妙,能透过现象看本质,提高自己分析、判断、评价事物的能力,赢得人们的好感、敬重和信任。

(二) 评述的要求

一要观点鲜明,理由充分,论据可靠;二要实事求是,持论公允,切忌主观片面,攻其一点,不及其余;三要讲究论证,力求用词精当,要言不烦,推论合理,严谨自然,结构逻辑严密,顺理成章。

请看某中学班主任对"口袋书"的评论:"口袋书",顾名思义,就是能装在衣服口袋里的书,约一个巴掌大,由于它便于携带、内容新颖、贴近读者生活,于是在一些大中城市悄然流行起来。但由于很多"口袋书"是盗用出版社名义的非法出版物,凭书商的发行渠道向个体书店和书摊发行,其内容也逐渐变味,以致不少"口袋书"充斥着暴力、色情、迷信、心理变态等,给青少年的身心健康带来了极大的危害。我所带的初三(二)班有男女学生42人,据调查,有34人看过"口袋书",他们大多数是出于好奇和追赶"时尚",造成了性格的缺陷,不同程度地影响了学业。其中有6个学生沉迷于"口袋书"而不能自拔,他们无心于学业,有2人有偷盗行为,有1人经常逃学,常与社会上的不良青少年混在一起,参加斗殴而被公安部门拘留,有1人堕胎,还有2人因犯罪而被开除学籍。作为班主任,对这些情况的发生我深感内疚。"口袋书"是杀人不见血的软刀子。不法黑书商丧失良知,为赚昧心钱通过各种隐秘的渠道兜售"口袋书",而使涉世未深的青少年的心灵受到侵蚀和残害,并由此诱发了青少年犯罪,造成了极坏的社会影响。为此,我坚决呼吁政府采取雷霆手段,狠狠打击兜售"口袋书"的黑书商,坚决清除有害的"口袋书"。

这则评论用的是先述后评的方法。即先对什么是"口袋书",它有哪些危害作了具体的叙述,然后旗帜鲜明地提出了自己的主张:打击黑书商,清除有害的"口袋书"! 它反映了广大师生和家长的心声,是很有现实意义的。

(三) 评述的方法

1. 先述后评

这是最常见的一种。它先叙述要评论的人、事、景、物,接着进行全面或重点的评论。既可以自述自评,也可以是他述我评,但"述"都是"评"的前提,为"评"服务;"评"是"述"的归宿和目的。一般说来,这种评述明显地分为"述"和"评"两部分,"述"的内容较多,"评"的内容较少,但它的精粹之处不在于"述"而在于"评"。

2. 先评后述

即先阐明自己的观点和感受,然后再叙述材料来佐证自己观点和感受的正确性。采用这种技巧,主体应立场坚定、旗帜鲜明地提出自己的看法,然后再点明评述的对象或内容。当自己的观点明确、肯定时,或说话的形势比较急迫时,或主体的心情比较急切时,往往采用这一技巧。它有利于受体直接、迅速地了解到主体的立场和观点,引起受体的注意,产生"先声夺人"的效果。但若处理不好,往往使受体缺乏心理准备,造成突兀的负面效果。

3. 边述边评

就是一边叙述,一边评论。它又"述"又"评","评"中有"述","述"中有"评",夹"述"夹"评","述"与"评"水乳交融地交错进行,二者结合得非常紧密。但它的重点不在于"述"而在于"评",可以全面地"评",也可以"评"重点、"评"片断,而以后者为主。这种技巧常在比较从容、自由的状态下采用。如教师串讲课文、评价作品时,或在谈论人物、评价事件时,经常是边述边评。这种方法针对性强、观点明确、论据具体实在,一个问题一个问题地解决,最后再作归纳,从而能保持受众的兴致,也更富有说服力。

四、解说

（一）解说的含义及认识

解说,是用言简意明的话语,对客观事物的性质、形态、特征、结构、类别、成因、功用等做出准确的说明,或对抽象事理的概念、内容、来源、演变、关系、异同、意义等做出科学的阐释,或对人物、单位、事件的基本情况加以客观的介绍。它原原本本地阐释所要解说的对象"是什么"和"为什么"的问题,以达到教人以知、导人以用的目的。在人们的日常生活、工作和学习中,解说是一种经常用到的口头表达技巧。解说不仅是人们获得知识的重要途径,而且还起着扩充、丰富、深化知识以及使知识合理化,广泛服务于社会的作用。

（二）解说的基本要求

第一,能抓住所介绍、说明对象的本质和特征进行解说,做到特点突出,主次分明,视像清晰;第二,话语深入浅出,生动具体,使人乐于接受;第三,注意吐字清晰,把握节奏,运用慢速、重音、顿连等语调技巧表示强调、区分和提示,以增强表达效果。例如:2002年11月10日,中国加入WTO,中国外经贸部副部长、中国"入世"首席谈判代表龙永图在央视"实话实说"节目接受主持人崔永元采访时,对"什么是WTO"是这样解说的:

什么是WTO？WTO就是个国际组织,它是一个管理国际经济贸易的组织。其实世界上管理经济的组织很多,包括世界银行、国际货币基金组织。大家学了市场经济的知识都知道,市场经济不是一个无序的经济,市场经济在某种意义上,它是一个法制经济。那么,全世界市场经济的运作总得有一套规则,总得有一个国际组织制定这样一套规则,这个国际组织就是世界贸易组织。所以世界贸易组织最重要的职能,就是制定规范全球市场经济运作的国际规则,而且它有一套机制来监督你这个国家是不是真正执行了这些规则。当然了,它还有另外两个职能。大家都觉得世界应该是一个比较开放的世界,整个经济才能得到发展。所以世界贸易组织第二个职能就是组织世界贸易组织里100多个成员进行谈判,相互之间怎么更快地开放市场,我的货物到你那儿更容易进口,你的银行家到我们中国办银行更容易,就是进行一种开放市场的谈判,它是一个谈判场所。第三个职能,它主要就是解决国与国的贸易纠纷。因为100多个世贸组织成员总要发生一点纠纷,总会产生一点摩擦,怎么办？总得找一个仲裁机构来仲裁。那么,它就像一个国际法庭一样,是解决国与国之间纠纷的一个机构。所以,大家要记清楚世界贸易组织主要做的三件事,一个是制定规则,第二个是开放市场,第三个是解决纠纷。你们记住了这12个字,基本上就把世贸组织最基本的东西、最核心的东西搞清楚了。

WTO,因中国"入世"而被人们热切关注,都希望了解它的准确的内涵,龙永图用精练简括而又通俗生动的言辞作了精彩的解说,使大家对 WTO 有了一个基本的认识。

(三)解说的分类和方法

解说可从不同的角度进行分类。根据解说的内容,可分为实物解说、程序解说、事件解说和事理解说;根据解说的详略,可分为简约性解说和详细性解说;根据解说的语言风格,可分为平实性解说、形象性解说和谐趣性解说。

解说的方法多种多样,在口才实践中,经常用到的有定义解说、诠释解说、介绍解说、分类解说、举例解说、引用解说、比较解说、比喻解说、数字解说等。

定义解说就是人们常说的下定义,也称"界说",即用精练明确的语言对另一事物的本质特征或某个概念的内涵和外延作出确切的界定。如恩格斯给"人"下的定义是"人是能制造生产工具的动物"。

诠释解说是较详细地介绍和解释事物、事理的性质、特征、原因、功能、意义等。

介绍解说又称概说,指对需要解说的对象作概括扼要而又比较全面的介绍。

分类解说指对同属而不同类或同类而不同种的各种复杂事物,按照统一的标准分门别类地加以解说。

举例解说是举出具体、典型的实例来解说事物的本质特征,阐释抽象事理或深奥的科学知识。

引用解说是援引有关的典籍、资料、故事、诗词、名言、俗语、谚语、科研成果等作为解说的依据。

比较解说是通过对不同或相同的事物,或同一事物的不同情况进行比较,来解说它们的本质特征。

比喻解说是通过打比方,即用人们常见的、熟知的事物来解说不常见的、不熟悉的事物,以使人们更好地了解和认识它。

数字解说是用具体数字来解说某一事物的性质、特征。主体可根据不同的环境和表达目的,有选择地运用这些解说方法。

五、口语表达的特点

语言是从有声语言即口头语言开始的。与书面语相比,口语更为活跃,更富有生命力,发展变化更快,更难准确把握。与书面语相比它具有以下三个特点:

(1)同步性。即外部语言表达与内部语言思维是同步进行的,口语只是将思维外化了。在即席发言和即兴演讲中,我们通常是想到什么就说什么,如果内部语言思维中断,口语中就会出现"嗯……啊……"这样的断档。对于绝大多数的人来说,外部语言表达与内部语言思维能够同步进行是需要长时间的、大量的练习。

(2)简散性。即口语常使用的是一些短句、散句,有时可使用体态语表达,它的结构比较松散。

(3)暂留性。我们讲话是通过声波传播的,而声波瞬间即逝,有心理学家作过一次测试:我们听话的过程中能够精确留在记忆中的大概不超过 7~8 秒钟。既然是短暂的,怎么去评价一个人的口才呢? 要从整体上把握,从语流上把握。语速给我们的启示之一,就是想好了再说;启示之二,是说话速度不可太快。一般的发言 200 字/分钟,最快不能超过 280 字/分钟。每次发言

（座谈会、讨论会）最好不超过 2 分 10 秒,否则,被吸收的信息大大减少。

　　六、口语表达的注意事项

　　（1）叙述时切忌思维混乱,表达不清晰。在叙述过程中,所讲述的对象是不在现场的,所以讲述时人称一定要适合,而且要把时间、地点、事件、人物等关键问题交代清楚,尤其是在时间有限的情况下,更要准确控制和掌握语言的繁简、详略,尽量突出重点,让听话人听得明白。

　　（2）描述时其目的一定要明确。根据语境的不同,"为什么描述"、"给谁描述"、"怎样描述"等,是讲话人在说话之前应该想清楚的基本问题,不要说无目的、无重点的废话,给听话人冗长之感;要想办法用形象幽默的手段描述得逼真而有新意,使对方通过说话人的语句、表情、动作等产生丰富的联想并引起极大的兴趣,这样有助于双方交流顺利进行下去。

　　（3）评述有一定的难度,要根据实际情况,具体分析。必须要有鲜明的观点和有力的论据。如参加大学生辩论会,就应事前搜集资料,进行充分的调查取证,不打无准备之仗,让对手无空可钻,在实事求是的基础上再注意保持逻辑结构的严密性等,就更容易击败对手。

　　（4）在解说中最忌讳的就是说者吐字不清晰和节奏混乱。人们常常出于对某种事物或事件的好奇心,才会听别人的解释,本身就具有一种求知欲望,通常精力都很集中。这时说者的每一个字句都是重要的,人们需要听到准确无误、节奏适中的解释;反之,听者丧失兴趣,解说的具体内容也就失去意义了。

【实训设计】

实训任务 1： 自然说话训练。

　　（1）训练目标:树立表述信心,克服心理障碍,提高形象叙事与渲染描绘的能力。
　　（2）训练方法:
　　① 该项训练由学生轮流登台进行个体表述。
　　② 由五个子话题构成:
　　A. 一件自己做过的最得意的事。
　　B. 一件自己觉得最开心的事。
　　C. 一件自己做过的最难堪的事。
　　D. 一件自己觉得最窝囊的事。
　　E. 当众拿自己开一个玩笑。
　　③ 五个话题的表述时间共约 5~6 分钟,不宜过短,也不宜过长。

实训任务 2： 自我介绍训练。

　　（1）训练目标:强化自我介绍的表达能力,学习运用心理学等原理进行性格分析。
　　（2）训练方法:该训练以自我介绍为话题,由学生轮流进行,时限 3~5 分钟;自我介绍可分为两种形式,一为交友式自我介绍,一为求职式自我介绍,可由学生自由挑选,也可以分两次训练。

实训任务 3： 制定主题演讲训练。

（1）训练目标：训练就指定话题当众演讲的能力。
（2）训练方法：
① 由指导教师确立演讲主题。如理想、爱好、家乡美等，再由学生根据主题另立具体的演讲题。
② 以教师选定和学生自荐双向确定的原则组织演讲人。
③ 一次主题演讲的总发言时间一般不宜超过两个小时，因为时间一久，听众的情绪容易涣散。
④ 每位演讲人的发言时间为 5~7 分钟，过短则难以使"主题"达到一定的深度，过长则必然影响演讲者人数，从而又影响了主题表现的广度。

第四节　影响口语表达能力形成的几个因素

【学习目标】

1. 通过了解影响口语表达能力形成的几个因素，学会针对自身口语表达的薄弱环节进行针对性的训练。
2. 从理论上理解这些因素，并在实际的生活和学习当中把不利的因素尽量克服掉，以便顺利地与人沟通，达到完美的交际效果。

【引例与分析】

1990 年伊拉克入侵科威特，导致海湾危机。11 月 28 日，我国外交部长钱其琛离京赴美，出席联合国讨论海湾危机问题的会议。登机前，各国记者围住他，有记者问道："中国是否就安理会授权对伊拉克使用武力的决议投赞成票？"钱其琛回答："中国一贯的立场是主张和平解决海湾问题，避免使用武力，避免采取战争的行动。"记者又问："那么您是说中国将投票否决那项决议吗？"钱其琛回答："我没有那样说。"记者又追问："那么中国将会弃权吗？"钱其琛回答："我想我投票以后你们就知道了。"

分析：

钱其琛的回答，全是在模糊思维支配下的表达。因为当时中国对投票的态度需要保密，对记者的追问既不能不答，也不便以"无可奉告"之类的外交辞令打发，运用模糊思维的语言再好不过。

【相关知识】

一、错误认识

每个人都希望自己拥有好的口才，但往往对口才学缺乏正确的认识。有的人一心扑在事业上，不断地打拼，埋头苦干，认为只要干得好总会成功的，练习口才是耽误时间、不务正业；有的人说话总要呛倒别人，占到上风，认为这是自己口才优秀的表现，殊不知说话是为了与人更好地沟通;还有人认为,好的口才是天生的,后天再怎么学也没用,一辈子都以为自己笨嘴拙舌;有的人认为口才是用来在舞台上表演的,生活中不用那么严谨、流畅,将口才看成是造作,显得不够平易近人;还有人认为"沉默"是金,认为说话越少越显得矜持和成熟等等。这些错误的认识阻碍了人们的正常交往和亲密接触,也使很多在语言方面有潜质的人被埋没,丧失了很多锻炼口才的机会,甚至影响到个人事业的发展。

二、文化素养

口语表达者必须具有较高的文化素养,而且必须不断完善和提高文化素养的结构和水平。较高的文化素养是展现口才艺术的基础。口语表达者的文化素养主要包括品德素养、知识素养、语言素养和艺术素养等方面。

（一）品德素养

表达的品德是从言辞发送的角度提出的,它要求发送者所发言辞要讲品质道德。孔子说过:"有德者必有言,有言者不必有德。"他认为有好品德的人,一定有好的言辞,而有好言辞的人却不一定有好品德,很好地揭示了品德与言辞的关系。要想拥有良好的品德素养就要做到以下四个方面:第一,勿巧言。巧言就是动听而无内容、无价值的言辞。一个人在长期的社会生活中,偶有巧言,在所难免,接受者兴许可以谅解。但是若要一贯巧言,以巧言为能事,这就成大问题了。说话人可能没有加害对方之心,也无愚弄他人之意,但对方会因此看"贬"你,对你失去信心,也有可能伤害双方的感情。因此,巧言无论如何是不利于人际交往的。第二,勿恶语。恶语就是损害、辱骂别人的难听的言辞。俗话说:"良言一句三冬暖,恶语伤人六月寒。"有的人会因为自己心情不好而恶语伤人,尽管事后道歉,但给别人的伤害是不容易弥补的。第三,勿欺诈。欺诈就是以无事实、无根据的言辞欺哄诈骗别人。生活中,我们常常耳闻目睹欺诈的害人之处,无不对之切齿痛恨。作为口语表达的发出者,绝不可运用欺诈之言。正如林肯所说:"你可以在一个时期欺骗所有的人,也可以永久地欺骗某些人,但你不能在所有时候欺骗所有的人。"第四,勿曲迎。曲迎就是违反自己的本心去迎合别人的意思。曲迎最容易发生在上下级关系中。本来自己已有明见,一旦领导、尊长表示不同意,就赶紧掩饰自己的看法,去和他们一致。这种现象在现实生活中是很常见的,然而却不符合口才表达品德的要求。

（二）知识素养

知识是人们在社会实践中所获得的认识和经验的总和,是发送者能够很好地以言辞实现人际沟通交流的源泉。有的人之所以很有口才,究其原因,就在于具有丰富的知识积累。胸有成竹,欲发则出;积之愈深,发送愈加。影响口语表达能力的知识结构主要包括三方面内容:第一,关于人的知识。口语表达的对象是人,表达者应了解诸如心理学、行为学、教育学、人际关系学、德育学等方面的知识,懂得各类人的情感、气质性格的心理特征,掌握人际关系的发展规律,从而自觉地有针对性地开展言语交际活动。第二,社会知识。社会经验、生活常识、天文地理、风土人情、名人名言、逸闻趣事等等,都可以成为思维过程中精彩的闪光点,从而丰富口语表达的内容,使言谈产生深入浅出的魅力,取得良好的效果。第三,专业知识。专业知识包括理论指导方法和专业理论知识两个方面。知识素养主要是通过学习积累而成的。培根认为:"读书足以怡情,足以长才。读史使人明智,读诗使人灵秀,数学使人周密,科学使人深刻,伦理学使人庄重,逻辑修辞之学使人善辩。凡有所学,皆成性格。"专业知识的获得,一是依赖长期的工作实践,俗话说

"实践出真知","久病成良医"所指即是;二是不断地学习钻研。社会在发展,知识在更新,即使原来颇具专业知识,在新的形势下,也会产生许多盲点,如果不认真学习,既不利于自己的工作,更不利于言语的交际。

（三）语言素养

口语表达能力的核心内容是运用语言的能力。具有较高水平的语言素养正是语言运用能力强的一种表现。主要从以下三个方面获得:第一,系统地学习有关的语法、修辞和逻辑方面的知识、法则,以提高口语表达的准确性、规范性和纯正性。第二,系统地学习和掌握副语言特征和体态语等方面的知识,以更好地展现表达者自己的精神风貌、情绪情感和个性特征。第三,日积月累地坚持吸收良好的语言养料,是提高语言素养水平的永不枯竭的源泉。

（四）艺术素养

口语表达可以形成口才艺术。表达者通过运用抑扬顿挫、悠扬婉转的有声语言来"说",并且配合得体协调的模神拟态的形体动作来"演",一定会在交流思想、传递信息的过程中形成一种整体的美感效应,这就是口才艺术。艺术具有相通之处,借鉴诸种艺术的表现手段,也必然使口语表达更加艺术化,从而大大增强口语表达的能力。

三、心理素质

（一）影响口才的心理因素

人的心理由心理过程和个性心理组成。心理过程包括认识过程（感觉、知觉、记忆、思维、想象）,情感过程（情绪、情感）,意志过程;个性心理包括个性倾向性和心理特征。这些心理因素究竟怎样影响我们的语言表达活动呢?

1. 性格和气质

（1）性格。性格是指个体在社会生活过程中所形成的,对现实稳固的态度及与之相适应的习惯化了的行为方面的个性心理特征。性格对口才的影响主要从意志特征、情绪特征、理智特征和对现实的态度等四个方面体现出来。

① 性格的意志特征。这是指说话者对言语表达的自觉调节方式方面的特点。

② 性格的情绪特征,也称性情。是情绪活动在强度、速度、稳定性和主导心境方面所表现出来的个性特征。

③ 性格的理智特征。指个体在感知、记忆、思维等认识过程中表现出来的认知特点的个体差异。

④ 性格的态度特征。这是指体现在人对客观现实稳固的态度方面的特征,包括对社会、集体、他人的态度,对工作、学习、劳动的态度,对自己的态度等。

（2）气质。气质是个体全部心理活动的动力特点的总和。所谓心理活动的动力,是指心理过程的速度和稳定性、心理过程的强度以及心理活动的指向性等特点。个性心理活动动力的特点主要表现在人的情绪和活动发生的速度、强度、稳定性和灵活性等方面。比如说:有的人脾气暴躁,有的人遇事沉着,有的人活泼好动、能说会道。气质类型对言语表达活动影响非常明显。一般来说,胆汁质的人演讲时感情炽烈,表达迅速,语速较快。多血质的人演讲时善于表达自己的感情,音速、音调灵活多变。黏液质的人演讲时沉着、冷静,有自制力,情绪不外露,但是感情表达不充分。性格开朗,对生活充满热情,兴趣广泛,个性鲜明,具有这些良好心理素质的说话者使人面对听众时能够镇定自若。相反,过于拘谨、胆小怕事、个性孤僻的性格容易导致口才能力下降,很难激发起表现欲和演说欲。当然性格和气质对于一个人的口才能力并不是决定性的,关键在于说话者是否愿意改变自我,接受更多的实践机会。

2. 心理定式与成功欲

(1)心理定式。心理学所说的定势是指心理活动的一种准备状态,它影响着解决问题的倾向性。这种倾向性,有时有助于问题的解决,有时会妨碍问题的解决。这种定势会使个体在多次运用同一种方式解决同类问题后,逐渐形成了习惯性反应。在以后遇到相同问题时,这种定势可以帮助人们熟练地解决,因此具有积极作用;但是在条件变化下解决新问题时,定势就可能是一种束缚。

在语言表达过程中常常会形成一定的心理定势。经常面对同一类听众,演讲同一类主题并且大获成功后,演讲者就会强化演讲行为,增强自己的演讲欲望,并且会泛化到大家都喜欢听这个主题,从而每次都演讲同类主题。在演讲过程中形成的心理定势对演讲有帮助就产生积极的作用,反之就会招来听众的反感,导致演讲失败。

(2)成功欲。美国人本主义心理学家马斯洛的需要层次理论把自我实现的需要,即强烈成功作为衡量个体心理需要得到满足的最高标准。当自我实现的需要获得了满足,就标志着一个人最大限度地发挥了自己的潜能并取得了成功。因此,当一个人想获得表达的成功,首先要激发表达的需要与欲望,并使它的强度逐渐增加。

所以,表达的需要与欲望、所产生的动机以及一定场景形成的心理定势是语言表达获得成功的主要条件。

3. 自信心

自信心是指个体对自己认知活动的后果抱有成功把握的一种预测反应,是一种推断性的心理过程,具有明显理性思维色彩。人们在认知活动中一般都会对其活动的后果进行估计和判断,这种估计和判断一般有两种可能性,一种是行为成功,一种是行为失败。当然也有介于成功和失败之间的可能性。当然估计成功的人就会增强自己的信心,而估计失败的人就会变得优柔寡断,错误增多。

(二)语言表达时常见的心理障碍

面对公众说话时许多人都有不自在、担心、害怕等心理反应,这些不良或不适的心理反应现象就是心理障碍。心理障碍是影响口才水平发挥的重要因素。言语表达常见的心理障碍有:

1. 紧张感

当众表达时产生紧张情绪是难免的。尤其当说话者面临重要演说场景时,这种情况是不可避免的。同时这种紧张也是必要的,因为表达活动需要演说者处于积极的心理状态,具备一定的兴奋度;但是过度的紧张会导致失常,导致表达失败。其实很多人在演讲时都会遇到这样的问题,只要在演讲时掌握一些心理技巧,就可轻松过关;还可以经过不断的练习和实践,掌握一些自我调节的方法,这种紧张感就会消除。

2. 自卑感

自卑感大多是由于自我认知过程中心理歪曲造成的对自我的消极评价,并由此产生鄙视自己的情感体验。自卑的最大体现就是缺乏信心,缺乏对自己正确的认识,总是认为自己技不如人,在众人面前说话会砸锅。这种长期消极的心理暗示会导致自己临场表达失常,要克服自卑心理就要对自己有正确的心理评价,多发现自己的长处,对自己不要期望过高,还要扬长避短,抓住可能成功的实践机会,大胆展现自己的口才。

3. 胆怯感

怯场是大多数人在紧张状况下都会发生的现象。平时我们经常看到这样的场景:有的人在课堂回答问题总是低着头,有人在公共场所说话总会面红耳赤。这种由紧张导致的结巴、表情尴尬的心理问题即胆怯。其实大概有百分之七十到八十的人都有这样的心理障碍。产生这样的心理障碍的原因有很多,有的是因为个性问题,有的是因为认知问题等,关键就是"害怕"两个字,一定要用意志来克服害怕心理,注意提高自信心,多给自己胆量,多给自己鼓励,而不是自己吓自己。

4. 过度的表现欲

自我表现是人与人之间相互作用的一个基本方面。在现实生活中,人们经常有意识地按照一定的模式、采用一些特殊的方法表现自己,以便给别人留下自己所期的印象,并借此达到预定的目的。有些人往往不能正确把握这个表现度,就会出现过度的表现欲,出现失控的现象。克服这种过度的表现欲,必须端正动机,正确看待荣誉,对自己的实力有客观的认识;努力学习口头语言表达的各项技巧,把握好表现的"度"。

四、思维能力

思维是人脑的机能和属性,是人脑对客观事物的本质以及事物内在联系的概括和间接的反映。这个反映通过整理感知和经验,生成新的意识,进一步推动思维向前发展。思维主要有如下三种方式:

(一)抽象思维

抽象思维又叫逻辑思维,是指运用概念、判断、推理的逻辑形式进行活动的思维方式。思维的内在形式主要分为两大类,一类是概念、判断、推理的逻辑形式,另一类是思维形象。由于这两类不同思维形式的区别,思维便划分为形象思维和抽象思维,这是思维不同的结构类型。具体说来抽象思维具有三个特征:第一,抽象性。抽象性指的是对概念、判断、推理进行加工并形成新的概念、判断和推理。抽象思维是以逻辑观念作为操作对象,而逻辑观念是意识观念,对它们进行思维加工的抽象思维也就具有抽象性。第二,逻辑性。从逻辑学上讲,任何抽象思维都是逻辑思维。所谓逻辑性,指的是思维必须按照一定的形式和方法,遵循一定的思维规律进行。第三,规则性。抽象思维具有逻辑性的特征,这使它必然遵循一定的逻辑规则,这样的口语表达,才能产生巨大的逻辑力量。

(二)形象思维

形象思维指的是运用形象作为思维形式的思维活动。演讲者在思维过程中离不开形象,是用形象进行思维加工的;在思维活动的对象上,也是用形象材料进行思维加工的。形象思维的方法主要有联想和想象。联想是指在形象思维中由一件事物而想到的另一件事物的思维方法和过程,其特点是,通过对形象的彼此联结而达到对事物的认识。想象,是人脑在原有形象的基础上加工改造形成新形象的思维方法。它具有鲜明的创造性和新颖性。

(三)灵感思维

灵感作为人类思维活动中一种常见的现象,是客观存在的,并且已经得到人们的公认。它是发送者在进入言辞表达的角色时,由于事物、问题的偶然启发、触动,思绪豁然贯通,涌动如潮,由此产生对事物、问题的认识和评价。它具有突发性和偶然性。有时面对被动的说话场合,发送者有时会感到一时间无从开口。正在思虑如何开口,之后又说什么时,突然获得一种契机,心灵被某一因素触动,霎时茅塞顿开,思维出乎意料地畅通,发出得体恰当的、滔滔不绝的言辞。而这种偶然性就不是由发送者把握和主导的了,而是在完全被动的情况下来进行思维活动,灵感的突如其来是具有无周期爆发性的。

（四）直感思维

直感思维是指发送者依靠自己对事物、问题的直接感觉来进行思维。它的特点是直观性、具体性。就是说,发送者在现场通过眼、鼻、口、耳的感觉器官所获得的是什么感觉,就从这个感觉出发而表达出自己的认识、见解。在实际运用中,为了尽可能地减少直感思维的盲目性,可与其他思维方式结合进行。过于自信的直感思维,容易陷入主观、盲目的泥坑。

几种思维方式还需在实际应用中融会贯通,灵活运用,才能有效地传递语言、交流感情,使其发挥应有的作用。

五、语境

口语表达在具体的特定的语境中进行,语境的不同,会对口语表达造成一定的影响。这些影响主要表现为:

（一）心境与情绪的影响

心境一般是指平时所说的心情,是具有渲染性的情绪状态;而情绪具有两极性,相对的表现之一是激动和平静。激动表现为强烈的短暂的然而是爆发式的情绪状态,而平静则是相对稳定的比较理智的一种情绪状态。如果自然环境比较嘈杂（如轰鸣声不断）,或者人际背景中有对表达者可以产生压力者（如演讲时评判其演讲效果的评委,或者是决定其前途的上级等）,都会造成表达者精神紧张或激动。而对一般的听众对象,表达者可能会神态自若,情绪正常。

在一定语言环境（即前言后语）中,尤其是受到侮辱性语言刺激之后,表达者会产生强烈感受而导致情绪激动。请看一位黑人精神病学家普山特大夫于1967年在美国南部一个城市街道拐角处,遭到一名警察盘问的经历。

"伙计,你的姓名？"

"普山特大夫,我是医生。"

"伙计,你的名字呢？"

"阿尔文。"

这位普山特大夫后来叙述了他的感受:"我的心怦怦乱跳,我在奇耻大辱中喃喃自语……当时我的男子汉气概被剥夺殆尽……无论多少自敬自爱都无法挽回我的自尊心,无法维护我自己的正直。"为什么会产生这种绝望性的激动呢？就是因为这名警察一见面就称之为"boy"（伙计）,而"伙计"一词如用于白人,就只能用于小孩或奴仆,这就侮辱了普山特大夫。因为在美国,医生的地位是很高的,对他们必须要用相应的称呼。正像欧文·特布所说:"一个陌生人不管在什么情况下都不能用名来称呼一个医生,事实上,医生的声望使买旧车的人都不得用名来称呼他们。而他们的妻子也在公开场合下用这种方式来表明自己的身份,以便得到比称作夫人更多的尊敬。"普山特大夫在自报自己是地位高尚的医生职业后,仍然被称为伙计,并且被继续追问名字,这不能不令他感到遭受了极大侮辱。这样的言语环境势必造成接受者十分难堪且不能忍受的心情,从而影响口语的正常表达。

（二）说话内容和方式的选择

特定的语境，对表达内容及其方式有着特定的要求，而不同的语境，对表达内容及其方式也有着不同的限制，换句话说，与语境相协调的内容及其表达方式才是得体、妥当、符合要求的。所以说，表达者对语境因素能否确切地把握，决定着交际效果的好坏。例如，在治丧时，应说"节哀顺变"、"保重身体"和缅怀死者功绩的话，切忌说俏皮话，因为是在悲痛的氛围中；而在为长辈祝寿时，应说祝寿星"福如东海，寿比南山"之类的吉祥话，当然，能造成热烈气氛的话语最为适当。这说明语境影响表达内容的选择。

同理，不同的语境也必须选择不同的表达方式来表述，才能取得预期效果。有一年全国高考结束不久，有关部门的一位同志去访问一位外语类的优秀学生，事先设计的有一个问题是："你的父母是否具有指导你学习英语的能力？"但到了现场，考生的父母正陪着这名考生。人际背景起了变化，按照事先设计的方式提问，就显得唐突而不礼貌。于是，这位同志就将问题改成："你们一家三口是不是常常在一起讨论英语学习方面的问题？"由设计向考生一人发问而改为面向一家三口发问，就符合当时语言交际环境的特点，不但显得相当自然，而且在融洽的气氛中获取了所要了解的信息。这说明，语境的种种因素都对语言表达方式的选择、运用有较大的影响。

（三）辅助手段的运用

口语表达时，往往伴随着一定的体态语，这些体态语总是能辅助言语表情达意。不过，体态语的运用也必须与语境相协调。例如，面对众多听众的演讲，应当选择一些力度强、幅度大的手势动作来加强气势，增添语言的表现力；但是，面对面交谈时如果也这样，恐怕会被人怀疑精神不大正常。据研究，英国前首相撒切尔夫人在议会演讲时之所以常常被比她地位低的男性打断话题，就是因为她的视线经常朝下方或四处看，声音也往往不自觉地往下降，这一般是被认为缺乏自信或准备不足的表现，故而会给听众制造打断话题的机会。这说明，发表重要讲话或声明重要观点时，除了挺胸昂首、语调铿锵有力之外，眼神应当专注。这可以表示对对方的尊重和对自己言论的高度重视。如果有插话者，则应把视线专注于他，而且稍微放大音量，从而传递出不想被打断或不准备结束自己话语的信息。

（四）语言表达效果的好坏

离开具体的语境，表达者所说的话语和表达手段无所谓好坏优劣，因此，对表达效果的评判总是结合具体的语境进行的。与语境相协调、相吻合，往往可以取得较好的效果，反之，效果就差。20世纪80年代初，某法院开庭审理一起盗窃案，被告对作案时间交代不清，为了核实，审判长决定让被告人的妻子到庭作证。由于过分情急，他竟然脱口而出："把他老婆带上来！"法庭上顿时哗然，严肃氛围被冲淡。之所以出现这不良后果，是因为审判长在这样庄重的场合选用了一般场合的用语。如果用"传证人×××到庭"的法律规范语言就符合这种特定语境了。

六、教育

封建精神文化传统的影响至今犹存，压抑了中国人的口才显现。时至今日，"人分三六九等"、"君臣父子"等诸如此类的观念，仍然在顽固地限制着一部分人平等地、自主地畅所欲言，限制着人们"能说什么与不能说什么，能怎么说与不能怎么说"。口才成功显现的前提应该是：说话人既不因为"人微言轻"而自惭形秽，也不因为"人贵权重"而以势压人，要坚信人人生而平等，都有自己独立人格，双方或多方均独立思考、平等交流，冷静理智地坚持真理，修正错误。

系统化的应试教育严重地阻碍了民族思维素质的个性发展，进而阻碍了口才水平的提高。

应试教育说到底,是注重培养和训练学生再现老师交给的知识和推导方法的重复能力与模仿能力。而所谓口才,是人们运用自己的话语解决实际问题的能力。我们知道,口才交际过程中,话题内容不同、交际对象不同、交际双方观点立场差异程度不同,也就是说,口才水平的显现,在绝大多数情况下,是个性化的。

【实训设计】

实训任务1: 场景模拟,设置语境。

(1)训练目标:通过不同的场景模拟表演,让同学们体会不同语境下的口语表达。

(2)训练方法:

① 学生以小组为单位,表现生活情景。学生可自创题材,寻找假设场景,例如学校操场、食堂、课堂、商场、饭店等。

② 要求每个班的所有同学都要分配到角色,以达到相互配合、增强团队精神的目的,形成练习口才从身边做起的好习惯。

③ 教师对表演进行点评,指导大家破除虚假、回归生活。

实训任务2: 心理沟通与转换训练。

(1)训练目标:心理分析训练,心理障碍训练。

(2)训练方法:

① 要求学生以自己为对象,写一篇心理分析报告。

② 分析要求:学生选择自己的某一个性特点为侧重点,并写成文字表述稿。

③ 教师要求学生逐一上台,将此心理分析转成口语表述,针对自己的个性特点当众进行心理分析。

实训任务3: 思维优化训练。

(1)训练目标:培养对问题作深入思考的能力,培养"透过现象看本质"的能力。

(2)训练方法:

① 本练习可以先由教师规定命题模式,由学生自由命题并登台演讲。

② 命题模式为"从某现象中所想起的"或"关于某现象的思考",要求学生能捕捉生活中某一常见的,但往往是熟视无睹的现象,深入分析并发表演讲。

③ 由现象简述、现象分析、现象纵深分析等三个部分合成纵深思考。

第二章 态 势 语

　　态势语是人类特有的语言形态。人们将能在一定程度上显示行为的意义,即能够表达人的思想感情的人体动作,诸如表情、手势、姿态等,叫做形体语言、无声语言或态势语。
　　在交际中,态势语对有声语言起着铺垫、强调等作用,甚至会起到"此时无声胜有声"的效果。

第一节 表 情

【学习目标】
　　1. 了解表情的含义及面部表情应注意的问题。
　　2. 了解注视的作用及使用眼神应注意的问题,掌握正确的注视部位、时间及角度,通过训练,掌握注视的主要技巧,学会正确使用眼神。
　　3. 通过训练,学会自然地微笑。
　　4. 通过表情综合训练,学会运用眼神、微笑,眉、鼻、嘴的动作变化,肌肉的收展和脸色的改变表达喜悦、愤怒、悲哀、快乐、惊讶、坚定的感情。

【引例与分析】
　　在爱国民主人士李公朴先生的追悼会上,面对反动派的肆意捣乱,闻一多先生拍案而起,作了一次震撼全国的即席演讲——《最后一次讲演》,当闻一多先生讲到"这些无耻的东西,不知他们是什么想法？他们的心理是什么？他们的心是怎么长的"这几句话时,不仅昂首斜视,显示出一种极为蔑视的神情,而且还重重地捶击桌子,显示了极大的愤慨。

　　小王比较腼腆,在口语交际活动中,常常不敢正视对方,尤其是在演讲比赛中,小王的眼睛一直盯着演讲桌,看着天花板,或不停地看提示稿,甚至转头看着会场的外面,不敢正视听众——比赛结果可想而知。
分析:
　　闻一多先生《最后一次讲演》,可谓感情强烈,其感情以肢体语言进行表达和发泄——捶击桌子(这是无声语言表达的一种方式,这是一种情感愤怒到极点的声音),可以说,闻一多先生的眼神、手势配合他说的每一句话,表达感情更加强烈,而且视觉形象更加鲜明。
　　小王这样的态势语传递给他人的信息是害羞、不自信、敷衍或是不尊重。这些信息会使人们从心里产生距离感,并渐渐溜号,不专注于听其演讲。同样,如果讲话者不看听众,就无法判定自己的讲话效果,从而很难收到预期效果。

【相关知识】

表情是指人的面部情态,是人的情感的外在形式,是人的心理活动有意无意的流露和表现。表情在人与人之间的沟通上有相当重要的作用,良好的表情留给别人的印象是深刻的,它是优雅风度的重要组成部分。

20世纪30年代,杨炳乾先生在他的《演讲学大纲》一书中就说过:"人的表情之最敏感、而又最精密者,莫如面容。面容之变化,其细微有非言语笔墨所能形容者。"著名的美国心理学家阿尔伯特·明翰伯恩则列出这样一个公式:整个信息的传递=7%的言词+38%的声音+55%的面部表情。《善解人意》一书的编者戴文说得好:"抒怀何必三寸舌,眼波一漾,眉峰一耸,嘴角一咧,都是导隐衷诉幽情的绝妙手段。"由此可见,表情在人际交往中的重要性。

俗话说,看人先看脸,所以我们应善于通过自己的面部表情,把自己的内心情感最灵敏、最鲜明、最恰当地显示出来;应善于通过自己的面部表情,对听众施加心理影响,构筑起与听众交流思想感情的桥梁。

面部表情是指头部(主要是脸部)各部位对于情感体验的反应动作,包括眼、眉、鼻、嘴的变化及肌肉的收展和脸色的改变。表达表情的器官有含秋波的眼睛、有传情的眉毛、有倾诉衷肠的嘴,连面部皮肤、肌肉也有表情达意的作用。据研究发现,单是眉毛就能表达20多种感情。常见的面部表情有喜悦、愤怒、悲哀、快乐、惊讶、坚定。

一、眼神

眼神,眼睛的神态,也叫眼色,是一种态势语言。"眼睛是心灵的窗户",眼睛的神色变化,倾诉着一个人的微妙心曲,帮助人们传达许多具体、复杂甚至难以言传的思想感情。泰戈尔说:"一旦学会了眼睛的语言,表情的变化将是无穷无尽的。"演员出身的美国第四十任总统里根,拥有高超的表演技巧,每次演讲他都能充分运用目光语,有时像聚光灯,把目光聚集到全场的某一点上;有时则像探照灯,目光扫遍全场。因此,有人评价他的目光语是一台"征服一切的戏"。

在交谈与演讲中,眼神具有重要的表情、表意和控场作用。在与听众的交流中,有经验的人总是能够恰如其分地、巧妙地运用自己的眼神,去表达千变万化的思想感情,去调整他的谈话与现场的气氛,以收到最佳的效果。那么,应该怎样正确应用眼神呢?

(一)正确的注视

(1)注视的部位。与人交谈时,目光应注视对方。注视对方的不同位置,传达的信息有一定区别,造成的气氛也相异。面对不同的场合和对象,目光所及处应有差别。根据视线停留的不同区域,可将注视分为公务注视、社交注视、亲密注视、侧扫视等几种类型。

公务注视。洽谈、磋商、谈判、谈生意等场合用。注视的位置应在对方双眼或双眼与额头之间的区域,若一直注视这个区域,一种严肃的气氛便油然而生,对方会感觉到你想谈正事。你的目光若一直在这个区域,你就能一直保持主动。

社交注视。各种社交场合最常用的注视方式。注视的位置在对方唇心至双眼之间的三角区域。

亲密注视。是亲人之间、恋人之间、家庭成员之间使用的注视方式。注视的位置在对方双眼到胸部之间,由此会产生亲密的气氛。

侧扫视。表示兴趣或敌意。轻轻一瞥,加上轻轻扬起的眉毛和笑容,常用来传递求爱的信息,表示对对方感兴趣。但若一瞥加上皱眉和压低的嘴角,则表疑虑、敌意或批评的态度。

明白了这些,就知道在何种情况下该怎样看别人,免得无意识的目光造成冒犯。例如你批评某人,若用社交注视,就会使你的语言变得无力;无论你说得多大声,多有威胁性,若用亲密注视则显得不伦不类,闹得双方都尴尬。这时最恰当的应是公务注视,让对方知道你的严肃。而在社交场合,若用公务注视,就过于严肃,气氛难以活跃。男女间接触,某男士或女士若想表现高不可攀,避免用亲密注视,而用社交注视就行了。女性若在社交场合滥施亲密注视,容易造成错觉,给人卖弄风骚的印象;男性若这样,则显得"色迷迷"。

(2)注视的时间。一个良好的交际形象,目光应是坦然、亲切、和蔼、诚恳的。与人交谈时,应该注视对方,不应该躲闪或游移不定,在整个谈话过程中,目光与对方接触时间应累计达到全部交谈过程的30%~60%。超过这个平均值,表示对听话者本人比谈话内容更感兴趣;低于这个平均值,表示对谈话内容和谈话者本人都不怎么感兴趣。在社交场合,闭眼的姿势是很不礼貌的,表示对对方的话不感兴趣,感到厌烦,或自认为比对方优越。如果你在说话时发现别人有这种姿势,说明对方有消极的态度,要想做有效沟通的话,你应及时改变谈话的战术,以引起对方的重视。

(3)注视的角度。注视的角度可以从视线的纵向角度和横向角度来考虑。纵向角度指视线的上下角度,横向角度指视线的左右角度。注视角度一般可以分为三种:第一种,视线向上的注视,表示尊敬、敬畏和撒娇等心理状态。第二种,平视,表示理性与冷静思考等心理状态。第三种,视线向下的注视,表示爱护、爱怜与宽容的心理状态。

平时口语交际活动中的注视,我们可根据具体情况采用纵向角度和横向角度。演讲时的注视受场地等因素的限制,演讲者如果视线太低,只能看到前几排的听众,照顾不了大多数听众;视线太高(仰视),又会使人感到趾高气扬,盛气凌人,似乎看不起听众。最好保持平视,把视线落在会场中排的听众身上,以此为基本落点,并在演讲中适当变动,以顾及前排和后排的听众。演讲者不能把视线长时间地停留在某一点上,而应当经常从左边自然地扫到右边,然后再从右边移到左边。

(二)注视的作用

(1)表达复杂多变的思想感情,增强表达效果。口语交际活动中,眼神要同思想感情的变化同步;情感变化,眼神也要变化。眼睛是会说话的,一个人心里想什么,只要看他的眼神就可知道。例如正视表示庄重,斜视表示轻蔑,仰视表示思索,俯视表示自信,侧视表示羞涩,逼视表示命令,瞪视表示敌意,不停地打量表示挑衅,行注目礼表示尊敬,白他一眼表示反感,双目大睁表示吃惊,眨个不停表示疑问,眯成一线表示高兴等等。

(2)及时与听众交流思想感情,控制讲话进程。口语交际活动中,应该多与听众的目光构成实在性的接触,可以通过察言观色,及时地了解和掌握听众的情绪、反应,以便及时与听众交流思想感情,随时调节讲话的内容,改善讲话的方法,控制讲话进程。与听众交流时,眼神应该是友善、真挚、热情的,随着话题、内容的变换,眼神应该及时地做出会意的反应。

(三)注视技巧

在口语交际活动中,注视的技巧很多,大致可以分为以下几种,其中最常用的有环视法、点视法、虚视法三种。

(1)环视法。口语交际活动中使用眼神的主要方法之一,即讲话者有意识、有节奏或周期性地环顾全场的每个听众,从左到右,从前到后,从听众的各种神态中了解和掌握现场的情况与听众的情绪。这种方法既可使用在讲话的开头,也可使用在讲话过程中。环视的作用有三:其一,向观众打招呼,是礼貌的一种表现;其二,体验听众情绪和现场情况,便于调整讲话的方式与内容;其三,便于静场。一般在讲完一个内容或一个层次,尤其是讲完某些重要内容或某个重要观点,讲话者需要环视全场,要作短暂的停顿。

（2）点视法。讲话中使用眼神的主要方法之一,即把目光集中投向某一角落、某一部分,或者个别听众,可以配合某种手势或表情。在环视过程中,发现某一部分听众发出议论声,甚至有骚动,应立即投去严肃的制止性的目光;对面带微笑,频频点头,鼓掌喝彩的听众,应投以亲切和感谢的目光;讲到重点和难点需让听众做笔记,应向那些学习吃力、做记录慢的人投以帮助性目光;对有疑问的人,要投以启发的目光;对犹豫不决、欲言又止的提问者要投以鼓励和赞许的目光。

（3）虚视法。是指讲话者的眼睛好像是看着每个听众的面孔,但实际上什么也没有看,只是为了形成讲者与听者之间的一种交流。这种眼神既可以克服紧张的毛病,显示出端庄大方的神态来,又可以把精力集中在演讲内容上。它对初次登台的演讲者十分有效,但因为它是一种转换性目光,不可常用。

（4）前视法。讲话者视线平直向前而弧形流转,立足听众席的中心线,以此为中心,呈弧形照顾两边,直到视线落到最后的听众头上。视线推进时不要匀速,要按语句有节奏进行,要顾及坐在偏僻角落的听众。

（5）侧视法。按"Z"形或"S"形运用视线。此法在演讲中用得较多。

（6）闭目法。是一种短时间无方向、无视线的特殊眼神。人的眨眼一般是每分钟五至八次,如果眨眼时间超过一秒钟就成了闭眼,在口语交际活动中一般不用,因为与人交谈闭眼是不礼貌的,意在把对方挡在视线之外,不把对方放在眼里。但在演讲中讲到英雄人物英勇就义,演讲者和听众极度紧张、心情难以平静时,可运用此法。

（7）仰视法。在口语交际活动中可以根据内容运用仰视,如表示尊敬、撒娇或思索、回忆时可视线向上。

（8）俯视法。俯视法常用于表示长者对后辈的爱护、怜悯与宽容,运用此法时注意视线要向下。

（四）使用眼神应注意的问题

（1）眼神应该与情感和谐统一。眼神本身总带有一定的思想感情色彩,与人交流时,想要表达的情感应该和眼神和谐统一。眼睛炯炯有神,熠熠生辉,表明心情愉快、充满自信;眼神沉稳会表现出一种震慑力量;眼神呆滞,表明精神萎靡不振。对人表示欢迎时,眼神应该是热情的、友好的,表现出喜悦、愉快的心情。在长辈面前,眼神应该是谦恭的、尊敬的;与朋友、同学交谈,眼神应该是诚恳的、平等的。总之,眼神应该与内心的情感、所要表达的信息和谐统一。

在口语交际中要有意识地使用眼神。例如要给听众一种可亲感,以利于他们接受你的意见,就应该让眼睛闪现热情、诚恳、坦白、亲切的光芒;倘若运用得不好,或不自觉地让眼睛流露出一种冷淡或咄咄逼人的光芒,就必然是相反的效果。

（2）环顾或者专注不能失度。"环顾"是有意识、有节制地变换眼睛的瞄准点。演讲中,演讲者随意自然,有时盯着某处看,似乎专门说给一个人听;有时一会儿冲左边微笑,一会儿冲右边点头,一会儿朝后边示意,一会儿朝前面挥手,目光流盼,使全场每一个听众都感觉到演讲者是在看着自己说话,可以形成一种极为亲切的交流气氛围。当然,环顾也要适度,如果演讲者眼睛频繁地流转,会使听众也跟着你乱转,无所适从,造成听众注意力的转移。也有一些演讲者,认为专注便是固定于一点,无须变动,也是不正确的。专注也是有限度的,而且一般只是短暂的停留。演讲者如果只把眼神固定在一个点上,那么他就忽略了大多数的听众,大多数听众也不能从他的眼睛里去理解他的思想与感情。

(3)眼神要和有声语言、动作、表情相结合。眼神会说话,会传情达意,眼神具有一种有声语言难于企及的力量,只要一个眼色就可以促使他人行动。眼睛的活动不但要和脸部的表情协调一致,还要同有声语言和态势语密切配合,才能收到更好的交流效果。因为协调一致才容易为听众所理解,也才能有效地把眼睛的神色变化烘托出来。例如配合着眉毛的变化,眉目传情意义更广泛,欢乐时眉开眼笑,眉飞色舞;忧愁时双眉紧锁,愁眉不展;愤怒时横眉怒目,虎视眈眈;顺从时低眉顺眼,目不转睛;戏谑时挤眉弄眼,暗送秋波;畅快时扬眉吐气,炯炯有神,等等。同时并非出于讲话实际需要的扭头左右看或是眨眼睛等小动作,都会分散听者的注意力,影响演讲的效果。

(4)正确运用眼神。不同的民族、不同文化习俗,其形体语言的寓意是不同的,所以眼神的运用也有差异。例如在美国,一般情况下,男士是不能盯着女士看的,两个男子之间也不能对视时间过长。日本人说话时,目光落在对方的颈部,四目对视是失礼行为。从整个世界而言,大部分国家的人们都忌讳直视对方的眼睛,甚至认为这种目光带有挑衅、侮辱的性质。我国传统习惯认为,与人交谈时,眼睛不看着对方是不礼貌的表现,是对别人的不尊重和轻视。

二、微笑

微笑是世界上最美妙的语言。在人际交往中,微笑是最富有吸引力、最值得提倡的、最积极的面部表情。笑可以拆除横在彼此之间的樊篱,笑可以建立双方互相信赖的关系。美国著名教育家戴尔·卡耐基曾经说过:"只要有办法使对方打开心底笑出声来,彼此成为朋友的路就豁然开朗了。对方会与你一起笑,正是多少喜欢上你的意思。"为了表示相互敬重、相互友好,保持微笑是必要的。在各种场合恰当地运用微笑,可以获得传递感情、沟通心灵、征服对方的积极心理效应。

(一)微笑的规范

微笑时不出声、不露齿,嘴角两端略微向上提起。微笑时要由眼神、眉毛、嘴巴等协调动作来完成。中国传统文化中,美女是"笑不露齿"的,但这样的笑容显得过于含蓄,不太符合西方人的审美观念。

(二)微笑的要求

(1)微笑要亲切自然。微笑时应目光柔和,神情友善,自然大方。微笑要恰到好处,不要生硬、做作、虚伪。亲切自然的微笑对自身而言,表示心情愉快;对他人而言,则表示尊重和友好。

(2)微笑应发自内心。微笑体现的是内心的愉悦,是内心情感在面部的自然流露,所以,微笑一定要自然坦诚、发自内心,切不可故作笑颜假意奉承。即使是心情不好的时候,也应该注意控制自己的情绪,不要把不快挂在脸上,要做到微笑待人。只有发自内心的微笑才让人感到舒适,才符合礼仪要求。

（三）微笑运用的场合和时机

下列场合可运用微笑：一是表达赞美、歌颂等感情色彩时应微笑。此时，要博得别人笑，自己首先要笑。二是上台与下台时应微笑。这样可拉近与听众的距离，把良好的形象留在听众心中。三是面对听众提问时送上一缕微笑，表示无声的赞美与鼓励。四是肯定或否定听众的一些言行时，可以配合着点头或摇头，脸挂微笑。五是面对喧闹的听众，演讲者可略停顿，同时，脸挂微笑是一种含蓄的批评与指责。六是表达一些与微笑不相悖的情感时可微笑。

（四）微笑的训练

笑是经由训练而变得美好的。日本八大名嘴之一，推销大师夏目志郎在拜访客户前总要在镜子前用手挣开嘴皮练习笑。

练习微笑的方法有：

(1) 每天坚持做脸部运动，增强脸部肌肉的灵敏度。

(2) 在你的客厅放一块大镜子，每天对着镜子笑。

(3) 用心观察餐厅、宾馆等服务性行业专业礼仪人员的笑。

微笑是最重要的一个面部表情。它是一种良性的脸部表情，反映出一个人的内心世界，是自信的标志，礼貌的象征，涵养的外化，情感的体现。

三、综合表情

综合表情是指在情感的驱动下，通过面部肌肉的运动和面部器官，如眉、嘴、鼻、耳的互动所显示的表情。卡耐基在说到罗斯福总统演讲时，说他全身好像一架表现感情的机器，他满脸都是动人的表情。美国记者在《回忆罗斯福》一书中说罗斯福总统"在短短20分钟内，他的面部表情有：稀奇、好奇、伪装的吃惊、真情的关切、担心、同情、坚定、嬉笑、庄严，它们都有超绝的魅力，但他可不曾说过一个字"。喜剧大师卓别林的表演让世人难忘，梅兰芳大师曾说过他在卓别林的无声电影里学习到了如何依靠动作和表情来表现人物内心。所以说无声的表情更具有感染力。听众总是会观察讲话者的表情，礼貌是一个原因，同时也是想从讲话者脸上得到更多的信息。

口语交际中，脸部表情应该丰富、生动，随着讲话内容和讲话者的情绪发展而变化；既顺乎自然，又能够和讲话内容合拍。丰富的脸部表情后面表现着复杂的思想情韵。例如，突出下颚表示攻击性行为；缩紧下巴表示畏惧和驯服；抚弄下颚表示掩饰不安或胸有成竹；伤心时嘴角下撇，欢快时嘴角提长，委屈时撅起嘴巴，惊讶时张口结舌，仇恨时咬牙切齿，忍耐时咬住下唇；下颚上抬，把鼻子挺出，是傲慢、自大、倔强的表现；等等。

四、面部表情要注意的问题

（一）不要平淡如水，始终如一

有些人不善于运用自己的面部表情，不管内容如何转折变化，不管感情如何波澜起伏，始终都是一种表情，仿佛面部表情同思想感情的变化毫无关系。这种淡如清水的表情不仅不能感染听众，而且会给听众一种呆滞、麻木的感觉，有损于思想感情的表达。也有的人在讲话过程中始终以"笑眯眯"的面孔对着听众，同样也显得单调乏味，不会得到听众的青睐。

（二）切忌表情与演讲内容无关

面部表情作为一种表达的形式，首先应与实际内容和现场气氛相统一；其次，面部表情的变化要与讲话者的意图相吻合。

不要在脸上显示一些不自然的表情，包括矫揉造作，或者与你的态度、情感无关的无意识的表情。这些表情往往都是紧张的产物,正如紧张的讲话者能够做出一些奇怪的姿势一样,他们也会通过无意识地运动他们的脸部肌肉来缓解其紧张的情绪。这些面部表情包括眨眼睛、咬嘴唇、紧下巴、弯曲嘴角、脸部肌肉的抽动等。听众往往会把这些表情作为讲话者紧张,缺乏信心,没有经验和准备不充分的表现。这样的行为同样也会使听众紧张,使他们不接受演讲者所讲的东西。一旦意识到你的面部表情分散了你的主题,就要努力消除控制你的紧张情绪,恢复自信和自控力。

(三)面部表情贵在自然

面部表情自然、真诚,发自内心,才显得动人,做作的表情显得虚假。同时应注意,表情拘谨木讷会影响讲话的感染力和鼓动力;而神情慌张又难以传达出讲话内容和讲话者的情感,也会影响听众的情绪;故作姿态的感情表露会使听众感到虚假或滑稽,降低对讲话者的信任感,影响效果。

人的面部表情,是人的思想感情在外貌上的显示,是人的思想感情最灵敏、最复杂、最准确、最微妙的"晴雨表"。一般来说,喜则眉飞色舞,怒则切齿瞪眼,哀则蹙额锁眉,乐则笑逐颜开。表情没有特别的规矩,例如你很放松,你自己的思想、态度和感情自然就会轻松地反应,你的面部表情就会恰当地予以表现。正如法国作家、社会活动家罗曼·罗兰所说的那样:"面部表情是多少世纪培养成功的语言,比嘴里讲的更复杂到千百倍的语言。"所以,富有经验的人,总是充分地利用面部表情表达出丰富的思想感情,吸引听众,影响听众,感染听众。

【实训设计】

实训任务1: 眼神训练。

训练方法:

(1)转动眼球:最大限度地向左、向右转动眼球,向上、向下转动眼球,向左上、右下、右上、左下转动眼球;使眼球做圆形转动:左—左上—右上—右下—左下,反方向再转动一次。

(2)变换眼神:注视—虚视—环视—扫视—注视。

(3)表现下面几种情况下的目光:自信、疑问、喜悦、傲慢、轻蔑、惭愧、庄重、慌张、思考、吃惊、尊敬、反感。以小组为单位,分别演示,由小组其他成员评议其是否得体、自然。

(4)学会使用公务注视、社交注视、亲密注视、侧扫视等注视类型。

实训任务2: 笑的训练。

训练方法:

(1)紧闭嘴唇,然后朗声大笑,笑后马上把双唇恢复原状。反复练习,达到放、收自如。

(2)对镜自练,要求对着镜子微笑,找出适合自己脸型和性格的笑态。反复练习,形成比较习惯和固定的笑容。

实训任务3: 表情综合训练。

训练方法:运用眼神、微笑、眉、鼻、嘴的变化及肌肉的收展和脸色的改变表达喜悦、愤怒、悲哀、快乐、惊讶、坚定的感情。

第二节 姿 势

【学习目标】
1. 掌握站姿、坐姿、走姿的基本规范,明确站姿、坐姿、走姿容易出现的问题。
2. 通过训练,掌握常用的几种站姿、坐姿、走姿。

【引例与分析】
在一些交际场合,我们会经常看到很多人在就座后,一不小心就"走光"了!就连有的风度优雅的女主播,在坐下时也会因膝盖不并拢而"走光"!这样的场面无疑让人尴尬不已,优雅扫地。某明星在参加一庆典时,其奢华的衣裙抢尽了风头,然而,其不雅的站姿却令优雅大打折扣。

分析:
姿势是体态语言的重要内容。姿势美是一种极富魅力和感染力的美,它能使人在动静之中展现出人的气质、修养、品格和内在的美。从某种意义上说,姿势举止往往胜于言语而真实地表现人的情操。端正秀雅的姿势,从行为上展示着一个人内在的持重、聪慧与活力,可谓"此时无声胜有声"。如果一个人容貌俊秀、衣着华贵,但没有相应的姿势行为美,便给人一种虚浮粗浅感。正确优美的姿势,不仅能很好地预防"走光",还能给人以文雅稳重、自然大方的美感。在人们的印象中,明星们似乎总是光彩照人、气质高贵的。其实,这在很大程度上得益于优雅的姿势。如果姿势上稍有不慎,立刻就会"原形毕露",让人大跌眼镜!

【相关知识】
姿势主要包括站、行、坐、卧几个方面。"站如松,坐如钟,行如风,卧如弓。"也就是说坐、立、行,应当坐有坐相,站有站态,走有走姿,这是古人提出的姿态范式,今天仍可供我们借鉴。

一、站姿

站立是人们日常交往中的一种最基本的举止。站立不仅要挺拔端庄,还要优美典雅,站姿是优美举止的基础。

（一）站姿的基本要领

男士要求"站如松",刚毅洒脱;女士则应秀雅优美,亭亭玉立。良好的站姿从整体上给人以挺、直、高的感觉,像松树一样舒展、挺拔、俊秀,给人以挺拔笔直、舒展大方、精力充沛、积极向上的印象。

（1）头正、颈直,双目平视,嘴唇微闭,下颌微收,面容平和自然。
（2）双肩齐平放松,略向后张,人体有向上的感觉。
（3）躯干挺直,挺胸,收腹,立腰,收臀。
（4）双臂自然下垂,置于身体两侧,中指贴拢裤缝,两手自然放松。
（5）双腿挺直,双膝靠拢,双脚并拢。
（6）身体重心穿过脊柱、骨盆、双腿之间,落于双脚后部。
（7）女士四指并拢,双臂自然放松,将右手搭在左手上,拇指交叉,置于腹前,脚跟并拢,脚尖可呈 V 字形,也可站成丁字形,体现女性线条的流畅美。

(8) 男士站立时可将两脚分开与肩同宽,也可呈 V 字形,双手放在臀部上,塑造男性轮廓美。

(二) 几种常用站姿

(1) 自然式站姿。两脚平行、自然分开,身体的重心平均落在两个脚上,两脚不超过肩的宽度,给人以平稳、沉着的印象,是演讲者经常采用的站姿。

(2) 前进式站姿。演讲者一脚在前,一脚在后站定,两足稍有距离,身体略向前倾。这种站姿给听众以动感,对听众具有启发、号召作用。

(3) 丁字步站姿。一脚在前,一脚在后,两脚跟之间留有一定距离,两脚之间呈 90 度垂直的"丁字形"。丁字步站姿多用于激发听众的兴趣和感情。

(4) 稍息式站姿。两脚之中任何一脚略向前跨步,两脚跟之间留有一定距离,两脚之间呈 75 度,两腿要直,重心侧重于后脚。稍息式站姿给听众一种潇洒之感。

(三) 站位选择

(1) 口语交际要选择适当的距离。在社交中站着与别人说话,要注意保持适当的距离,不要随意侵入私人空间。人们的交往通常可分为四个区域,即密切区域、个人区域、社交区域和公共区域。密切区域一般在 15~45 厘米之间,只适用于挚爱亲朋之间或外交场合的迎宾拥抱等亲近状态。个人区域间隔在 50~120 厘米之间,通常是比较亲密的熟人交往的空间。社交区域间隔在 120~350 厘米之间,适用于商务社交活动。公共区域间隔在 350 厘米以上,这个空间适宜于各种形式的会面,包括作报告、演讲等。

(2) 演讲者的站位。登台演讲,一般应站在讲台中间,不应站在讲台的一侧或角落,也不应站得太后。对于没有讲台的演讲者,应选择站在前台中间为合适,这个位置可使演讲者最大限度地注意全场听众的情绪,统观全局。同时演讲者选择位置还要考虑到光线,要让光线照在自己的脸上。在实际演讲中,演讲者可根据演讲内容的跌宕起伏,随着感情的变化,向前上步或向后退步,也可移步,甚至踮脚。一般来说,向前上步表示肯定、争取、期待的意思。向后退步表示否定、畏惧、消极的意思。移步表示沉思、成竹在胸。踮脚表示期望、召唤、探讨的意思。

(四) 站姿注意事项

站立时切忌耸肩驼背,左摇右晃,两脚间距过大,不能下意识地做小动作,如摆弄衣角、香烟盒等,这样做不仅显得拘谨,而且给人以缺乏自信、缺乏经验的感觉。演讲者站立时不要把身体靠在讲桌上或用双手撑住讲桌,演讲过程中切忌频繁、随意地大幅度走动。

二、坐姿

坐姿是姿态美的主要内容之一。对坐姿的要求是"坐如钟",即坐要像大钟一样沉稳、端正。端庄优美的坐姿,会给人以文雅稳重、自然大方的美感。

(一) 坐姿的基本要领

(1) 入座时要轻、稳、缓,从座位左边入座,右脚稍向后撤,上身正直轻稳地坐下。

(2) 头正、颈直,双肩平正放松,嘴唇微闭,下颌微收,面容平和自然。

(3) 双膝自然并拢,双腿正放或侧放,双脚并拢或交叠。男士两膝间可分开一拳左右的距离,双脚可取小八字步或稍分开。

(4) 面对客人时只坐椅子的 2/3,上体转向客人。

(二) 几种常见坐姿

(1) 双腿垂直式。双腿并拢,上体挺直,坐正,两脚略向前伸,两手分别放在双膝上(男士双腿略分开)。

(2) 双腿交叉式。女士坐姿。坐正,上身挺直,双腿并拢,两脚交叉,双手叠放,置于左腿或右腿上。

(3) 双腿斜放式。女士坐姿。坐正,上身挺直,双腿并拢,两脚交叉,双手斜放,置于左腿或右腿上。

(4) 双腿叠放式。女士坐姿。坐正,上身挺直,双腿并拢,两腿同时侧向左或侧向右,双手叠放,置于左腿或右腿上。

(5) 两腿交叠式。将左腿微向右倾,右大腿放在左大腿上,脚尖朝向地面,(切忌右脚尖朝天)。这种坐姿给人以高贵、典雅的美感。但应特别注意与跷二郎腿区别开。跷二郎腿一般悬空脚的脚尖朝天脚底朝向人,并伴有上下抖动的不雅的动作。有的国家是忌讳脚底朝向人的,因为这表示挑衅、不满、轻视、愤怒的情感,是粗俗不雅的举止。

(三) 坐姿的注意事项

入座时要轻盈、和缓,从容自如;起立时要端庄稳重,不可弄得坐椅乱响。就座时不可以扭扭歪歪,两腿过于叉开,不可以高跷起二郎腿。坐下后不要随意挪动椅子,腿脚不停地抖动。女士着裙装入座时,应用手将裙装稍稍拢一下再缓缓而坐,不要坐下后再拉拽衣裙,那样不优雅。如果椅子位置不合适,需要挪动的话,应当先把椅子移至欲就座处,然后入座。

三、走姿

走姿又称步态。如果站姿和坐姿被称做是人体的静态造型的话,那么走姿则可谓是人体的动态造型。走姿要求"行如风",是指人行走时要轻盈,如风行水上,有一种轻快自然的美。正确的走姿可以表现出一个人朝气蓬勃、积极向上的精神状态,会给人留下美好的印象。例如周恩来总理每次开会登上讲台或陪同外宾走进宴会厅,都是轻松优雅的一字步,给人留下很深的印象。

(一) 走姿的基本要领

(1) 双目向前平视,微收下颌,面容平和自然。

(2) 双肩平稳,上臂带动小臂前后自然摆动,摆动时要以肩关节为轴,手臂摆直线,肘关节略屈,小臂不要向上甩动,向后摆动时,手臂外开不超过30度,前后摆动的幅度为30~40厘米。双肩不要过于僵硬,手指自然弯曲。

(3) 上身挺直,头正、挺胸、收腹、立腰,重心稍前倾。

(4) 注意步位,两只脚的内侧落地时所踩的是一条直线而不是两条平行线。

(5) 步幅适当,一般应该是前脚的脚跟与后脚的脚尖相距为一脚长,但因性别不同和身高不同会有一定差异。步幅与服饰也有关,女士穿裙装、礼服时和穿高跟鞋时步幅应小些,穿长裤时步幅可大些。

(二) 走姿的要求

上台演讲时,我们从站起身,走向讲台面对听众站好,虽然只有短暂的时间,但给听众的第一眼印象很重要。因此,我们在行走时,要注意自己的仪态与风度,做到仪态优雅,举止从容大度,重要的是要做到稳健、自如、轻盈、敏捷。

（三）走姿的注意事项

走路时最忌内八字和外八字，不要弯腰驼背、歪肩晃膀，不要步子太大或太碎。走路时不要大甩手，扭腰摆臀，左顾右盼和回头张望，更不要盯住行人乱打量或对别人评头论足；不要双腿过于弯曲，走路不成直线；不要双手插裤兜，不要脚蹭地面，不要上下颤动，多人一起行走不要排成横队。

【实训设计】

实训任务 1： 站姿训练。

训练方法：
（1）双脚并拢，收缩膝盖、臀部与腹部肌肉，尽量踮起脚尖，使全身紧张，再慢慢放下脚使身体放松，反复练习，直到自如、站稳。
（2）练习自然式、稍息式站姿。

实训任务 2： 坐姿训练。

训练方法：
（1）按坐姿基本要领，训练入座、就座、离座。每次训练应坚持 15~20 分钟。
（2）坐在椅子边缘，使背与大腿、大腿与小腿呈直角，两臂自然下垂，双肩微微弯曲，同时收缩腿肌、腹肌与背阔肌。双肩尽量向后仰，坐几分钟后放松，反复练习，加强肌肉的张弛度。
（3）练习双腿垂直式、双腿斜放式、双腿叠放式等几种常用坐姿。

实训任务 3： 走姿训练。

训练方法：
按照走姿的基本要领反复对镜子练习。如果有条件的话，也可以将自己的走姿录下来，对不规范的地方进行改正。

第三节 手 势

【学习目标】

1. 了解各种手势语的含义、类型，掌握手势语的使用原则。
2. 通过训练学会使用请、请进、握手等手势语。
3. 掌握手势语运用的技巧，养成良好的手势习惯。

【引例与分析】

改革三十年演讲诉深情

日前，青神县举办"纪念改革开放三十周年青年演讲比赛"，展示当代青年敢于拼搏积极进取的精神风采。全县 25 名青年选手参加比赛。

在演讲台上，参赛选手个个青春洋溢，朝气蓬勃。他们抑扬顿挫、富有感染力的演讲一次次把比赛推向高潮。其中，参赛选手的《风景这边独好》，以自己的亲身经历讲述了自改革开放以来青神发生的翻天覆地的变化，再加上选手简洁流畅的语言、恰到好处的手势动作以及富有激情的演讲，彻底征服了在场的所有评委和观众，以 9.90 分的高分获得了比赛的第一名。

（摘自四川《眉山日报》2008-10-31）

分析：

小手势，大学问。我们在演讲实战中发现，大多数演讲者最愿意使用的态势语言是手势。无可厚非，手势是最能引起人注意、增强演讲效果的态势语，但同时，它也最容易引起人反感。有的人在整个演讲过程中，不分内容与情节，总在重复使用一种手势，使人产生枯燥单调的感觉；还有人的手势过多、过频，令人眼花缭乱，反而忽略了他的演讲内容，产生了喧宾夺主的负面影响。

一个演讲者，应该找到最能反映个人特点的手势，从而衬托出自己独特的气质和魅力。手势要自然、和谐，与演讲内容在时间上必须一致。话说完了，动作也必须结束；动作更不要做得过于夸张，特别是在告别式等比较严肃的场合，程度适当就可以了。

【相关知识】

手势是人们交往时不可缺少的动作，是最有表现力的一种"体态语言"。手势可以加强语气，沟通信息，可以把思想、意念和情感表达得更充分、更生动、更形象，从而给对方留下更深刻、更鲜明的印象和记忆。如果能够恰当地运用手势表情达意，就会为自己的交际形象增添光彩。

一、手势的规范

手势的规范标准是：五指伸直并拢，腕关节伸直，手与前臂形成直线。在做动作时，肘关节弯曲 130 度左右为宜。掌心向斜上方，手掌与地面形成 45 度角。

二、手势语的分类

手势是最灵活自如最富有表现力的动作。手势动作的表现也是多种多样、千变万化的，根据手势的不同含义，大致可分为以下几种类型：

（一）按表达功能特点分

（1）情意手势语。即是表达人情绪的手势语言。这种手势主要是配合有声语言表示思想感情的，它能使抽象的思想感情形象化、具体化。

（2）指示手势语。指示性手势语能够明确表明方向、地点、范围、数量或某个物体。其含义具体明了，易于听众辨别和理解。其特点是运作简单，表达专一，基本上不带感情色彩，直接指示了要说的事物。这种手势语，只能指示听众视觉可及范围内的事物和方向，视觉不及的，不能用这种手势语。例如说到"一、二、三、四"时，边讲边用右手扳着左手指，一个一个地数，其手势语含义直截了当。

如引导宾客时，指示性手势语的正确姿势为：应用右手进行指引，手指自然并拢，在同一平面上，与地面呈 45 度，指示正确方向。

（3）象形手势语。这是一种极简便而常用的手势语，主要用来摹形状物，给听众一种形象的感觉。例如讲到"新款的手机只有这么大"，说的同时用手比划一下，听众就可知道它的大小了。象形手势语一般被用来阐明信息，增强语言感染力。它们可以帮助听众理解一些对比和对照，对大小、形状、运动、位置、功能和物体的数量有一个视觉上的概念。

（4）象征手势语。象征性手势语是用生动的手势表示约定俗成的抽象概念。它在不同的民族或地域代表不同的含义。因此，了解象征性手势语是非常必要的。它比较抽象，但用得准确、恰当，就能引起听众心理上的联想，启发思维。

例如，跷拇指：在中国表示棒、厉害，在美国、法国、印度表示搭车，在日本则表示男人、父亲。"V"字手势：手掌朝向对方，表示胜利；若手背朝向对方，则表示侮辱。

（二）按使用单、双手分

（1）单式手势。只用一只手做的动作姿势叫单式手势。在演讲中，表达不太强烈的感情，可以采用单式手势。

（2）复式手势。双手同时做的动作姿势叫复式手势。与单式手势相比，演讲中表达比较强烈的情感，可采用复式手势。

单式手势与复式手势怎么运用，没有明确的规定性，但应注意三点：

第一看表情达意的强弱。如果讲到批评或表扬，肯定或否定，赞同或反对时，而其情感又要求表达得极为强烈，可用复式手势。在一般情况下，用单式手势就比较合适。

第二看会场的大小。如果会场较大，听众较多，为了发挥手势的作用，便于掌握听众，就用复式手势。反之就用单式手势比较适宜。

第三看内容的需要。这是单式手势和复式手势最基本的出发点。如果离开了内容的需要，即使会场再大，情绪再强烈，不该用复式手势时，用了复式手势，也显得滑稽可笑。例如，讲到"同志们，千万要注意，这次试验是非常关键的一次"这句话时，举起右手的食指，就可强调"这一次"的重要性了。如果举起两只手的两个食指，显然是既乱又难看。另外，不该用单式手势时，用了单式手势，就显得无力。例如，向听众发出号召："同志们，让我们尽快地行动起来吧！"如果用了单式手势，仅把右手向上扬起，就显得单薄而无力；采用复式手势，将双手向上扬起，就显得有气魄，有声势，有感召力。

（三）按活动的区域分

从活动范围看，手势的活动一般可分为三个区域：

（1）上区手势。肩部以上，称为上区。手势在这一区域活动，多表示理想的、想象的、宏大的、张扬的内容和情感，如表示殷切的希望、胜利的喜悦、幸福的祝愿、未来的展望、美好的前景等。像配合"我们的前程是无限光明的"，"希望同志们为开创新局面贡献出自己的全部才智"这样内容的手势，在上区就比较贴切而有意义。

（2）中区手势。肩部至腹部称为中区，手势在这一区域活动，多表示叙述事实、说明情况、阐述理由，一般来说演讲者的心情比较平静。例如"整个方圆仅有500平方米"，"这个问题大家可以考虑一下"，表现这样内容的手势，在中区活动就比较合适。

（3）下区手势。腰部以下，称为下区。这个部位的手势除指示方位、列举数目以外，多用于表达厌恶、鄙视、不快和不屑一顾的情感，或介绍、评说反面的事物。例如，"在公共场所吵闹，实在是不文明的"，"随地吐痰是可耻的行为"，表示这些内容的手势就宜于在下区。

（四）按表达情感的强弱分

（1）着重性手势。一般用来对说过的话进行加重，它们意味着诚实和肯定。例如，讲到非常气愤的事情，演讲者怒不可遏，双手握拳，不停地颤抖，加上其他动作配合，就展现给听众一种愤怒的情感,既渲染了气氛,又有助于情感的表达。

(2) 减弱性手势。一般用来配合演讲时声音的逐渐减弱,例如讲到人的生命黯然消逝。

此外,还有习惯性手势。其他手势语都是演讲者有意识运用的,而这种手势语却不同,它往往是在演讲者下意识的情况下产生的,其含义不够明确,有时连演讲者本人也难以说清楚。例如,有一位大学教授上课时,如果一时忘记了某一个问题,他总是伸出右手,朝着自己脑袋上使劲地"啪、啪、啪"敲打几下。有的人在演讲中,喜欢一边讲,一边双手不停地搓来搓去,它给听众留下的印象是不太美观的。但有些习惯手势语却又独具魅力,如斯大林演讲时习惯手拿烟斗,边讲边摇动。这种手势并无害处,相反倒成了斯大林独特的演讲风格的一部分。

三、手势的运用方法

从手势的部位着眼,手势又可分为手掌、手指和拳的动作。手势的作用就表现在对手掌、手指和拳的运用上;手掌、手指和拳以其运动的不同方式和不同形式表示着不同的意义,也表示着手势的不同作用。

(一) 手掌的运用

在整个手势中,手掌的运用占居首位。其基本方法和作用如下:

(1) 仰手。掌心向上,拇指张开,其余手指呈自然微曲状。这种手势,主要表示贡献、请求、承认、赞美、许诺、欢迎、诚实的意思。例如,"我相信大家是能够做到的","希望同志们为教育事业奉献自己的力量!"凡属这类内容的,就可以用这种手势。

(2) 覆手。手心向下,胳膊微曲,手掌稍向前伸。这种手势,主要表示神秘、压抑、否认、反对、制止、不愿意、不喜欢的意思。例如,"这里面一定有问题","这种损人利己的行为,我们是坚决反对的","我们不同意采取这种办法。"这类内容,可以用这种手势。

(3) 分掌。两手由合而分开。这种手势多表示空虚、失望、分散、消极的意思。例如,"一个人如果没有远大理想,那他将一事无成","虽然做了许多工作,仍然是不见效的。最后他们还是分开了。"类似这样的内容,基本上都用这种手势。

(4) 合掌。两手由分而合。这种手势主要表示团结、亲密、联合、会面、接洽、积极的意思。"我们要团结起来,把这个工作做好","同志们,为了一个共同的目标,我们走到一起来了。"凡是这类内容,就可以用这种手势。

(5) 撇掌。手指自然伸直,手掌向外侧撇伸,与手臂形成一定的角度。例如,"同志们,如果敌人敢于进犯我们,我们就坚决把它打出去","朋友们,向着未来,向着胜利,前进吧!"手势就要紧密配合最后一句话,果断、猛力地向前方伸出去,给人一种信心和力量。

(6) 推掌。手指自然伸开,亮开手掌,先曲臂,然后用力伸臂将手掌推出。例如:"中国人民是无所畏惧的,就是天塌下来,我们也顶得起!"以手心向上推顶出去,就给听众一种气魄浩大之感。另外,手掌向下、向后,则表示卑屑、消极、后退、黑暗的意思,演讲时可灵活掌握。

(二) 手指的运用

手指的运用在演讲中虽然较少,但它也有很强的表意作用,表现在:

(1) 表示态度。伸出拇指,就是赞颂、崇敬、钦佩之意。例如,"蒋筑英同志真了不起呀!"伸出小拇指,则表示卑下、低劣、无足轻重的意思。例如,"这种人的言行,实在太卑劣了。"

(2) 指点事物或方向。为了使听众见到具体事物,可用食指指点那一事物,也可以指示某一方向。

(3) 表达斥责、命令。例如,"你为什么要这样做呢?"这时可用食指指点,既明确对象,又加重了语气和意义。

(4) 表示数目。例如,"'五讲四美'的具体内容是,第一……"在用手指表示数目时,可用一只手的手指伸曲,也可用两只手的手指互相配合。如用左手的手指伸曲表示数目,而用右手的食指指点,这样做会使演讲内容表达更鲜明。

(三) 拳的运用

从总体上看,拳的运用很少,一定要到感情最集中、最强烈的时候才能用,常用在政治、法律、道德等内容方面的演讲,学术演讲基本不用。用拳则表示愤怒、破坏、决心、警告等意念。如:"勿忘国耻!""谁敢侵略我们,就一定要消灭它!"用拳时,可以直捶,也可以斜击。用拳有时也可表达有力和团结的意思。这要根据内容需要来定,但非到情感异常激烈时,绝不要用,而且也不可多用。

四、几种常用手势语

(一) 请进

迎接来宾做"请进"的手势时,其动作要领是:站成右丁字步,左手下垂,右手从体侧移至腹前,然后以肘关节为轴,向右平移到身体的右前方,腕关节要低于肘关节。

(二) 请往前走

给来宾指引方向做"请往前走"的手势时,其动作要领是:将右手由前抬到与肩同高的位置,前臂伸直用手指向来宾要去的方向。

(三) 请坐

请来宾入座做"请坐"的手势时,其动作要领是:一只手由前抬起,从上向下摆动到距身体45度处,其手臂向下形成一斜线。

(四) 握手

握手时两人相距约一步,双腿立正,上身稍前倾,伸出右手,四指并拢,拇指分开,两人手掌与地面垂直相握,上下轻摇三四次,随后松开手来,恢复原状。握手时注视对方,微笑致意或用言语致意,这是一种自然而平等的纯礼节意义上的握手方式。

握手时伸手的先后顺序是由握手人双方所处的社会地位、年龄、性别等各种条件决定的。握手应遵守"尊者决定"的原则,即双方首先确定彼此身份的尊卑,由位尊者先行伸手,位卑者予以响应,贸然抢先伸手是失礼的。其基本规则如下:

(1) 男女之间,男方要等女方先伸手后才能握手,如女方不伸手,无握手之意,男方可用点头或鞠躬致意。

(2) 宾主之间,主人应向客人先伸手,以示欢迎;客人在告辞时,应由客人首先伸手来与主人握手,表示感谢和告别之意。

(3) 长幼之间,年幼的要等年长的先伸手。

(4) 上下级之间,下级要等上级先伸手,以示尊重。

(5) 一人与多人握手,应按照由尊而卑的次序进行,即先年长者后年幼者,先长辈后晚辈,先老师后学生,先女士后男士,先已婚者后未婚者,先上级后下级,先职位高者后职位低者。

应当强调的是,上述握手时的先后次序不必处处苛求于人。如果自己是尊者或长者、上级,而位卑者、年轻者或下级抢先伸手时,最得体的做法是立即伸出自己的手,进行配合,而不要置之不理,使对方当场出丑。握手时双目应注视对方微笑致意,不要看着第三者握手。

在公务场合,握手时伸手的先后顺序主要取决于职位、身份;在社交和休闲场合,主要取决于年龄、性别和婚否。

五、使用手势语的原则

(一)雅观自然

演讲者的手势贵在自然。自然才是感情的真实流露,才能真实地表情达意,才能给人以美感。演讲者的手势要做得舒展、大方,不动则已,动就给人以赏心悦目之感,在此基础上,使手势富于变化。

(二)保持协调

手势要和其他态势语相和谐,要共同为一个主题、一种情感服务而相得益彰。要保持三个协调:手势与全身协调,手势与口头语言协调,手势与感情协调。

(三)因人制宜

根据自身条件选择合适的有表现力的手势。就性别而言,男性的手势一般刚劲有力,外向动作较多;而女性的手势柔和细腻,内向动作较多。就年龄而言,老年人因体力有限,手势幅度较小,精细入微;而中青年身强力壮,手势幅度较大,气魄雄伟。就身高而言,个子比较矮小的人可以多做些高举过肩的手势来弥补不足,使听众的视感拔高一些;而个子较高的演讲者,可多做些平直横向的动作。

当然,这些都不是绝对的。手势的运用有各自的习惯和技巧,中心问题是要与言辞的意义相协调,要突出表达的内容和情感。

六、使用手势语的注意事项

(1)手势不宜过多。切忌"指手画脚"和"手舞足蹈"。无论多好的手势,也不能太多,以免让听众感到眼花缭乱。

(2)准确运用手势。打招呼、致意、告别、欢呼、鼓掌属于手势范围,应该注意手势力度的大小、速度的快慢、时间的长短,不可过度。

(3)不要用手指指点他人。在任何情况下都不要用大拇指指自己的鼻尖和用手指指点他人,用手指指点他人的手势是不礼貌的。谈到自己时应用手掌轻按自己的左胸,那样会显得端庄、大方、可信。

(4)注意手势使用的区域和各地习俗。有些手势在使用时应注意区域和各国不同习惯,不可以乱用。因为各地习俗迥异,相同的手势表达的意思也有所不同,有时甚至大相径庭。

如在某些国家认为竖起大拇指,其余四指蜷曲表示称赞夸奖,但澳大利亚则认为竖起大拇指,尤其是横向伸出大拇指是一种污辱;英国人跷起大拇指是拦车要求搭车的意思。伸出一只手,将食指和大拇指搭成圆圈,美国人用这个手势表示"OK",是"赞扬"和"允诺"之意;在印度,表示"正确";在泰国,表示"没问题";在日本、缅甸、韩国,表示"金钱";在法国,表示"微不足道"或"一钱不值";斯里兰卡的佛教徒用右手做同样的姿势,放在颌下胸前,同时微微欠身颔首,以此表示希望对方"多多保重";在巴西、希腊和意大利的撒丁岛,这是一种令人厌恶的污秽手势;在马耳他,则是一句无声而恶毒的骂人语。由此不难看出,每种文化都有自己的"手势语言",千姿百态的手势语言,饱含着人类无比丰富的情感。它虽然不像有声语言那样实用,但在人际交往中能起到有声语言无法替代的作用。

【实训设计】

实训任务 1：

以小组为单位，分别练习仰手、覆手、分掌、撇掌等几种常见的手掌运用方法。

实训任务 2：

练习请、请进、请坐等手势语。练习这几种手势语时应采用站姿，可按照顺序分排进行。做动作时可先分解再连起来做，教师要分别给予指正。

实训任务 3：

模拟男女之间、宾主之间、长幼之间、上下级之间握手礼的使用。注意按照握手礼的规范要求去做；也可设计几个场景分别进行练习，如客户与经理，主人与客人，一人与多人见面等。

实训任务 4：以《这就是我》为题，按下面的要求向全班同学介绍你自己。

（1）自然、大方走上讲台，先站定，后抬头，面向大家介绍自己。
（2）说话过程中，必须有 2~3 个富有个性的手势。
（3）说话时间限定为 2~3 分钟。

第四节　致　　意

【学习目标】

1. 了解致意的基本礼节。通过训练，会使用挥手、脱帽等致意礼节。
2. 掌握点头礼、鞠躬礼的基本要领。通过训练，会使用点头礼、鞠躬礼。

【引例与分析】

1945 年 8 月 28 日清晨，毛泽东主席乘飞机去重庆和蒋介石谈判。在延安机场，毛主席和成千上万欢送的人们告别。"主席也举起手来，举起他那顶深灰色的盔式帽；但是举得很慢很慢，像是在举起一件十分沉重的东西。一点一点地，一点一点地，举起来，举起来；等到举过了头顶，忽然用力一挥，便停止在空中，一动不动了。"

（摘自方纪：《挥手之间》）

分析：

这是一个特定的历史性动作，主席的这个动作，给全体在场的人以极其深刻的印象。此时主席用"挥手"致意替代口头语言，深刻地表达了他此时此刻的心情、愿望和嘱托。

【相关知识】

致意通常用于相识的人或只有一面之交的人之间在各种场合打招呼,是人们在社交场合一种最为常用的礼节,它表示问候、尊敬之意。致意时应该诚心诚意,表情和蔼可亲。若毫无表情或精神萎靡不振,会给人敷衍了事的感觉。

一、致意的方式

致意的方式有很多,比较常见的有以下五种:

(一)点头致意

正确做法是头向下微微一动,不可幅度过大,也不必点头不止。通常用于比较随便的场合或不宜交谈的场合,如会议、会谈在进行中,在碰到同级、同辈或与相识者在同一地点多次见面,或遇见仅有一面之交、交往不深的相识者的时候,均可以点头为礼。

(二)举手致意

举手是军人施行的礼节之一,现已演变成为日常交往时的一种礼节。通常是在公共场合遇到相识的人时或迎送时所用。在彼此相距较远,行走急促时可举起右手向对方打招呼,一般不必出声,只将右臂伸直,掌心朝向对方,轻轻摆一两下手即可,不要反复摇动,招手时一般应空手。

(三)微笑致意

微笑是一种最美妙的语言,它好像有一种磁力、一种电波,能够沟通人与人之间心灵的对话,促进人与人之间情感的交流。在社交场合与人见面时,微笑是最好的表达方式。其适用范围非常广泛,对一面之交的朋友或不相识者可采用微笑致意。宾客光临,微笑是欢迎曲;初次见面,微笑是问候语;客人过生日,微笑是祝贺歌;出了差错,微笑是道歉话;客人离开,微笑是告别词。

(四)欠身致意

全身或身体的上部微微向前一躬。这种致意方式,是表达对他人的恭敬,适用于对长辈、领导或面试、演讲等人多的场合。

(五)脱帽致意

朋友、熟人见面若戴的是无檐帽,就不必脱帽,只需欠身致意即可,但注意不可以双手插兜。若戴着有檐儿的帽子,则以脱帽致意最为适宜。若是熟人、朋友迎面而过,也可以轻掀一下帽子致意即可。脱帽之时,请别忘了问声好。

二、致意的基本规矩

致意的基本规矩是:男士应当首先向女士致意,年轻者应当首先向年长者致意,未婚者应先向已婚者致意,学生应当首先向教师致意,下级应当首先向上级致意。一般而言,作为女士,唯有遇到长辈、上司以及自己特别敬佩的人时,才需要首先向对方致意。遇到别人首先向自己致意,不管自己心情如何,感觉如何,都必须马上用对方所采用的致意方式"投桃报李",回敬对方,绝不可视若不见,置之不理。

三、致意的注意事项

致意是一种不出声的问候,故向他人致意时一定要使对方看到、看清,才会使自己的友善之意被对方接受。致意时不要同对方相距太远,例如站在几十米之外,也不要站在对方的侧面或背面。假如对方由于看不到或看不清楚而对你的致意毫无反应,是令人难堪的。在餐厅等场合,若男女双方不十分熟悉,一般男士不必起身走到女士跟前去致意,在自己座位上欠身致意即可。女士如果愿意,可以走到男士的桌前去致意,此时男士应起身协助女士就座。在社交场合,遇见身份较高的熟人,一般不宜立即起身去向对方致意,而应在对方的应酬告一段落之后,再上前致意。致意的动作不可敷衍或满不在乎,表情也不能过分呆板,或显得萎靡不振;必须认认真真的,以充分显示对对方的尊重。

四、其他礼节

(一) 注目礼

原为军人施行的特殊礼节,现已成为社交场合广泛使用的礼节之一。行礼时双目凝视对方,并随他们的行走而转移。一般在介绍、握手、点头、举手的同时使用,以示敬重。

(二) 鞠躬礼

鞠躬礼在我国古代特别盛行,双方以向前弯曲身体表示谦逊恭敬。现今,鞠躬尽管没有像握手那样流行,但在一些特别场合还是经常使用。

行鞠躬礼时,须脱帽、呈立正姿势、脸带笑容,目视受礼者。男士双手自然下垂,贴放于身体两侧裤线处,女士的双手下垂搭放在腹前。然后上身前倾弯腰,下弯的幅度可根据施礼对象和场合决定鞠躬的度数。15度礼,常用在公司里碰到客户时,表示"欢迎光临",此时的目光应看到客户的胸部;30度礼,向别人表示感谢,目光要看到客户的腰部;45度礼,眼睛要注视对方的脚部,一般用在道歉。而90度大鞠躬常用于特殊情况。受礼者是长者、贤者、宾客、女士,还礼可不鞠躬,用欠身、点头、微笑致意,以示还礼;其他人均应以鞠躬礼相还。

在讲演会上,讲演者在讲演前和讲演后,都应向听众行鞠躬礼,表示自己对听众的敬意。在颁奖场合,受奖人也要向颁奖人和全体与会人员鞠躬,深表谢意。演员谢幕时,也会向观众行鞠躬礼。在喜庆的婚礼中,还保存着新郎新娘三鞠躬的礼俗。在肃穆的追悼会上,人们也要向死者行三鞠躬礼。可见鞠躬礼在很多场合还是适用的。鞠躬礼是日本最常用的致意礼节。

(三) 合十礼

原是印度的一般礼节,后为东南亚佛教国家及各国佛教徒普遍采用的礼节。

施礼时五指并拢,两手掌在胸前对合,指尖和鼻尖基本平齐,向外倾斜,头略低。合十礼的双掌举得越高,表示尊敬的程度越深。见面时地位较低年纪较轻者,应先向对方行合十礼,地位高者、长者还礼时,手的位置可低些。国际交往中,当对方用此礼时,应如此还礼。

(四) 吻礼

据说在古罗马帝国时期,严禁妇女饮酒,丈夫外出归来,常常检查一下妻子是否饮酒,便凑到妻子嘴边闻一闻,这样沿袭下来,逐渐演变成夫妻表示亲昵的一种礼节。在社交场合,尤其是涉外的社交场合,吻礼也是与握手礼一样重要的一种见面致意礼节。吻礼在西方比较流行。

吻礼一般是长辈对晚辈、朋友之间或夫妇之间表示亲昵、爱抚的一种见面礼仪。多采用拥抱、亲脸或吻额头、贴面颊、吻手、接吻等形式。见面时如双方为表示亲近,女子间可互相吻面颊,男子间抱肩拥抱,男女间互贴脸颊,长辈可亲晚辈额头,男子可吻女子手背。行吻手礼时,需等女方先把手伸出并作出下垂状时,男子才能轻提女士的手指尖部在手背上吻一下,以示高雅。吻手礼是比较高贵的礼节。男性行礼动作宜轻柔、温雅,千万不要发出"吮"的声音,否则会给双方带来难堪。吻面颊时两人同时亲吻对方的右侧、左侧,或亲吻一侧;贴面颊时两人的面颊相贴,顺序是先右后左。接吻礼一般用在夫妇之间,是一种最亲密的表示。

（五）拥抱礼

在一些欢迎宾客的场合，或祝贺、感谢的隆重场合，在官方或民间的仪式中，也有拥抱的礼节，有时是热情友好的拥抱，有时则纯属礼节性的。这种礼节，一般是两人相对而立，右肩偏上，右手扶在对方左后肩，左手扶在对方右后腰，按各自的方位，先是两人头部及上身向左相互拥抱，然后头部及上身向右拥抱，再次向左拥抱后，礼毕。

另外，在日常社交场合中，常用的致意礼节还有作揖礼、叩手指礼、鼓掌礼等。

【实训设计】

实训任务 1： 练习点头礼。

行点头礼时，应不戴帽子（女士的装饰帽除外），面带微笑，头部向下轻轻一点。点头时，速度不要快，幅度不宜过大，也不要反复点头。

实训任务 2： 练习 15 度、30 度、45 度鞠躬礼。

练习施鞠躬礼时，要立正站好，保持身体端正，以腰部为轴，整个腰及肩部向前倾到要求的度数。目光向下，双手应在上体前倾时自然下垂平放膝前或体侧，面带微笑，尔后恢复立正姿势，双眼要礼貌地注视对方。

第三章　口才基础训练

　　口才基础训练包括朗读、背诵、复述、模仿和倾听五种形式。在口才基础训练中要熟练掌握各自的主要内容,学会每种基础训练的使用技巧并能在实践中灵活运用,有效形成个人的朗读风格。

第一节　朗　　读

【学习目标】
　　1. 掌握朗读的含义,明确朗读过程中易犯的错误。
　　2. 学会朗读的技巧,能在不同的作品中灵活运用。
　　3. 通过具体美文篇目的训练,提高学生朗读的技巧,形成个人的朗读风格。

【引例与分析】
　　例文1:诗歌的朗读

天上的街市

郭沫若

(舒缓地、好像有所发现地)
远远的/街灯/明了,
好像是/闪着/无数的明星。
天上的明星/现了;
好像是/点着无数的/街灯。
(由地上联想到天上,沉浸于想象之中)
我想/那缥渺的空中,
定然有/美丽的/街市。
街市上/陈列的/一些物品,
定然是/世界没有的/珍奇。
(继续想象,仿佛看到了天河,并指给人看,轻声)
你看,/那浅浅的天河,
定然是/不甚宽广。
那隔着河的/牛郎织女,

定能够/骑着牛儿/来往。
（遐想似的断定）
我想/他们此刻，
定然/在天街闲游，
不信，请看那朵流星，
是他们/提着灯笼/在走。

分析：
　　这首诗要表现的是留日归来彷徨无定的郭沫若在黄河边进行追寻的情状。在朗读时我们要把握住诗人的迷茫和彷徨的情感，品味作品的艺术特性和诗人对理想世界的执著追求，定准朗读的基调。
　　例文2：散文的朗读

我 长 大 了

　　不知怎样的一瞬间，也许发生在那朝霞拥抱的早晨，也许发生在暮色朦胧的夜晚，总之就是那么一瞬间，我长大了。
　　是该欣慰，还是该悲哀？是该欢迎，还是该阻拦？不管用什么态度，那不听指挥的身体像万物复苏的春天，洋溢着不可遏制的青春火焰。
　　渐渐地，日记本上多了几个小小的秘密，语句也变得耐人寻味了，默默时便从记忆的银河中摘几颗闪亮的星星，只有我知道它们曾属于怎样的一个夜晚。
　　渐渐地，一本本厚厚的世界名著取代了小人书和童话故事，我置身于书海中，用求索的目光去寻找青春的梦想。无论是鲁迅犀利的笔锋，还是保尔坎坷的一生，都是那般令我痴迷，思绪犹如一叶心舟漂在这神奇的世界中。
　　渐渐地，我不愿做小公主了，我学会了"伪装"，面对母亲的喋喋不休，却装得耐心听取；经受失败之后，在别人面前却装得若无其事。只有在夜深人静的时候，才会走进星光四溢的梦境中，去寻找真实的自我。
　　遥望万家灯火，不知何处可以停泊一只无帆的小舟；徘徊在十字路口，不知何处可以融入长大的我，蓦然回首，才觉得长大并不像上中学那么容易。
　　我，在摇曳的烛光中长大；在泪水与欢笑中长大；在不知不觉中长大……

分析：
　　散文《我长大了》讲述了一个生命、一个孩童逐渐长大的过程，形象而又鲜活地叙述了其心理的变化历程。在朗读时认真体会文中表现的"我"的心路历程。

【相关知识】

一、朗读的含义

　　朗读是把文字作品转化为有声语言的创作活动，也就是朗读者在理解作品的基础上用自己的语音塑造形象，反映生活，说明道理，再现作者思想感情的再创造过程。朗读可以产生更强烈的感染力。正如叶圣陶先生说的那样："要求语感的敏锐，不能单从语言文字上揣摩，应当把生活体验联系到语言——文字上去。"

二、把握朗读作品的基调

基调是指作品的基本情调,即作品的总的态度感情,总的色彩和分量。任何一篇作品,都会有一个统一完整的基调。朗读作品必须把握住作品的基调,因为作品的基调是一个整体概念,是层次、段落、语句中具体思想感情的综合表露。要把握好基调,必须深入分析、理解作品的思想内容,力求从作品的体裁、作品的主题、作品的结构、作品的语言,以及各种要素综合而成的风格等方面入手,进行认真、充分和有效的解析。在此基础上,朗读者才能产生出真实的感情、鲜明的态度,产生出内在的、急于要表达的激情。

三、掌握朗读的基本技巧

朗读的技巧是在朗读活动中所运用的一切表达方法,是实现朗读目的的必要手段,也是朗读时为了使声音清晰洪亮,为了增强语音的感染力,更恰当地传情达意而使用的一些技巧和方法。朗读的基本技巧主要包括两部分:一是内部技巧,二是外部技巧。

(一)朗读内部技巧

1. 形象感受的运用

朗读者要学会在作品形象性词语的刺激下,感触到客观世界的种种事物以及事物的发展、运动状态,使情、景、物、人、事、理的文字符号在内心跳动起来。朗读者的这种形象感受,来源于作品中的词语概念对朗读者内心的刺激而产生的对客观事物的感知、体会、思考,是"感之于外,受之于心"而形成的。朗读者要善于抓住那些表达事物形象的词语,透过文字,抓住特点,好像"看到、听到、嗅到、尝到、伸手即可得到"一样,使词语在内心"活"起来。与此同时,朗读者要善于发挥记忆联想和再造想象的能力,以增强有声语言的强烈感染力。

练习: 马致远的小令《天净沙·秋思》

> 枯藤老树昏鸦,
> 小桥流水人家,
> 古道西风瘦马。
> 夕阳西下,
> 断肠人在天涯。

这首小令被称为"秋思之祖"。开篇勾勒出一个凄凉的图景:枯藤、老树、昏鸦、古道、西风、瘦马。景是晚秋之景,一片肃杀之气,无半点活力。瘦马可见主人的疲惫;小桥、流水、人家,这一温馨的生活图景,更勾起一个远在他乡的游子的思乡之情;最后两句点明主旨。朗读时我们要体会那些表达事物形象的词语。

2. 逻辑感受的运用

朗读者要学会将作品中的主次、并列、转折、递进、对比、总括等层次,在逻辑感受过程中转化为自己的思路,进而形成内心的"语流",以增强有声语言的征服力。朗读时,作品中的概念、判断、推理、论证,全篇的思想发展脉络、层次,以及语句之间的内在联系,在朗读者头脑中形成的感受,就是逻辑感受。逻辑感受主要体现在两个方面:首先,语言目的要明确,不能似是而非,必须抓住语句、篇章的真正含义,挖掘实质;其次,语言脉络要清晰,不能模棱两可,要上下文衔接、前后呼应,尤其要把握文中的虚词,它是获得逻辑感受的重要途径。

练习:

(1) 并列性。例如:坐着,躺着,打两个滚,踢几脚球,赛几趟跑,捉几回迷藏。

（2）对比性。例如：燕子去了，有再来的时候；杨柳枯了，有再青的时候；桃花谢了，有再开的时候。

（3）排比性。例如：山朗润起来了，水涨起来了，太阳的脸红起来了。

（4）递进性。例如：起先，这小家伙只在笼子四周活动，随后就在屋里飞来飞去。

3．内在语的运用

内在语是指朗读中语言所不能表露、不便表露或者没有完全显露出来的语句关系、语句本质。没有内在语，有声语言就会失去光彩和生命。朗读者要学会在朗读中运用"内在语"的力量赋予语言一定的思想、态度和感情色彩。朗读时，内在语要像一股巨大的潜流，在朗读者的有声语言底下不断涌动着，赋予有声语言以生命力。内在语体会得越透，朗读也就越有深度。

练习：叶挺《囚歌》节选

为人进出的门紧锁着，
为狗爬出的洞敞开着，
一个声音高叫着：
——爬出来吧，给你自由！
我渴望着自由，但我深深地知道
人的身躯怎能从狗洞子里爬出！

节选的这个片段表现了革命者在敌人的威逼利诱面前，仍保持坚贞不屈的高风亮节，似乎可以感受到革命者身上的铮铮正气。朗读的时候就要去体会。

4．语气的运用

声音受气息支配，气息则由感情决定，而感情的引发又受文章内容和语境的制约。学会将情、气、声三者融为一体，并能运用自如，才能增强有声语言的表现力。"语气"从字面上理解，"语"是通过声音表现出来的"话语"，"气"是支撑声音表现出来的话语的"气息状态"。朗读时，朗读者的感情、气息、声音状态，同表达有着极为密切的关系。有什么样的感情，就产生什么样的气息，有什么样的气息，就有什么样的声音状态。

语气运用的一般规律是：喜则气满声高，悲则气沉声缓，爱则气缓声柔，憎则气足声硬，急则气短声促，冷则气少声淡，惧则气提声抖，怒则气粗声重，疑则气细声黏，静则气舒声平。有感情上的千变万化，才会有气息上的千差万别和声音上的千姿百态。

（二）朗读外部技巧

朗读者既要重视内部心理状态的支配作用，又要发挥外部表达技巧的作用。脱离了内部思想感情的运动状态，技巧就难以具有强大的生命力；如果没有最完善的声音形式，内部心理状态也无从表达，因而朗读者不能忽视外部表达技巧的运用。

1．语势

语势，指的是朗读（或说话）时声音的高低变化，又称做句调。声音的高低升降是由音高决定的。高低升降虽然是就整个句子说的，但一句话的高低升降常常表现在最后一个音节上；末句如果是语气助词或轻声字，就表现在倒数第二个音节上。句调有四种：

（1）平直调（→）。句子语势平直舒缓，没有显著的高低升降变化。陈述、说明的句子可以用平直调，表示庄严、悲痛、冷淡、沉重等感情。

例如：臧克家《有的人》

有的人活着,他已经死了;有的人死了,他还活着。→

(2)扬升调(↗)。句子语势先低后高,句末音调明显上扬。疑问句、感叹句可以用扬升调,表示疑问、反诘、号召、惊讶等感情。

例如:茅盾《白杨礼赞》

当你在积雪初融的高原上走过,看见平坦的大地上傲然挺立这么一株或一排白杨树,难道你觉得树只是树?(↗)

(3)降抑调(↘)。句子语势先高后低,句末音节说得低而短促。陈述句可以用降抑调,表示坚决、赞扬、祝愿、恳求等感情。

例如:艾青《我爱这土地》

为什么我的眼里常含泪水,因为我对这土地爱得深沉。(↘)

(4)曲折调(↗↘)。句子语势有低—高—低的曲折变化,或者末一两个音节音调曲折并且拖长。疑问句、陈述句可以用曲折调,表示惊讶、怀疑、讽刺、幽默等感情。

例如:高尔基《海燕》

——这些海鸭呀,享受不了战斗生活的欢乐,轰隆隆的雷声就把它们吓坏了。

2. 停顿

停顿就是语流中的间歇。我们说话或朗读,短句可以一口气说完;遇到长句或者几个句子,中间就要有适当的间歇。语言中的停顿,不单是人们生理上换气的需要,更是表情达意的需要。常见的停顿有以下几种:

(1)句逗停顿。按照各种标点符号所作的停顿叫句逗停顿。停顿时间的长短一般是:句号、问号、叹号>分号、冒号>逗号>顿号。破折号和省略号较为特殊,停顿时间的长短酌情而定。

(2)语法停顿。表示语法关系的停顿叫做语法停顿。语法停顿可以使句子的各种成分之间的关系明确、脉络清楚。语法停顿的时间一般较短促。其停顿的主要位置是:主语和谓语之间,动词和宾语之间,附加成分和中心语之间,联合成分之间,特别是各部分较长时,更应注意它们之间的停顿。

(3)强调停顿。强调停顿是句子中特殊的间歇。为了强调某一事物,突出某个语意或某种感情,或者为了加强语气,而在不是语法停顿的地方作适当的停顿,或在语法停顿的基础上变动停顿时间,这样的停顿叫做强调停顿,也叫逻辑停顿或感情停顿。

(4)结构停顿。结构停顿是由文章的层次结构决定的,是为了表示文章的层次、段落等而作的停顿。停顿时间的长短,应视具体的语言环境而定,在一般情况下,间歇时间的长短是:段落>层次>句子。

必须注意的是,停顿只是声音的间歇,而朗读者的情绪则不能受到影响。停顿运用得当,会给听众留下思索、回味、遐想的余地,收到"此时无声胜有声"的特殊艺术效果。正确的停顿与呼吸有很大的关系。朗读节奏舒缓的作品,可用"慢吸慢呼"的方法,使呼吸和停顿有机地配合,不露呼吸的痕迹;朗读节奏快的作品,则用"快吸快呼"的方法,利用呼吸造成一种声势,使朗读更有艺术感染力。

3. 重音

朗读时,为了强调或突出某个词、短语,甚至某个音节而读得重些,这些重读的成分称为重音。朗读时,必须区分句子中哪些词是主要的,哪些词是次要的,并使次要的词从属于主要的词。

一个独立完整的句子,只能有一个主要重音。重音不一定都是重读。突出重音的方法多种多样,重读是突出,轻读、拖长也是突出。要处理好重音与非重音,主要重音与次要重音的关系。要学会在朗读时把非重音、次要重音一带而过的技巧。重音分语法重音和强调重音两种。

(1) 语法重音(用"·"表示)。语法重音是根据句子语法结构对某个句子成分所读的重音。这种重音只是比一般非重音稍重,不很明显。语法重音的位置比较固定,以下成分一般重读:

① 一般短句里的谓语

风停了,雨住了,太阳出来了。

② 名词前面的定语

我们的哨所,在那高高的山崖上。

③ 动词或形容词前面的状语

祖国的山河多么美丽呀!

④ 动词或形容词后面的补语

他的嘴唇干得裂了好几道血口子。

⑤ 某些代词

这本书是从哪儿借来的?

⑥ 介词"把"的宾语

鬼子把前后院都翻遍了。

(2) 强调重音(用"."表示)

强调重音,又叫逻辑重音或感情重音,是为了有意突出某种特殊思想感情而把句子里某些词语读得较重的现象。强调重音比非重读成分明显加重。强调重音在语句中并没有固定的位置,完全是根据语意的需要而定的。如下面两组例句,只有说出或读出强调重音,才能准确表达每句话的意思。

① 哪本是你的书？　　　　这是我的书。(那本不是)

这是谁的书？　　　　　这是我的书。(不是别人的)

这是你的什么？　　　　这是我的书(不是别的东西)

这是不是你的书？　　　这是我的书。(的确是)

② 谁喜欢游泳？　　　　　我喜欢游泳。

你喜不喜欢游泳？　　　我喜欢游泳。

你喜欢什么？　　　　　我喜欢游泳。

要注意重读音节不能念得过分突兀,或者怪声怪气,以免分散听众的注意力。

练习:《狼和小羊》,体会一下重音的使用。"··"表示重音。

狼来到了小溪边,看见小羊正在那儿喝水。狼非常想吃小羊,就故意找碴儿,说:"你把我喝的水弄脏了! 你安的什么心?"

小羊吃了一惊,温和地说:"我怎么会把您喝的水弄脏呢? 您站在上游,水是从您那儿流到我这儿来的,不是从我这儿流到您那儿去的。"

狼气冲冲地说:"就算这样吧,你总是个坏家伙! 我听说,去年你在背地里说我的坏话!"

可怜的小羊喊道:"啊,亲爱的狼先生,那是不会有的事,去年我还没有生下来哪!"

狼不想再争辩了,龇着牙,逼近小羊,大声嚷道:"你这个小坏蛋!说我坏话的不是你就是你爸爸,反正都一样。"说着就往小羊身上扑去。

4. 节奏

受作品的基调和思想内容的制约,朗读时应注意抑扬顿挫、轻重缓急的不同节奏。恰当地把握朗读的节奏,既能显示有声语言的音乐美感,又能形象地表达作品的意境。

根据节奏的基本特点和表现形式可以将其分为六种类型:轻快型、凝重型、低沉型、高亢型、舒缓型、紧张型。

(1)轻快型。语调轻松快捷,声音形式多扬少抑,多轻少重,语节少,词的密度大。多用来表示欢快、欣喜、愉悦、诙谐的情感。

例如:宗璞《紫藤萝瀑布》节选

从未见过开得这样盛的藤萝,只见一片辉煌的淡紫色,像一条瀑布,从空中垂下,不见其发端,也不见其终极,只是深深浅浅的紫,仿佛在流动,在欢笑,在不停地生长。紫色的大条幅上,泛着点点银光,就像迸溅的水花。仔细看时,才知那是每一朵紫花中的最浅淡的部分,在和阳光互相挑逗。

(2)凝重型。话语凝重,声音较低。音强而有力,多抑少扬,音节多,多用来表示严肃、庄重、沉思的意味。

例如:余秋雨《西湖梦》节选

然而,大多数中国文人的人格结构中,对一个充满象征性和抽象度的西湖,总有很大的向心力。社会理性使命已悄悄抽绎,秀丽山水间散落着才子、隐士,埋藏在身前的孤傲和身后的空名。天大的才华和郁愤,最后都化作供后人游玩的景点。景点,景点,总是景点。

再也读不到传世的檄文,只剩下廊柱上龙飞凤舞的楹联。

再也找不到慷慨的遗恨,只剩下几座既可凭吊也可休息的亭台。

再也不去期待历史的震颤,只有凛然安坐着的万古湖山。

(3)低沉型。语势下行,句尾落点多显沉重,音节拉长,声音偏暗,多用来表示悲痛、伤感、哀悼的感情。

例如:李瑛《一月的哀思》节选

敬爱的周总理,

我不能到医院去瞻仰你,

只好攥一张冰冷的报纸,

静静地伫立在长安街的暮色里。

任一月的风,

任傍晚的天光,

照着冰冷的泪滴。

(4)高亢型。语速较快,步步上扬,声音多重少轻,多连少停,语调高昂。常用来表现热烈、豪放、激昂、雄浑的气势。

例如:高尔基《海燕》节选

——暴风雨!暴风雨就要来啦!

这是勇敢的海燕,在怒吼的大海上,在闪电中间,高傲地飞翔;这是胜利的预言家在叫喊:
——让暴风雨来得更猛烈些吧!

(5)舒缓型。语调舒展自如,语节多连少顿,声音较高但不着力,用来描绘幽静、淡雅的场景,表达平静、舒展的心情。

例如:严阵《江南丝竹》节选

江南的山水是令人难忘的,缭绕于江南山水间的丝竹之音也是令人难忘的:在那烟雨滚滚的小巷深处,在那杨柳依依的春江渡口,在那黄叶萧萧的乡村野店,在那白雪飘飘的茶馆酒楼……谁知道,那每一根颤动的丝弦上,曾经留下多少生离死别的故事。

(6)紧张型。语速快,多扬少抑,多重少轻,声音较短,气息急促。表达紧急、气愤、激动的情绪。

例如:闻一多《最后一次演讲》节选

今天,这里有没有特务?你站出来!是好汉的站出来:你出来讲,凭什么要杀死李先生?杀死了人,又不敢承认,还要污蔑人,说什么"桃色事件",说什么共产党杀共产党,无耻啊!无耻啊!

练习:

有的人——纪念鲁迅有感

臧克家

有的人活着
他已经死了;
有的人死了
他还活着。

有的人
骑在人民头上:"呵,我多伟大!"
有的人
俯下身子给人民当牛马。

有的人
把名字刻入石头想"不朽";
有的人
情愿作野草,等着地下的火烧。

有的人
他活着别人就不能活;
有的人
他活着为了多数人更好地活。

骑在人民头上的,
人民把他摔垮;
给人民作牛马的,

人民永远记住他！
把名字刻入石头的，
名字比尸首烂得更早；
只要春风吹到的地方，
到处是青青的野草。
他活着别人就不能活的人，
他的下场可以看到；
他活着为了多数人更好活的人，
群众把他抬举得很高，很高。

——1949 年 11 月 1 日于北京

这首诗要表现的主题是，人是为了多数人更好地活着而活着。在理解主题的基础上运用朗诵的外部技巧，教师示范朗诵，学生先体会，再进行具体练习。

【实训设计】

实训任务 1： 朗读之语势练习。

朗诵叶挺的《囚歌》，注意语势（句调）的处理。
为人进出的门紧锁着，（→平调）（冷眼相看）
为狗爬出的洞敞开着，（→平调）
一个声音高叫着：（↗↘曲调）（嘲讽）
——爬出来吧，给你自由！（↗↘曲调）（诱惑）
我渴望着自由，（→平调）（庄严）
但我深深地知道——（→平调）
人的身躯怎能从狗洞子里爬出！（↑升调）（蔑视、愤慨、反击）
我希望有一天，（→平调）
地下的烈火，（稍向上扬）（语意未完）
将我连这活棺材一齐烧掉，（↓降调）（毫不犹豫）
我应该在烈火与热血中得到永生！（↓降调）（沉着、坚毅、充满自信）

实训任务 2： 朗读之重音练习。

（1）找出下列句子中词语的语法重音，然后读出来。
① 东风来了，春天的脚步近了。
② 一切都像刚睡醒的样子，欣欣然张开了眼。
③ 手势之类，距离大了看不清，声音的有效距离大得多。
（2）找出下面语句中的强调重音，然后读出来。
于是有人慨叹曰："中国人失掉自信力了。"如果单据这一点现象而论，自信其实是早就失掉了的。先前信"地"，信"物"，后来信"国联"，都没有相信过"自己"。假使这也算一种"信"，那也只能说中国人曾经有过"他信力"，自从对国联失望之后，便把这他信力都失掉了。

实训任务 3： 朗读之语法停顿和强调停顿练习。

朗读郭小川的《团泊洼的秋天》的最后三段：
　　请听听吧，这是战士/一句句从心中//掏出的话。
　　团泊洼，团泊洼，你真是那样/静静的吗??

　　是的，团泊洼是静静的，但那里/时刻都会//轰轰爆炸！
　　不，团泊洼是喧腾的，这首诗篇里/就充满着//嘈杂。

　　不管怎样，且把这矛盾重重的诗篇/埋在坝下，
　　它也许不合你秋天的季节，但到明春//准会/生根发芽。

第二节　背　　诵

【学习目标】

1. 掌握背诵的含义，为写作和说话积累语言材料。
2. 学会背诵的技巧，加深对文章的理解和感受。
3. 通过具体美文篇目的训练，提高学生背诵技巧。

【引例与分析】

《十里长街送总理》的第一自然段：
　　天灰蒙蒙的，又阴又冷。长安街两旁的人行道上挤满了男女老少。路那样长，人那样多，向东望不见头，向西望不见尾。人们臂上都缠着黑纱，胸前都佩着白花，眼睛都望着周总理的灵车将要开来的方向。一位满头银发的老奶奶拄着拐杖，背靠着一棵洋槐树，焦急而又耐心地等待着。一对青年夫妇，丈夫抱着小女儿，妻子领着六七岁的儿子，他们挤下了人行道，探着身子张望。一群泪痕满面的红领巾，相互扶着肩，踮着脚望着，望着……

分析：
　　文章开篇交代了自然环境的寒冷。紧接着由面到点，描写为总理送行的人们悲痛、焦急、盼望的心情。请同学们认真、细致地朗读，之后看谁记得快，能否在短时间内把它背下来。

【相关知识】

一、背诵的含义

　　背诵是一种记忆活动，是在熟读的基础上，凭着记忆念出读过的文字。宋朝理学家朱熹说："大抵观书，先须熟读，使其言皆若出于吾之口；继以精思，使其意皆若出于吾之心，然后可以有得矣。"这位大学者强调的就是在熟读成诵的同时，心中得思考。

二、背诵的方法

(一) 重熟读,自成诵

大声朗读,通过听觉和视觉,使语言留在大脑中的印象鲜明、深刻,这样熟读才能加深理解,才能成诵。

例如:《十里长街送总理》一文按灵车到来前、到来时、过去后的顺序,记叙了1976年1月首都人民群众聚在长安街两旁向总理告别的感人情景。背诵该文时,可设计如下过程:读通课文,掌握生字新词;读懂课文,理解重点词句;读熟课文,记住主要内容,体会思想感情;有感情地朗读。这样读中悟、悟中读,并逐步加快阅读速度,使大脑皮层形成连贯的语言刺激,强化记忆效果,自然就达到熟读成诵的程度了。

(二) 分层次,背细段

一篇较长的材料,整篇整篇地读,然后背,任何人都会感到吃力。同样是背十段,通读十遍再背,与一段段一节节地分读十段来背,后者效果要好得多。

例如:《从百草园到三味书屋》分清"不必说……也不必说……单是……"从整体到局部的层次脉络之后,背来极易。

再如:《老山界》背"半夜里,忽然醒来……"一段,分为所感(触觉)、所见(视觉)、所闻(听觉)这三个着眼点来背,会使看似繁杂的材料变得清晰明了起来。

(三) 熟读文,勾勒图

又称为图文结合法,它能变抽象为形象,直观具体便于记忆。

例如:《火烧云》一文主要写了火烧云颜色和形状的变化。背诵时在了解到火烧云颜色变化极多的基础上按顺序展示如下颜色:红通通的、金灿灿的、半紫半黄、半灰半百合色、葡萄灰、梨黄、茄子紫以及其他说也说不出来、见也没见过的颜色。脑海中依次展示颜色的表象,就能很快地背诵这部分课文。

(四) 找线索,理脉络

经典文章总是或以逻辑顺序,或以时间、空间等顺序来行文的。而脉络线索则是或时空,或人物,或事物,或情感等,如果再加一些表示时间或逻辑的词,就可以成为背诵的线索。

例如:《大自然的语言》一文第一段,抓住"立春过后"、"再过两个月"、"不久"、"到了秋天"(冬天)等四季现象的更迭时序,就可以随口成诵了。

再如:《济南的冬天》描写"雪后济南小山的秀美"一段,理清山上、山尖、山坡、山腰的空间线索以及抓住中心比喻"看护妇"的形象,背诵便十分容易了。

(五) 找规律,看句式

有些古文和现代文句式特别整齐,读来或回环反复,或气势磅礴,在朗读时从中找到规律,便易于背诵了。

例如:《扁鹊见蔡桓公》一共写了扁鹊与蔡桓公的四次会面,句式大致相同,只是个别字词有变,找到规律以后就便于背诵了。

再如:《少年中国说》几乎比喻句式到底,只需记清字词变更处就可成诵了。

(六) 抓主干,找句意

有些文章,句式繁复,句子较长,这时需要把句子主干先找出来,然后再分清辅助成分,便于背记。

例如:《社戏》中有这么一句,"两岸的豆麦和河底的水草所发散出来的清香夹杂在水气中迎面地扑来"。只要抓住主干是"清香扑来"便好理解也好记诵了。

练习:

落 花 生

许地山

我们家的后园有半亩空地。母亲说:"让它荒着怪可惜的,你们那么爱吃花生,就开辟出来种花生吧。"我们姐弟几个都很高兴,买种、翻地、播种、浇水,没过几个月,居然收获了。

母亲说:"今晚我们过一个收获节,请你们的父亲也来尝尝我们的新花生,好不好?"母亲把花生做成了好几样食品,还嘱咐就在后园的茅亭里过这个节。那晚上天色不大好。可父亲也来了,实在很难得。父亲说:"你们爱吃花生吗?"我们争着答应:"爱!""谁能把花生的好处说出来?"姐姐说:"花生的味儿美。"哥哥说:"花生可以榨油。"我说:"花生的价钱便宜,谁都可以买来吃,都喜欢吃。这就是它的好处。"父亲说:"花生的好处很多,有一样最可贵:它的果实埋在地里,不像桃子、石榴、苹果那样,把鲜红嫩绿的果实高高地挂在枝头上,使人一见就生爱慕之心。你们看它矮矮地长在地上,等到成熟了,也不能立刻分辨出来它有没有果实,也必须挖起来才知道。"我们都说是,母亲也点点头。父亲接下去说:"所以你们要像花生,它虽然不好看,可是很有用。"我说:"那么,人要做有用的人,不要做只讲体面,而对人没有好处的人。"父亲说:"对。这是我对你们的希望。"我们谈到深夜才散。花生做的食品都吃完了,父亲的话深深地印在我的心上。

虽然看上去这篇文章较长,但如果我们按照下面的分析与提示就可以轻松地将它背下来:首先看文章的时间线索,然后看自然段落的大意,最后抓住重点句:"所以你们要像花生,它虽然不好看,可是很有用";"人要做有用的人,不要做只讲体面,而对人没有好处的人"。理解后就能背诵了。

【实训设计】

实训任务1:《卢沟桥的狮子》

根据以下内容提示背诵这篇文章,认真体会背诵的技巧和方法。提示:这段话共写了几种狮子的神态?作者是怎么写的?

卢沟桥的狮子,有的昂首挺胸,仰望云天;有的双目凝神,注视桥面;有的侧身转首,两两相对,好像在交谈;有的在抚育狮儿,好像在轻轻呼唤;桥南边东部有一只石狮,高竖起一只耳朵,好似在倾听着桥下潺潺的流水和过往行人的说话……真是千姿百态,神情活现。

实训任务2:《鸬鹚》

这篇文章按照时间顺序叙述渔人利用鸬鹚捕鱼的情景。文章用词传神、贴切,如渔人赶鸬鹚下水时的"一抹",挤鱼时的"抓、挤、甩",喂鱼时的"拣、抛";鸬鹚吃鱼时的"接、吞"等。请按照这样的语言轨迹总结规律,背诵此文。

夕阳照在小湖上,没有什么风,平静的湖面像一面镜子。岸边有几棵垂柳,垂柳那边是一望无垠的稻田。几只又窄又长的渔船浮在湖面上。近处的那只船上,有个渔人正坐在船尾悠然地吸着烟。十来只灰黑色的鸬鹚站在船舷上,好像列队的士兵在等待命令。

渔人站起来,拿竹篙向船舷一抹,鸬鹚就都扑着翅膀钻进水里去了。湖面立刻失去了平静,荡起一圈圈粼粼的波纹,无数浪花在夕阳的柔光中跳跃。

不多一会儿,就有鸬鹚钻出水面,扑着翅膀跳上渔船,喉囊鼓鼓的。渔人一把抓住它的脖子,把吞进喉囊的鱼挤了出来,又把它甩进水里。

鸬鹚不断地跳上渔船,渔人都要忙不过来了。

等到岸上炊烟四起,渔人就不再赶鸬鹚下水了,让它们停在船舷上。他从舱里拣些小鱼,一条条抛给鸬鹚吃。鸬鹚张开长长的嘴巴,接住抛来的鱼,一口吞了下去。

鸬鹚吃饱了,又像士兵似的,整齐地站在船舷上。渔人就荡起桨,划着小船回去了。

天色逐渐暗下去,湖面恢复了平静,只留下一条闪闪的水痕。

第三节 复 述

【学习目标】
1. 掌握复述的含义,训练学生积极思维、快速组织语言进行表达的能力。
2. 学会复述的技巧,提高学生口头表达能力。
3. 通过具体美文篇目的训练,提高学生复述技巧。

【引例与分析】

田 忌 赛 马

齐使者如梁,孙膑以刑徒阴见,说齐使。齐使以为奇,窃载与之齐。齐将田忌善而客待之。忌数与齐诸公子驰逐重射。孙子见其马足不甚相远,马有上、中、下辈。于是孙子谓田忌曰:"君弟重射,臣能令君胜。"田忌信然之,与王及诸公子逐射千金。及临质,孙子曰:"今以君之下驷与彼上驷,取君上驷与彼中驷,取君中驷与彼下驷。"既驰三辈毕,而田忌一不胜而再胜,卒得王千金。于是忌进孙子于威王。威王问兵法,遂以为师。

分析:

这篇文章是中国历史上有名的揭示如何善用自己的长处去应付对手的短处,从而在竞技中获胜的事例。文章告诉我们的道理很清楚,但若是让大家准确快速地复述下来是否会很轻松呢?

【相关知识】

一、复述的含义

复述是指在生活记忆中重现信息,也指为了保持信息而对信息进行多次重复的学习方法。在口才训练中是指学生在理解和记忆的基础上,把阅读的内容加以整理,用自己的话,有重点、有条理、有感情地叙述出来。它熔理解、记忆、归纳、表达于一炉,对提高口头表达能力有独特的作用。

例如:《赠汪伦》——李白

李白乘舟将欲行,忽闻岸上踏歌声。

桃花潭水深千尺,不及汪伦送我情。

这首诗可谓脍炙人口,人人成诵。诗中表达了李白对汪伦这个普通村民的深厚情谊。理解这个特点,我们用自己的话,有重点、有条理、有感情地将内容叙述出来,这就是复述了。

二、复述的作用

首先,复述有利于培养学生阅读、说话等各方面的能力。

复述是让学生把已阅读的内容用自己的话说出来。学生必须认真阅读,熟悉阅读内容,达到阅读的认知层次,从而使自身的阅读能力得到锻炼和提高。

其次,复述是培养学生说话能力的阶梯。

学生在复述过程中不是机械地重复,而是用自己的语言说出阅读内容,这个过程是一种创造性活动,长此以往学生的说话能力就会有飞速的发展。

最后,复述有利于活跃课堂气氛,促进师生互动,使得"学生—教师—阅读内容"能够三位一体。

复述首先要求学生熟悉阅读内容,研究阅读内容,在此基础上教师适当地启发、点拨;学生在积极的思考过程中,紧紧围绕阅读内容去习得、去思考,既锻炼了学生主动学习的能力,又让学生在复述的过程中学到了知识。

三、复述的方法

(一)走进作品,扮演角色

真切体验。尽可能地创造复述的机会,让学生在复述实践中得到锻炼提高。

例如《雷雨》第一幕繁漪喝药片段。凡是读过《雷雨》的人对这一幕繁漪喝药的情节可谓印象深刻。要想将这一段内容复述下来,就要做到两点:首先,详细了解戏剧的写作背景、故事情节,分析剧中人物的性格特点;其次,反复朗读几遍,在真正深刻理解剧情和人物性格特征的基础上,走进作品,扮演角色,真切体验,做到自然流畅地复述。

(二)紧扣文体,加强指导

扣住文体加强指导是顺利复述和提高复述质量的关键。其中,叙事性作品要抓住叙述的要素,说明性文章要抓事物的特征、说明顺序和方法,议论性文章要抓论点和论据以及行文思路等。

例如对《六国论》的复述,可以紧扣论点"弊在赂秦"和作为论据的两个分论点"赂秦而力亏,破灭之道也"(即韩魏楚之灭亡),"不赂者以赂者丧"(即齐燕赵之灭亡)进行复述,这样就复述得很清楚。

(三)变化形式,激发情趣

在复述训练中,要巧妙地变化复述形式,以激发复述的兴趣,从而提高复述质量。如通讯、报告文学中变换人称复述,小说戏剧中分角色复述,说明文可以借助实物复述,这样就化难为易,化抽象为具体了。

练习:

> 上邪!
> 我欲与君相知,长命无绝衰。
> 山无陵,江水为竭,
> 冬雷震震,夏雨雪,
> 天地合,乃敢与君绝!

本篇是汉乐府民歌《饶歌》中的一首情歌,虽然只有32个字,却表现了一位痴情女子对爱人的热烈表白,在艺术上独具匠心。反复诵读,然后以第三者的口吻复述这首诗。

【实训设计】

实训任务1: 《田忌赛马》——按照下面的提示复述本文。

(1) 通读全文,判断体裁,抓住叙述要素,对田忌何以取胜发表不同看法。
(2) 请扣住"扫兴"、"垂头丧气"、"转败为胜"、"目瞪口呆"等词语,详细复述课文。

实训任务2: 《荷塘旧事》——请按照下面的提示,复述本文内容。

(1) 概要复述:简述景物和故事梗概。
(2) 有感情地详细复述。
为了收到更好的复述效果,学生分为甲、乙两组,按照要求分别复述。
(3) 创造性复述:培养学生的发散思维,对课文进行再认识。
① 方法:改变叙述角度,充满想象地复述。
② 提示:水中遇险,从荷花的角度,采用拟人的手法来表现。

荷 塘 旧 事

那是我刚好念四年级的时候,妈妈叫来在城里念大学的舅舅,让他带我去乡下,到外祖母家去过暑假。

外祖母家居住的村子周围有四个大水塘,其中最美的一个便是村东北的野荷塘,塘中长满了荷花。又有人叫它月牙泡,因为它的形状像月牙。

月朗风清的夜晚,舅舅领我去那塘边散步。来到塘边,只见满塘浮光跃金,如繁星闪烁。塘四周的树木在微光下形成一围黑绿。整个月亮恰似一弯晶莹的新月嵌在田野上。

白天,塘面在阳光下泛着绿光,在微风中漾着绿浪。绿叶中点缀着许多粉红的荷苞和荷花,娇嫩而洁净的荷花颤动着,像披着青纱跳舞的少女。

塘面上有块白水,荷叶在白水边形成一条弯曲的边缘线。我和村里的伙伴们经常来到这块白水边,在几株垂柳下脱光了衣服,走过一段湿润的沙地,跳入清激的水中。恬静的塘面便响起一片喧闹声,一条条"黑泥鳅"在水中钻来钻去,水流像母亲柔和的手,轻轻地抚摸着我们,我们像荡在摇篮中。

有时,我们排成整齐的横队,有人发一声喊,只听得"扑通通"、"扑通通",像哪个鼓队乱了套似的一阵乱响,身后翻着大菊花似的浪。这就是我们常玩的"狗刨比赛"。

"刨"到岸边,人人都气喘吁吁,仰面倒在柔软的沙滩上。太阳热烘烘的,晒得我们昏昏欲睡,驾云似的。

有时,我们分成两队,相互击水。那情景更是闹得慌。急速的水线向对方射去,又从对方射来,水线交射在一起,撞击出点点白珠,腾起,落下。"哗哗"的撩水声,"呀呀"的叫喊声,舌糟糟响成一片。塘边树上的鸟也被骇得停止了鸣叫。两条战线越逼越近,最后混成一团。搞不清谁和谁是一队的啦,只是闭着眼,嘴里"扑扑"地吐着,使劲往外击水。当我们互相扭在一起时,便停止了击水,哈哈大笑起来。

然而,无论怎样闹,决不能超越那道荷叶形成的绿色边缘线。线那边水深,还有些杂草,小朋友都怕。可是,我却根本没把这些警告放在心上。我一个城里的孩子,见识比他们多多啦,我才不怕呢!

刚学会几下"狗刨"时,我觉得有了水中自卫的本事,就满不在乎地冲破了那道绿线,到了荷花丛中。该城里的人向乡下人炫耀了,我想站立起来,再向小朋友骄傲地喊上一声:"你们看!"

可是这壮举刚开头,水便一下子没了我的头顶。顿时,一种不可名状的恐惧感紧紧地攫住了我。

我挣扎出水面,凄厉地嚷起来:"救命啊……"

"咕噜,"一口水进了肚。

我晕头转向地一个劲往上挺,每次冒头只能喊"救……"便"咕噜"喝一口水。

我双脚够不着底,身子像铅块般地往下坠,只觉得眼前金花乱冒,耳朵里嗡嗡作响,脑袋胀得几乎要炸,水还一个劲往嘴里涌。突然,我觉得有人抓住了我的手腕,接着一股力把我拉出来。原来,小伙伴们在水中排成一队,手拉手铁链般将我拖到岸上。

我吓得哇哇大哭,一个劲呕水。他们却围着我哈哈大笑,这下,他们可逮着机会嘲笑我这傲气十足的城市小少爷了。

然而,那笑声是多么憨直纯朴啊!我一直留恋那笑声。

如今,我的孩子已经上学了,往事也忘了许多,可是,那荷塘却同天上的月牙一样,时时浮现在我的眼前。我怀念那荷塘,在那里我认识了大自然和谐的美和人纯朴的美。

第四节　模　　仿

【学习目标】

1. 掌握模仿的含义,训练学生积极思维,从他人的成功里汲取经验。
2. 学会模仿的技巧,提高学生口头表达能力。
3. 通过具体美文篇目的训练,提高学生模仿技巧。

【引例与分析】

成功模仿创造射击奇迹

美国陆军的训练课程中,射击占有相当大的比重。然而在相当长的时间里,训练的效果却很差。有差不多百分之三十的士兵不能如期达到及格,优秀级的人数更是少之又少。

为此,美国训练机关找到著名的成功学家安东尼·罗宾,希望他能对提高士兵的射击训练成绩有所帮助。

安东尼·罗宾接受了训练机关的请求。他来到新兵训练营,发现射击训练几乎是处于盲目和无规范的状态,每个人都要靠反复的实弹射击探索掌握其要领,所以成绩的提高非常缓慢。安东尼与美国陆军签订协议,帮助陆军进行射击训练。他找来两名神射手,并找出他们在心理及生理上的异人之处,建立正确的射击要领。随之对新手进行一天半的课程训练。课后进行测试,所有人都及格,而列为最优等级的人数竟是以往平均人数的三倍多。

分析:
这段文字告诉我们,让普通士兵模仿成功者,美国陆军的射击训练创造了奇迹。模仿是人类的秉性,从他人的成功里汲取经验就可以创造奇迹。

【相关知识】
一、模仿的含义

心理学理论认为,模仿是动物界一种最基本的学习方式,也是人类的一种重要的学习手段。它是在没有外界控制的条件下,个体受到他人行为的刺激,自觉或不自觉地使自己的行为与他人相仿。模仿者通常是主动地、有意识地、自觉地模仿那些有权威的人。

在口才学习中的模仿就是指学生按照别人提供的模式样板进行模仿性学习,从而形成一定的品质、技能和行为习惯的学习方法。

二、模仿的特点

(1) 模仿是一种社会心理现象,它以各种方式成为团体、集体中人际关系的内容之一。
(2) 学生,尤其是儿童,具有很强的模仿本能。
(3) 模仿对于儿童,正如独立创造对于成人那样重要。
(4) 学生的模仿,大部分是通过在没有强化条件下的观察中进行的。

三、模仿的种类

根据模仿过程中是否具有主动、自觉意识,可将模仿分为两类:

(1) 自动模仿。是指对他人的思想、行为等进行自然而然的模仿。是不加分析批判的模仿,即不知不觉地照着别人的样子去做。例如小孩模仿大人的言行。

(2) 有意模仿。是对他人的有意仿效。有意模仿又分为非合理模仿与合理模仿两种情况。非合理模仿是指那些只对行为的表面进行刻意的模仿而不理解其模仿的意义。合理模仿则是出于对模仿对象的深刻理解,以及模仿者的理性思考。

根据模仿思维形式的不同,将模仿分为四类:

(1) 直接模仿。给出具体的例子学生可以参照仿做。

例如,完全按照朱自清《匆匆》中的句子"燕子去了,有再来的时候;杨柳枯了,有再青的时候;桃花谢了,有再开的时候"仿写一段话,就是直接模仿。

(2) 综合模仿。把不同种类、不同性质的事物组合在一起的模仿。
(3) 象征模仿。用具体的事物表现某种特殊意义的模仿,如火炬象征光明。
(4) 抽象模仿。从若干事物中抽出共同的、本质的属性进行模仿。

四、模仿能力的形成

在人的成长过程中,往往是先观察别人的行为、活动来学习各种知识,然后以相同方式再做出反应。人们通常先模仿,再创造。

例如,儿童模仿父母的说话、表情以及各种行为,学生对成功的演讲者的模仿学习都是如此。

五、口才模仿的原则及方法

(1)大声模仿。模仿时要大声,清清楚楚,一板一眼,口形要到位,不能扭扭捏捏、小声小气地在嗓子眼里嘟囔。

(2)速度要慢。刚开始模仿时,速度要慢些,以便发音、吐字到位,然后再加快速度,直到能用正常语速把句子轻松地说出来,脱口而出。

模仿的具体方法,可以分三步训练:

(1)模仿词组。练习连读、失去爆破、不完全爆破、同化等语音技巧。

(2)模仿常用句式,注意意群节奏感和重读弱读的处理。

(3)模仿段落及篇章,与磁带或广播同步进行,重点放在流利程度及语调上,要有抑扬顿挫和节奏感。

练习:

乡　　愁

余光中

小时候
乡愁是一枚小小的邮票
我在这头
母亲在那头

长大后
乡愁是一张窄窄的船票
我在这头
新娘在那头

后来呵
乡愁是一方矮矮的坟墓
我在外头
母亲在里头

而现在
乡愁是一湾浅浅的海峡
我在这头
大陆在那头

这首诗以时间为顺序,以感情为线索,以大体相同的诗句和格式,反复咏叹,使情感逐层加深,由思乡、思亲升华到思念祖国。教师播放著名播音员方明的朗诵然后让学生遵循模仿的原则进行练习。

【实训设计】

实训任务1：仿写诗歌。

　　　　爱心是冬日里的一缕阳光,
　　　　驱散了凛冽的寒霜；
　　　　爱心是久旱后的一声甘霖,
　　　　滋润了龟裂的心田；
　　　　爱心是汪洋中的一个航标,
　　　　指明了新生的希望。

这首诗歌的主题是"爱心",运用了比喻、排比的修辞手法,句式整齐,在量词和动词的使用上富于变化,讲究搭配；不仅如此,还注意到了押韵。请选择、参考下面给出的写作主题："理想"、"生命"、"自由"、"快乐"、"微笑",赋诗一首。

实训任务2：请依据下面给出的例子仿写句子或诗。

（1）你在徘徊时,时间远离了你,他抛弃了你！

（2）在跑步时,时间与你并肩而行。慢慢的,时间跑着跑着,飞到你看不见的地方,给予了你迷惘。

（3）有人说：太阳无语,却带来温暖；大地无语,却显示广博；海洋无语,却孕育生命。

第五节　倾　　听

【学习目标】

1. 掌握倾听的含义,培养学生善于倾听,做一个具有基本素质的成熟的人。
2. 明确倾听的作用,掌握倾听的三个层次,认识倾听在人际交往中的重要作用。
3. 通过具体的训练,培养学生做一个好的倾听者。

【引例与分析】

小金人的故事

曾经有个小国的使者到中国来,进贡了三个一模一样的金人,金碧辉煌,把皇帝高兴坏了。可是这使者不厚道,同时出一道题目：这三个金人哪个最有价值？

皇帝想了许多的办法,请来珠宝匠检查,称重量,看做工,都是一模一样的。怎么办？使者还等着回去汇报呢。泱泱大国,不会连这个小事都不懂吧？

最后,有一位退位的老大臣说他有办法。

皇帝将使者请到大殿,老臣胸有成竹地拿着三根稻草,插入第一个金人的耳朵里,这稻草从另一边耳朵出来了。第二个金人的稻草从嘴巴里直接掉出来,而第三个金人,稻草进去后押进了肚子,什么响动也没有。老臣说:第三个金人最有价值! 使者默默无语,答案正确。

分析:

这个故事告诉我们,最有价值的人,不一定是最能说的人。善于倾听,才是成熟的人最基本的素质。

【相关知识】

如下图所示:通过各种沟通技巧所占的百分比,不难看出"听"所占的比例最大,在沟通交往过程中听是最重要的。

一、倾听的含义

"会听比会说更能打动人心。"——卡耐基

倾听是接受口头及非语言信息、确定其含义和对此做出反应的过程。倾听包括表面的倾听和深层的倾听。表面的倾听就是细心听、用心听的意思,是一种礼貌,也是表示对说话者的人格尊重;深层的倾听就是认真倾听,不是一个简单的动作,而是一个复杂的思维活动的过程。

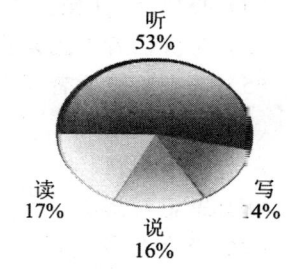

二、倾听的作用

(1)倾听可以使他人感受到被尊重和被欣赏。

(2)倾听能真实地了解他人,增加沟通的效力。

(3)倾听可以解除他人的压力,帮助他人清理思绪。

(4)倾听是解决冲突、矛盾,处理抱怨的最好方法。

(5)倾听可以取他人之长补己之短。

(6)少说多听,还可以保守自己必要的秘密。

三、倾听的层次

一般来讲,倾听是递进的三个层次。

——我在:安排一个好的环境。

——我在听:鼓励对方说话,保持适当沉默,表示同感。

——我在用心听:说自己内心的感受、反映事实、表示了解。听到的不仅是话,还有对方的话的后面真正想要表达的意思。

四、称职的倾听者和不称职的倾听者的表现

(一)称职的倾听者

(1)适当地使用目光接触。

(2)对讲话者的语言和非语言行为保持注意和警觉。

(3)容忍并且不打断(等待讲话者讲完)。

(4)使用语言和非语言来表示回应。

(5)用不带威胁的语气来提问。

(6) 解释、重申和概述讲话者所说的内容。
(7) 提供建设性(语言和非语言)的反馈。
(8) 移情(表示理解讲话者)。
(9) 显示出对讲话者外貌的兴趣。
(10) 展示关心的态度,并愿意倾听。
(11) 不批评、不判断。
(12) 敞开心扉。

(二) 不称职的倾听者
(1) 打断讲话者(不耐烦)。
(2) 不保持目光接触(眼神迷离)。
(3) 心烦意乱(坐立不安),不注意讲话者。
(4) 对讲话者不感兴趣(不关心、做白日梦)。
(5) 很少给讲话者反馈或根本没有(语言和非语言)反馈。
(6) 改变主题。
(7) 作出判断。
(8) 思想封闭。
(9) 谈论太多。
(10) 自己抢先。
(11) 给不必要的忠告。
(12) 忙得顾不上听。

五、倾听的过程
倾听过程通常包括预言—接收信息—注意—赋予含义—记忆—评价六个过程。

六、有效倾听的十二个秘诀
(1) 创造有利的倾听环境。
(2) 停止讲话,注意对方讲述。
(3) 尽量把时间缩到最短。
(4) 摆出有兴趣的样子。
(5) 观察对方,关注中心问题。
(6) 心态平和,注意自己的偏见。
(7) 抑制争论的念头,保持耐性。
(8) 让对方讲述完整,不要臆测。
(9) 不宜过早作出结论或判断。
(10) 做笔记。
(11) 不要以自我为中心。
(12) 鼓励交流,双方互为倾听者。

七、倾听的技巧
倾听是一种过程和相互作用。作为主动倾听者,在倾听时我们要琢磨和批判地接收所听到的内容。倾听有三种:主动倾听、批判式倾听、情感移入式倾听。

（1）主动倾听。要在倾听的过程中认真识别说话者的说话内容，识别他所要表达的中心思想，尽量避免打断对方，在听的过程中可以偶尔提问，并及时作出反馈。

（2）批判式倾听。在倾听的过程中要确定说话者的动机，辨别出其说话内容的含义，可以适当地质疑和提问，在表达自己对某一问题的看法时要敢于承认自己的偏见认识，并及时纠正。

（3）情感移入式倾听。在倾听的过程中倾听者要全身心地投入，不要心不在焉倾听，要尽量打消说话者的防备心理，通过对比谈话内容识别对方的真正用意，给予其正确的心理指导。与此同时，尽量让说话者表达内心情感，畅所欲言，帮助其找到解决问题的方法。

某个朋友走过来说："我要把我的老板杀了！"

这个朋友显然不是在说他真要杀他的老板。在这里首先需要识别说话者当前的感受是什么。假定说话者非常愤怒是合理的。如果你的反应是："小伙子，你听起来真的发疯了。"那么，你给了朋友向你倾诉的机会。

这篇例文告诉人们，在社会交往与活动的过程中，要做有心人，不但察其言，还要观其行，甚至揣度其心理。从仔细倾听入手，发现对方的真正意图。

【实训设计】

实训任务1： 倾听能力测验。

请别人把下列问题分别念三遍，最后根据你听清的问题作答，看看答案正确率是多少。

（1）40被一半除，再加上15，等于多少？

（2）法律是否允许一个男人娶他的遗孀的妹妹为妻？

（3）哪一种表达更准确？9+5是13，9+5＝13。

（4）在一个10米长、3米宽和1米深的洞里，有多少立方米的土？

（5）从起点到终点，每隔10米种一棵树，共种了20棵，这段路有多长？

（6）一列火车上午七点离开甲地，要走100公里到乙地，时速是每小时100公里。同样上午七点，另一列火车离开乙地，走100公里到甲地，车速是每小时50公里。它们碰头的时候，哪列火车离甲地更近呢？

（7）下列三种动物，哪一种在完全黑暗中看得最清楚？豹、猫头鹰、蝙蝠。

（8）在我国北方，还有大约多少只华南虎？几千？几百？几万？

（9）珠穆朗玛峰被发现之前，哪座山峰是地球上最高的？

答案：（先做然后再对答案）

（1）35。

（2）死人不能娶妻。

（3）都不准确，9+5＝14。

（4）没有土。

（5）190米。

（6）一样近。

（7）没有看得清楚的。

（8）北方没有华南虎。

（9）珠穆朗玛峰。

注：答对4—5道题的是普通人，5道以上的是倾听天才。

实训任务2： 倾听练习。

（1）找到自己最想与之搭档的三个人组成一个小组，一个人当述说者，另一个人当倾听者，还有一个人当观察者。

（2）当两人述说和倾听时，观察者先观察，然后谈自己的体会；之后述说者谈对方倾听时自己的体会。

（3）三个人交换角色再实施一次。

第四章　口才技巧训练

在社会交际和日常生活中,要把意思表达得既明白得体,又受听和打动人心,就必须学习一些基本的讲话方式和口才技巧。出色的讲话方式和技巧,能够让沟通对象从陌生到熟悉,进而交流顺畅。优秀的口才应该特别讲究幽默、委婉、模糊和如何发问。只要掌握了这些说话方式和技巧,就能在沟通过程中表现出自己的涵养、友善和品位,而且能迅速博得对方的好感,从而打动对方的心灵,与其产生共鸣,达到最佳的交流目的。

第一节　幽　默

【学习目标】
1. 了解幽默的含义和幽默的表现形式。
2. 学会幽默的基本方法,提高幽默的技巧。
3. 通过学习与训练,增强幽默的能力,创造运用语言表达的良好效益。

【引例与分析】

日本前首相福田康夫来华时在北京大学的演讲

尊敬的唐家璇国务委员,尊敬的许智宏北京大学校长,在座的各位朋友们:

在新年即将来临之际,福田到了,就是福到了。今天我有机会在历史悠久的北京大学同肩负中国未来重任的同学们进行交流感到十分的荣幸。北京大学作为中国的最高学府,教育水平之高,为世界所公认,并且还有许多日本留学生在这里学习。……

分析:

上面是一个成功的演讲开头的例子。日本前首相福田康夫来华时在北京大学的演讲,开头借用了自己的名字中的"福"字。当时正是元旦期间,中国的传统讲究新年祈福,在新的一年里,如果碰上好事情,预示着这一年会很走运。福田恰恰迎合了中国人的心理,照顾到了中国人的感情,尊重了中国人的民族传统,巧用自己的名字,实行了很恰当的幽默,效果极佳。演讲的开头是一件极为重要的环节,很多演讲家都在开头上下工夫,开头比较好的形式之一就是幽默,幽默可以吸引听众,可以拉近与听众之间的距离,可以产生5分钟效应。

【相关知识】

一、幽默的含义

幽默有广义和狭义之分。广义的幽默指一切使人发笑的语言、文字和行为,包括揶揄、讽刺、嘲笑、鄙俗等方面。狭义的幽默指的是"有趣或可笑而意味深长"的语言文字，要求语言不仅可笑，而且有情趣，富意味，深含道理。

幽默源于外来词"humor"，学者一般认为是国学大师林语堂先生首先译介进来的。林语堂解释道："凡善于幽默的人，其谐趣必愈幽隐；而善于鉴赏幽默的人，其欣赏尤在于内心静默的理会，大有不可与外人道之滋味。与粗鄙的笑话不同，幽默愈幽愈默而愈妙。"

在演讲中，幽默也是必不可少的。过去我们过多地强调演讲的逻辑性、情感性和严肃性，演讲者往往是高谈阔论，居高临下，以此来教育感化听众；而如今则是更注重相互交流和沟通，如果没有幽默的语言，将收不到好的效果。

二、幽默的途径和技巧

（一）幽默的途径

严格说，幽默并没有固定的格式和方法，很多时候是随机的。幽默是一个人智慧学识情趣和修养的综合体现。如果平时注重培养和训练，还是可以找到一些有效的方法，形成幽默的个性，提高幽默的水平。下面给大家提供几个基本途径。

（1）学识积累。幽默是一种艺术，它需要有深厚的知识底蕴，很多演说和谈判，虽然之前做过一些准备和积累，但是现场的情况可以说是瞬息万变，具有不可预测性，只有广博的知识储备和深厚的学识积累，才有可能挥洒自如，幽默风趣。这一方面，中国汉代的东方朔和清代的纪晓岚都是典型的例子。

（2）良好修养。幽默是一种人格，它需要有良好的修养和情趣。没有修养的人，带给人们的只能是油腔滑调或者忸怩作态，是低俗乏味的笑料。所以，幽默除了用学识做基础外，还要加上个人的修养。这就需要平时的蓄积和修炼，心态平和，温雅豁达，性情活泼，率真宽厚。

（3）机灵智慧。智慧和人的资质很有关系，但是和后天的努力训练也分不开。幽默需要知识的积累，也需要良好的自身修养，更需要聪明的头脑，在必要时，要运用好知识。比如人的记忆力、反应力、思维力和想象力，在需要语言幽默表达的时候，能够发挥出各自的作用，选择合适的词语，组合恰当的语言形式，创造出幽默的语言情景。

（二）幽默的技巧

（1）巧用对比。对比在语言表达上指的是将同类的事物进行比较，比较的作用是相互映衬，形成反差，制造悬殊，相互放大和缩小。例如：唐骏在大连理工大学的演讲中，把自己当时的大学生活和现代的大学生活进行对比，用他那个时代的人的"纯"和现代的"不纯"进行比较，相互映衬，说明时代的进步，观念的超前。如果平铺直叙地讲，就会乏味，而唐骏却把这些差别很有意味又很诙谐地表达出来，收到了良好的效果。

（2）善用比喻。比喻也叫打比方。打比方构成的幽默主要是通过选择的喻体，造成形象有趣。毛泽东的讲话之所以很受欢迎，其中很重要的原因是善于使用比喻。《反对党八股》一文，把"空洞无物"的文章，比作"懒婆娘的裹脚布"，"又臭又长"，十分形象，很有趣味，起到了讽刺和否定的作用。而有人在评价毛泽东晚年所犯的错误时，也形象地比喻为"他常常拔起中国经济这棵大树，检查是否受到害虫的侵蚀，然后再重新放入土中"。

（3）适当夸张。夸张分为夸大、夸小、超前夸张三个类型。夸张形成幽默，关键在出乎意料，而又在情理之中，形成起伏跌宕的效果。

唐骏在大连理工大学的演讲中，就恰当地运用了夸张的说法，幽默效果很好。他在讲自己的工作业绩时,巧妙地把世界经济增长的原因归结在自己的"风水"上,他只要在哪个国家,哪个国家就会出现经济增长。赵本山的小品中也时常使用夸张的手法,如做梦中奖那一段:彩票还没有买到,别人就已经来借钱了,结果剧中人物不但没有获利,反而负债。

(4) 故意反说。反说又叫反语,就是正话反说的意思。反说的作用在于讽喻和亲昵两个方面。通常情况下,把坏的说成好的,会形成嘲讽的效果;把好的说成坏的,有嗔怪和亲昵的味道。

(5) 自我解嘲。人际交往中,在人前蒙羞、处境尴尬时,用自嘲来对付窘境,不仅能很容易找到台阶,而且多会产生幽默的效果。所以,自我解嘲,自己把自己胳肢几下,自己先笑起来,是很高明的一种脱身手段。在演讲中恰当的自我解嘲,会拉近与听众之间的距离。有位教师,虽只有40多岁,但头发大多掉光了,露出一片"不毛之地"。以前常有学生在背后叫他秃顶老师,后来他干脆在课堂上向同学们讲明了因病而秃发的原因,最后,他还加上了这样一句自嘲:"头发掉光了也有好处,至少以后我上课时教室里的光线可以明亮多了。"同学们发出一片友好的笑声,此后再也没有人叫他秃顶老师了。

(6) 大词小用。把用于重大事件或者重要场合的词语,用于个人的细小的事情上面,造成反差,给人以举重若轻的感觉,形成幽默。例如:赵本山的小品中有一段关于范乡长一年的工作业绩的表述:"三峡治水、江泽民访美……",就属于大词小用。

(7) 寓庄于谐。把十分庄重的事件说得较轻松,同样会形成反差,给人以举重若轻的感觉,造成幽默的效果。唐骏谈到他自己为了争取出国留学天天去请求教育部有关领导的那些日子说成是到"教育部上班",把争取名额的艰辛和不易,说得十分轻松。

(8) 歇后双关。歇后语本身就带有幽默功用,如果在演说中使用恰当,效果会更好些。歇后语的前部分就像谜面,后半部分相当于谜底。这种设谜式的语言,会产生打包制造悬念,然后抖包释放的效果。如果是双关的歇后语,还会产生嘲讽作用。

(9) 反复强化。一个词语,或是一个句子,在演讲中反复出现,并不断强化,就像关键词一样,以此起到幽默的作用。例如:小品中的"这是为什么呢",反复出现,在不同的时间、地点和事件叙述过程中,可以产生幽默的效果。翟鸿燊的一些讲座,很多时候运用这种方式。

(10) 移花接木。把具有固定搭配关系的一组词语中的一个词换掉,在语文修辞中叫做仿词。例如:赵树理《李有才板话》中有这样一段话:"做诗的人,叫'诗人';说做诗的话,叫'诗话'。李有才做出来的歌,不是'诗',明明叫做'快板',因此不能算'诗人',只能算'板人'。这本小书既然是说他做快板的话,所以叫做《李有才板话》"。"板人"、"板话"分别是仿照"诗人"、"诗话"而新造的词。看似无中生有,实则合情合理,精练、新鲜、幽默十足、余味无穷。

三、幽默的误区

幽默是一个人的智慧、修养和品格的综合体现,也是现代社会对理想人格的期待,是一个人"内力"或者说是"内功"的折射,很多时候是装不出来的。所以,如果我们自己想要幽默,就应该首先练练自己的内力,"内力"不够,强作"幽默",效果会适得其反,就会走向幽默的误区。

第一个误区:做作。有时候,故作幽默,往往就会流于做作。例如扭怩作态,男人女相,故而有人发笑,也是可笑可鄙的,不足以给人启发和教育,只是停留在可笑的水平上。

第二个误区:庸俗。低俗的语言,恶谑语气,下流的内容,好像是给人以朴素直白的感觉,也有拉近与听众的距离的意味,但是不能给人享受和愉悦。

第三个误区:恶搞。恶搞会产生滑稽的效果,但是和幽默有着本质的区别,不能把滑稽列入幽默的范畴。最近网上流传的徐志摩《再别康桥》的东北版诗歌,就属于恶搞之类,虽造成滑稽可笑的氛围,但绝无幽默之感觉。仅列举开头几句:

鸟悄儿的我走了／正如我蔫巴的来／我得了八嗖的招手／磨叽西天的云彩

【实训设计】

实训任务1:

在班级中进行自我介绍练习,事先要做一些准备,先写好书面材料,字数在300字以内,时间在3分钟之内。要求语言适当幽默,诙谐有趣。

实训任务2:

下面是三则小幽默,请根据对话的情境,尝试做一些修改,使得幽默效果更佳。
（1）病人与护士的对话
病人:护士小姐,您小心点打针,我害怕。
护士:请您放心,我刚毕业,今天第一天上班,所以我会特别小心。
（2）客人与的士司机的对话
客人:司机先生,我第一次来这个城市,我希望您慢点开,我想多看看这个城市。
司机:哦,那太好了,我第一天学开车,是应该慢点的。
（3）顾客与售货员的对话
顾客:小姐,这产品真好,我看不出什么问题,所以我决定买了。
售货员:谢谢,其实我们的商品也没您说的这么好,只是您还没有亲自使用过,还不知道它的问题罢了。

实训任务3:

（1）在某次会议上,你是会议的主持人,听众被和煦的春风吹得睡意蒙眬。结合当时的环境,你以怎样幽默的语言把大家逗乐?
（2）缪老师精神抖擞地走进教室,给新班级上第一堂课。他先自我介绍:"同学们,我姓缪……"他正要在黑板上写"缪"字时,不知哪个座位上传出一声猫叫"喵——"于是全班哄堂大笑。如果你是这位老师,你将用怎样幽默的语言对这位学生进行"批评"?

第二节 委 婉

【学习目标】

1. 了解和掌握委婉语言运用的相关知识和基本要求。
2. 学会委婉的方法,恰当地进行委婉表达。
3. 通过训练提高语言的运用能力,增强委婉表达的能力。

第二节　委　婉

【引例与分析】

　　周恩来总理一生为中华民族的解放和建设事业奔走辛劳,鞠躬尽瘁死而后已。他智勇双全,能文能武,高风亮节,深得世界各国人民的喜爱和尊敬。他自己曾经感叹三分之一的经历和时间都用在和敌对势力的谈判上面了。他的人格魅力不仅仅体现于政治水平、道德水准,还体现在语言的委婉上面。我们举一个例子:中国抗日战争期间,周恩来代表中国共产党住重庆曾家岩和梅园新村等地。蒋介石为了实行"攘外必先安内"的政策,名义上和中国共产党合作,背后却是不断削弱中国共产党的实力,不断掀起反共高潮,其中"皖南事变"就是证明。在这样的重大事件上,周恩来当然是义愤填膺,怒发冲冠,但是在和国民党进行交涉时候,仍然照顾两党的合作关系。他的言词虽然尖锐,但还是留有一定的余地,从他给《新华日报》的题词就可看出:

　　千古奇冤,江南一叶,同室操戈,相煎何急!

分析:

　　周恩来总理一方面需要委婉地发表事实真相,以避免国民党当局查封《新华日报》,另一方面,国共还处于合作期间,不能发生正面冲突。正因为善于运用委婉的语言,总理在国共两方都深得敬仰。委婉的语言也是人气的重要载体。

【相关知识】

一、委婉的含义

　　委婉,或称婉转,是一种修辞手法。人们在言语交际中常常不用直接的方式遣词达意,不愿向对方坦率地言传,而是用间接的方式声东击西,只让对方拐弯抹角地意会,而且越揣摩,似乎含义越深越多,因而也就越是有吸引力和感染力。在演讲中常常使用委婉的语言,达到演讲的目的。

　　委婉语言最早产生于现实生活中的禁忌。有时候我们不愿直接说出一些事件,或者说,人们有时候不喜欢听到一些事件,可是还必须说,这时就需要用其他方式转弯抹角地说出来,或者换个词语、句子来表达,委婉的语言就产生了。例如"死亡"就有很多的委婉词语:逝世、仙逝、涅槃、百年之后、大限之期等,不胜枚举。

二、委婉语使用的场合与对象

　　委婉语是一种社会语言学现象,它的形成是各种社会因素和语用因素综合作用的结果。从委婉语这面社会折射镜中,可以了解到社会价值观、道德观。它作为一种语言现象,表达手法和方式丰富多彩,但委婉语的使用也须讲究一定的原则,不是任何场合下都是可以使用的,恰当的委婉语能使人愉悦,反之,则弄巧成拙。经常使用委婉语的场合为:

（一）"死亡"及与死亡相关的事物

（1）古代君王、大臣:驾崩、归西、不禄、薨等。

（2）僧道之人:涅槃、圆寂、羽化、遁化、驾鹤、飞升等。

（3）英雄烈士:牺牲、壮烈、光荣、就义、捐躯、献身等。

（4）普通民众:寿终、过世、百年、老了、谢世、长逝、长辞、走了、去了、故去等。

（5）德高望重者:陨落、殒身、陨灭、殒世、殒越、星坠、逝世、与世长辞等。

（6）用于其他:停止思想、人生的终点、永久的休息、长眠地下等。

　　与死亡相关的事物,通常也要用委婉的语言来表达,如:坟墓叫做阴宅,临死叫做弥留,再如遗物、遗愿、安息、走好等。

（二）人体的缺陷

人体的缺陷很多时候是先天造成的,即便是后天形成,也是他人所不愿意提及的和听到的,因此在交谈和演说的时候,应该尽量使用委婉语。

一个人高矮胖瘦俊丑黑白是天生的,但谁都希望自己更潇洒漂亮一点。当你对一个人外貌进行评价时,对于长得有点缺点的要尽量捡中听的说,这样说减轻了直言的刺激和伤害,也是对别人的尊重与心理呵护。比如现代的推销语言频率最高的两个词语就是"美女"、"帅哥",只要是年纪不到50岁,长相不是十分的"影响市容",都可以"帅哥"、"美女"称之。还有,成年男子胖称"壮"、"富态",瘦称"精干"、"干练";成年女子胖称"富态"、"丰满",瘦称"苗条";小孩胖称"壮"、"发育好"、"结实",瘦称"秀气"、"清秀";个子矮小称"浓缩的都是精华",秃顶的称"聪明的脑袋不长毛"。只要外貌缺点不太过就可以这样称,但如果太过的话,最好保持沉默。

（三）忌讳事物

谈话和演讲,在提及生活中忌讳的物品和事件时,也有必要用委婉语,力求不要伤及听众。例如:夫妻吵架说成是"感情纠纷",谈对象叫做"个人问题",上厕所叫做"去洗手间"或者"方便一下",失业称之为"赋闲在家",送给人时钟改成"送表",猪舌头叫做"猪口条",打扫卫生的人叫做"清洁工",青少年犯罪叫做"失足",不一而足。

（四）身体患病

残疾人和智障人员,应该和社会其他人员享有相同的社会发展成果,享有和其他公民相同的权利。因此在语言交流方面不可出现歧视行为,相反,在公众场合更要尊重他们,提及他们的残缺的时候,应该使用委婉语言。例如:某些轻度的病症称"头痛脑热"、"气色不好","牛皮癣"称"银屑病",四肢残疾称"手脚不灵便"、"走路不便",偏瘫称"半身不遂",秃顶婉称"谢顶",耳朵聋称"耳背"、"耳朵不灵"。

（五）外交上委婉

外交关系到国家在世界中的形象。外交语言采用委婉形式是非常必要的,一方面需要保密,一方面需要和谐。例如:出现有关损伤国家利益的行为,如果不是十分严重,就会用"密切关注"之类语言,或"正在积极交涉",轻易不用对抗性的词语。如果对方没有及时停止行动,我们才能用"提出抗议"这样的词语。

三、委婉的作用

委婉语是一种用无害或悦耳的词语替代那些较直接或唐突的言词,用善意的话语把事实掩盖起来的修饰手段。使用委婉语是调节人际关系的一个重要手段,通过它可以避免语言过于直陈而给对方造成伤害。委婉语可以使语义变得温和而不武断,谦逊而留有余地。委婉语常见的作用是:

（一）避讳

语言禁忌起源于人们对语言与客观事物之间关系的错误认识,即把名和实等同起来。能够引起恐惧的事物在语言中不能提及,只能用委婉语来代替。如在船上不能说沉或与"沉"同音的字;新年节下不能讲疾病、死亡之类不吉利的话,碰到非讲不可时,得换一个说法,以委婉曲折的方式来表达。

第二节 委　婉

（二）礼貌

委婉语在交际中还可以避免冒昧和失礼，当迫不得已要涉及令人不快的事情时，应选择委婉的表达法，这样既亮明态度，还因照顾了对方的情面而可获取对方的好感和认可，避免伤害对方的感情。

（三）掩饰

委婉语具有模糊色彩，有相当大的迷惑性，所以极少数违法乱纪的贪官污吏，将自己的非法所得婉言为"灰色收入"，利用公款吃喝玩乐说成是"劳逸结合"，玩忽职守被淡化为"工作做得不是很好"，管理不善、生产亏损说成是"负增长"，所有这些都是利用委婉语的模糊性、粉饰性来掩饰事实的真相。

（四）诙谐

委婉语的使用可以使人类的语言妙趣横生、诙谐幽默。现在用来描绘为保持体型而进行的"反肥持久战"，幽默地说明了减肥女士的决心和毅力。在家庭生活中，有的妻子比较强硬，丈夫软弱，这样的丈夫常被称为"妻管严"。这些词语含蓄委婉，更让人回味。

四、委婉的技巧

（一）替换词语

替换词语就是将那些不雅的低俗的或者是容易伤害到听众的词语换掉，找一个相同意义的词语来替代，可以采用汉语中的"借代"的修辞手段。例如：当你不知道对方是否有很好的工作，在询问的时候，就可以说"先生在哪里发财？"把"工作"说成是"发财"，恭维了对方，迎合了人的正常心理，避免了因为对方没有工作而尴尬。再如：高级管理人员叫做"金领"，小偷叫"梁上君子"。

（二）举例类比

现代传播学非常注重实效性，人际交流和沟通相当重要。很多时候，直言不讳会在交流效果上不及善于辞令的人。有时为了说明情况，就要伤害情感，拒绝好意，甚至会反目为仇。为了避免这种情况出现，就要学着用委婉语言来表达。比较好的方式就是讲一个小故事，用类比的方式说出你的想法和建议。比较有名的是古代的《触龙说赵太后》，还有淳于髡用隐语劝谏齐威王的故事。淳于髡问："国中有大鸟，落在大王庭院里，三年不飞又不叫，大王猜这是什么鸟？"齐威王说："这只鸟不飞则已，一飞就直冲云霄；不鸣则已，一鸣惊人。"从此齐威王勤政治国，强于诸侯。

（三）双关暗示

汉语的一个非常优秀的特征，就是表意微妙，一字之差，区别很大。词语双关性强，语义层面较多，这就给委婉的语言提供了物质基础，就是我们平常所说的弦外之音，话外之意。古代有一个村妇请客，说了两句话，客人就陆续走了。这两句话是：该来的没有来，不该走的却走了。本意是讽刺村妇说话不考虑听众，结果是让客人误会了。如果从另一个角度看，也许是村妇委婉逐客的语言艺术呢。

（四）听错说错

交往和谈话中，可以用故意说错或者故意听错的方式来进行委婉表达，目的是不去正面回答尖锐而不能回答的问题。答记者问、谈判、论辩等都可以采用此种方法。回答的问题和提出的问题不相一致，顾左右而言他。一次，著名相声演员姜昆在深圳某宾馆下榻时觉得受了冷遇，便问服务小姐："你没看过电视吗？我就是那个说相声的姜昆啊！"服务小姐回答得非常平静："我们这里香港小姐和外国元首都接待过,我们的职责是服务周到,一视同仁。"服务小姐回答得十分得体,又有礼貌:名人、要人我们都接待过,因此你也不要希望有什么特殊,亮明了自己的态度。

五、委婉的注意事项

社会生活的各个领域中,委婉语的应用都较为广泛和普遍。我们必须要了解和恰当地使用委婉语。委婉语代替了禁忌语掩盖了羞于启齿或令人难堪的事实,避免了交际中的尴尬和唐突现象。在日益文明的社会中,讲话技巧和人际关系越来越深刻影响了人们的生活,适当地掌握常用的委婉语,有助于扩大语言文化背景知识,有助于减少和克服交际过程中可能出现的障碍,有助于保持良好的人际关系,达到畅通无阻的沟通目的。

(1)委婉语虽然普遍被使用,但绝不能用得过多过滥。使用时要考虑场合与对象,如用得不得体,反而会使语言"欲礼而不达",甚至令人不知所云。

(2)委婉语的使用目的是回避一些"禁忌"的事物,通过语言替代手段生成"新"词,并如愿达到所要表达的语言效果,否则没有必要使用委婉语。

(3)模糊语不等于委婉语。语言的模糊性是语言的客观存在,是客观事物的模糊性在语言上的反映;而委婉语则是人们将不宜直接表述的话语、主观的需要换一个说法,迂回含蓄地表达出来。

(4)使用委婉语要对不同社会的民族文化、风俗习惯、适用对象及不同的语境先有一定的了解,然后才能在恰当的时间、地点说出恰当的委婉语。

【实训设计】

实训任务1:

委婉的用途很广泛,比如巧妙地拒绝。请根据下面假设的情景写出一个委婉拒绝的语言片段。

你所在学校最近要开展两项比赛,一个是演讲比赛,一个是篮球比赛,很多同学都希望你参加篮球比赛,因为你平时就很喜欢玩篮球,而且技艺不错。但是你现在不想打篮球,你更喜欢演讲。

实训任务2:

通过平时积累,利用网络工具或与同学们探讨,把下面的5件事改成委婉说法。

(1)上厕所,拉肚子。

(2)出车祸受伤。

(3)禁止吸烟。

(4)明天一定要准时到达学校。

(5)我不想去,我家里有事。

第三节 诡　　辩

【学习目标】
1. 了解与掌握诡辩在语言表达中的相关知识和要求。
2. 了解诡辩的基本方法，正确应对诡辩术。

【引例与分析】
　　有两个15岁的中学生找到教他们希腊文的教师，问道："老师，请问究竟什么叫诡辩呢？"这位精通希腊文且又精通希腊哲学的老师并没有直接回答这个问题。他稍稍地考虑了一下，然后说："有两个人到我这里来作客，一个人很干净，另一个很脏，我请这两个人去洗澡。你们想想，他们两个人中谁会去洗呢？""那还用说，当然是那个脏人。"学生脱口而出。
　　"不对，是干净人。"老师反驳说，"因为他养成了洗澡的习惯，脏人认为没什么好洗的。再想想看，是谁洗了澡呢？""干净人。"两个青年人改口说。
　　"不对，是脏人，因为他需要洗澡；而干净人身上干干净净的，不需要洗澡。"老师又反驳说。然后，他再次问道："如此看来，我的客人中谁洗了澡呢？"
　　"脏人！"学生重复了第一次的回答。
　　"又错了，当然是两个人都洗了。"老师说，"干净人有洗澡习惯，而脏人需要洗澡。怎么样？他们两人到底谁洗澡了呢？"
　　"那看来就是两人都洗了。"青年人犹豫不决地回答。
　　"不对，两人谁都没洗。"老师解释说，"因为脏人没有洗澡的习惯，干净人不需要洗澡。"
　　"有道理，但是我们究竟该怎样解释呢？"两个学生不满地说，"你讲的每次都不一样，而又总是对的！"
　　"正是如此，你们看，这就是诡辩。"

分析：
　　以上的例子说明了诡辩语言的表现形式，其本质就是"总是有理"。但是事实上真理只能有一个，不可能有两个或两个以上，我们学习诡辩的知识和技巧，不是让大家来学会诡辩术，而是掌握知识，为提高语言技巧，为服务社会做知识和技能上的准备。

【相关知识】
　　一、诡辩的含义与作用
　　（一）诡辩的含义
　　《现代汉语词典》（中国社会科学院语言研究所词典编辑室编、商务印书馆出版）对诡辩的解释有两个分项，一个是：外表上、形式上好像是运用正确的推理手段，实际上违反逻辑规律，作出似是而非的推论。另一个是：无理狡辩。我们这里的诡辩主要侧重于语言使用时候如何取得良好的语言效果，词典中的两个意义，我们侧重取第一个解释。

（二）诡辩的作用

诡辩有正反两个方面的作用。一个是积极的，体现在使用语言的能力方面。诡辩能力，其实就是语言的运用能力，就是思维反应能力，也是通过使用语言进行逻辑推理和逻辑思辨的能力。它的消极方面是，容易在诡辩的过程中走向无理狡辩。因此，我们通过诡辩语言的学习和训练，要端正学习态度，从积极的方面去掌握诡辩的技巧。

二、诡辩的技巧

（一）偷换概念

使用三段论进行推理必须有而且只能有三个不同的概念。诡辩者常常在三段论推理过程中利用偷换概念进行诡辩。

例如：我国的大学是分布于全国各地的；

清华大学是我国的大学；

所以，清华大学是分布于全国各地的。

这个三段论的结论显然是错误的，但两个前提都是真的。为什么会由两个真的前提推出一个假的结论来呢？原因就在中项（"我国的大学"）未保持同一，出现了概念的错误。即"我国的大学"这个语词在两个前提中所表示的概念是不同的。在大前提中它是表示我国的大学总体，表示的是一个集合概念。而在小前提中，它可以分别指我国大学中的某一所大学，表示的不是集合概念，而是一个普遍概念。因此，它在两次重复出现时，实际上表示着两个不同的概念。

（二）借题发挥

在辩论中借助谈话的一个话题，肆意阐发，从而掩盖事实，回避真理。

例如：工头看见贝克先生在车间抽烟，很生气。"在工作的时候不准抽烟，贝克先生。""那么，我什么时候抽烟呢？""不工作的时候。""是的，我现在并没有工作。"

再如：在某大学，当一位清洁工人刚把教学大楼走廊打扫干净，便有个大学生将一包果皮纸屑丢了出来。于是清洁工人和这位学生发生了争执："请不要乱扔果皮纸屑。"清洁工人批评说。"我们如果不把这地方弄脏，还要你们干什么？"大学生顶了回来。

（三）转移话题

不是回答问题，而是借着发问的问题，把中心转向其他方面。

例1：某男生："我纯洁的爱情只献给你一个人。"某女生："那么你不纯洁的爱情给了谁呢？"

例2："起来吧，杰克，公鸡早就叫了。""这关我什么事？我又不是母鸡！"

例3：一名旅客到旅馆投宿，他仔细地察看了房间，对服务员说："这房间又黑、又闷，连窗户都没有一个，像监牢一样！"服务员讥讽道："先生，看来你这个人一定当过犯人，要不怎么这样熟悉监牢？"

（四）以偏概全

古代有一个公孙龙的"白马非马"的诡辩故事，采用的是以偏概全的手法，将马和白马这两个概念之间的从属差别狡辩为本质差别。

（五）循环论证

论题的真实性是要靠论据来证明的，而论据的真实性又要靠论题去证明，就是循环论证。

一个瘦子问胖子："你为什么长得胖？"

胖子回答："因为我吃得多。"

瘦子又问胖子:"你为什么吃得多?"
胖子回答:"因为我长得胖。"

（六）虚假论据

用不真实的论据进行佐证,得出的结论就不会真实。

例如在古希腊,有一巧妙的诡辩是这样的:

一粒谷子落地时没有响声,

两粒谷子落地时也没有响声,

三粒谷子落地时还是没有响声……

以此类推,一整袋谷子落地时也不会有响声。

这个推理运用了虚假论据,"一粒谷子落地时没有响声",这是虚假的。一粒谷子落地不是没用响声,而是不易听见响声,听不见不等于没有。所以这个推理就属于诡辩。

（七）类比推理

把性质不相一致的事物生硬地进行类比,造成逻辑混乱,是非混淆。

例如某人这样发表议论:如果天热,则人不舒服;如果天冷,人也不舒服;天气不是热就是冷;所以,人永远都不舒服,人生真是一片苦海！

人由于天热不舒服和人生的苦难不是同一个性质的,所以两种不同性质的"不舒服"是不能形成合理的类比推理的。

三、诡辩的注意事项

诡辩严格说是一把双刃剑,我们在学习的时候,一定要从诡辩的积极方面着手,掌握技巧,服务社会,服务正义。就像公安刑侦人员一样,掌握刑侦技术是为了打击刑事犯罪,而不是危害他人。

另一方面,诡辩语言还有很多积极的社会功用,诸如商务谈判、法庭论辩、演说交流沟通等,可以提高语言运用的能力,提高思维反应能力等。

我们设计这个章节,主要是让学生了解诡辩的相关知识,要从积极的方面出发,通过实训,提高恰当、适时、巧妙、灵活地运用语言的能力。

【实训设计】

实训任务 1：

两个同学进行一次简单的辩论活动。设立一个话题,确定一个正方和一个反方,目的是训练辩论的技巧。

实训任务 2：

下面是几个诡辩的例子,找出漏洞和不合理的地方,并加以简单说明。

（1）希特勒是好战的,希特勒是德国人,所以德国人是好战的。

（2）人体是由细胞组成的,细胞是细小的,所以人体是细小的。

（3）五四运动以后,北大著名的性格学者辜鸿铭先生,竟仍鼓吹一夫多妻制,其理由是:"一个茶壶尚需四个杯子,一个茶壶一个杯子太不像话了！"

实训任务 3：

根据下面的提问，你将如何作出应答？参照例文试用一下诡辩手法。

例文：传说东北军阀张作霖送给日本人一幅自己书写的字画，以示自己不乏艺术修养，结果在落款时把"张作霖手墨"误写成"张作霖手黑"了，自己还浑然不觉。当日本人接过字画询问的时候，他自知错误，但也不愿意当众出丑，就诡辩一句："我所以把'墨'写成'黑'，是因为我不能把国土送给你们呢，这叫做'寸土不让'。"

(1) 老师上课提出以下问题，因为你没用做好充分准备，回答不上来问题。你将如何诡辩？

① 老师：××同学，请你回答一下中国古代的四大名著都是什么，作者是谁？

② 老师：××同学，请你回答一下宋代的"三苏"都是谁，有什么代表作品？

③ 老师：××同学，唐代是我国诗歌的高峰时期，涌现出许多的优秀诗人。后人根据他们的诗歌的总体特征和诗人的性格，分别起了"绰号"：诗圣、诗仙、诗佛、诗鬼，请说出他们的名字，并简单加以解释。

(2) 家长：今年考试怎么样？都过关了没有？（其实没有考好）

(3) 朋友：我看见你昨天和我们班的一个人一起出去，他是谁啊？（你不想承认）

第四节　模　　糊

【学习目标】

1. 掌握模糊语言的相关知识和基本要领。
2. 学会模糊语言的技巧和方法，恰当运用模糊语言。
3. 提高运用模糊语言的能力。

【引例与分析】

下面有两则模糊语言的例子：

1. 要积极支持蚕业发展，对种蚕用林地要在可能的范围内予以安排解决。
2. 林区内列为国家保护的野生动物，禁止猎捕；因特殊需要猎捕的，按照国家有关法规办理。

分析：

第一个例子有两层意思。解决种蚕用林地是明确的，具有定向性，这是表层的意思；安排多少种蚕用地却是不明确的，具有无指定性，这是深层的意思。就这句话的完整意义来说，"在可能的范围内予以安排解决"，既概括又灵活。

第二个例子中，猎捕国家保护的野生动物按照法规办理是明确的、肯定的，这是表层的意思；但按哪一个法规办理则是不明确、不肯定的，只用"有关"概括，这是深层的意思。

由此可见，模糊语言具有两重性特点，即在本质上是明确的，在表象上是模糊的；在定性表述上是肯定的，在定量表述上是变化的；在内容上是确指的，在形式上是灵活的。

模糊语言在生活中广泛存在，大量使用，越来越被人们所认可。我们学习模糊语言，为的是更好地交流和沟通，更好地发挥祖国语言表意上的奇特功能，创造更好的社会价值。

【相关知识】

一、模糊的含义和模糊语的构成

（一）模糊的含义

"模糊"一词往往带有贬义意味，人们常常会把它与"含糊不清"等同起来，但是随着国内外对模糊数学、模糊逻辑、模糊语言等研究的崛起，"模糊"二字的贬义意味在淡化，并且人们对它进行了具体分析。模糊语言作为语言学新起的分支，引起了不少探索者的兴趣，并在许多领域得到了广泛应用。

模糊语言作为一种弹性语言，是指外延不确定、内涵无定指的特性语言。与精确语言相比，模糊语言具有更大的概括性和灵活性。这种概括性与灵活性集中反映在语言外延上。

（二）模糊语的构成

（1）由模糊词语构成。例如：因为家里穷，他一面帮家里做农活，一面跟父亲念点儿书。"穷"是个模糊词语，意义范围界限不明确。怎样才算穷，穷到什么程度都很模糊。在汉语中，"好"、"坏"、"冷"、"热"、"大"、"小"、"轻"、"重"等都属于这类词语。

（2）由模糊限制性的词语构成。模糊限制性的词语是指表示不确切意义的一些副词、量词或插入语，如"大概"、"也许"、"大约"、"看样子"、"类似"、"基本"、"可能"、"现在"、"过去"等。

在语言的使用中，准确语言是必不可少的；同样，模糊语言也是不可缺少的，其作用不可低估。

二、模糊语的技巧

（一）选用形容词

表示事物的性质、形态的词语，本身就存在着语义上的不确定性，当我们需要模糊的时候，尽量选择定性词语，这也是一种负责任的态度。

表示事物性质的词语：高、矮、胖、瘦、大、小、美、丑、冷、热、轻、重、缓、急、酸、甜、苦、辣等。

表示事物形状的词语：粗、细、圆、方、尖、锐、平、凹、凸等。

（二）选用表示程度的副词性词语

表示程度的词语：非常、十分、特别、很、尤其、比较、稍微、略微等。

表示约数的词语：大概、左右、也许、可能、类似、基本等。

（三）选用概数词语

第一，时间词语：过去、现在、将来、早些时候、晚些时候等。

第二，选用概数词语：几、多、上下、左右等表示，如十几岁、二十多个、十岁左右等；有时也可数词连用，如四五天、一二百里等。

（四）选用模糊的插入语

据说、听说、看样子、看起来、说起来、这样的话、那样的话、要是这样等

（五）使用假设性的词语或者句子

如果真的这样，就算……，要不是……，如果可能，即便如此，等等。

（六）留有余地，不绝对化

我个人认为，我谨代表个人观点，如有不当请指正，不敢苟同，保留意见，等等。

（七）托词运用

研究研究、研究一下、讨论一下、先这样、暂时如此、不妨这样等。

三、模糊语言实例分析

（一）巧妙回答

一位三十多岁的妇女在宴会上突然要她邻座的一位男子猜她的年龄。那个男子深感为难，只好借用模糊语言说："以您年轻的样子，应该减去十岁；但以您的智慧，又应该加上十岁。"

这样的回答虽未确切说明女士的年龄，却收到了极好的表达效果。巧妙的假设化解了尴尬，为宴会增添了快乐的气氛。如果不借助模糊语言，而是准确说出或过于减少女士的年龄，都有可能造成误会。

（二）巧约上司

日常生活中，在一些特殊的场合，模糊语言可以表达精确语言表达不出的语义，这就是巧用模糊语言曲折地表达敬意。可别小看这个特点，在同样的情况下，语言过于准确，不仅不能表达敬意，反而会触犯对方。因此，有时非用模糊语言不可。

刚刚就业的李君，在公司还有点懵懵懂懂，在朋友的暗示下，决定约见他的上司。朋友告诉他，约见的时间和地点都很讲究。当我们第一次约上司时，时间和地点都不宜事先定好，不宜太具体。不能这样说："今晚七点半，您有空吗？"更不宜说："今晚七点四十，您有空吗？"事先定的时间过于具体，就显得有点不客气，而且多少带点命令的色彩，好像是没有征求过对方的意见似的。"七点半"还是常用的表达习惯，"七点四十"就有点不符合习惯，对方心里可能会嘀咕："要七点半就七点半，干吗要七点四十。"可以这样说："今晚七点左右您有空吗？"或者说："今晚您有空吗？"时间和地点最好由对方来定。这也是表达对上司的尊敬。听了朋友的分析，李君恍然大悟。

其实，这是在特殊场合中，利于模糊语言来表达敬意。虽然见面的时候讲究准时，尤其是不能无故迟到，但是我们在约见师长、上司或者初次见他人时，就应该运用语言模糊的巧妙性来表达我们对他人的尊敬，得到他人的同意后，再定下具体的时间和地点。一旦定下来之后，就要准时赴约。作为东道主，预先到达，安排相应的事宜，是理所当然的事。

（三）聪明的导游

模糊语言具有非确定性。在语言表达的概念并没有明确的界限时，可以通过模糊语言使非确定性在符合具体语境的基础上作适度的突出和强调。非确定性语言不作明确的特指，或推诿、或估计、或猜测、或希望、或暗示，以使语言的表达符合特定的需要。利用模糊语言这一特性，就可以拉开与原先话题的距离，从而避免陷入尴尬和矛盾的境地。

有一艘豪华客轮满载游客。即将到达旅游胜地的时候，客轮突然慢慢地停了下来。原来好事多磨，谁也没有料到，客轮出了点问题。客轮迟迟不能起航，急于想到达旅游区的游客心情开始浮躁起来，围着他们的导游，追问客轮何时能够起航，何时能够顺利到达。有的则进行责问，有的甚至开始"骂娘"，情绪激动可见一斑。这时候，他们的导游则镇定自若，面带微笑，不停地向大家解释："请大家别急。客轮只是出了点小问题，不费事的，技术员们正在检查，一会儿就好，客轮马上就可以起航，马上就可以起航！为了大家的人身安全，请大家再耐心等待一会儿，再耐心等待一会儿！"她不断地进行重复，游客们的情绪终于慢慢平静下来。

在这里，导游针对游客的既急于到达旅游区又要一路平安的心理，面对游客的盘问与责备，没有急躁,也没有给出确切的答复,却用了一连串的"一会儿"、"马上"等没有确指的词语与承诺,然而正是这一模糊语言的运用,使游客们平静地滞留了近一小时,巧用模糊语言抚慰了游客们不平静的心。试想,如果他们的导游在没有把握的情况下给出明确的答复,或者将时间说短一些,如"十分钟之后,就可以起航"。但是,如果十分钟之后,客轮仍然不能起航,就把自己推向被动的境地,到时再作解释,游客们也不能相信,到那时,怨声再起,更难平复。如果将时间说长一些,也只会增加游客们的怨气,于事无补。当然,更不能面对游客的盘问,不给任何解释。

（四）文学作品中模糊语言的审美特性

《红楼梦》作者曹雪芹在刻画人物、塑造典型时,既注意到用精确细致的语言进行实写,又经常以模糊不定的语言进行虚写。常常是用喻写形,以虚写实。书中对主人公贾宝玉的肖像描写,就运用了大量模糊的语言:

（他）头戴束发嵌宝紫金冠,齐眉勒着二龙戏珠金抹额,一件二色金百蝶穿花大红箭袖,束着五彩丝攒花结长穗宫绦,外罩石青起花八团倭缎排穗褂,登着青缎粉底小靴。面若中秋之月,色如春晓之花,鬓若刀裁,眉如墨画,鼻如悬胆,睛若秋波,虽怒时而似笑,即嗔视而有情;项上金螭璎珞,又有一根玉色丝绦,系着一块美玉。

这样描写,乍一看似乎十分细致具体,然而认真一琢磨,究竟宝玉的高矮、胖瘦是怎样仍然不得而知。至于紫金冠、金抹额、大红箭袖……到底啥个样子,只好让读者发挥想象力与调动生活积累去解决了;而如月之面,如花之色,如刀裁之鬓,如墨画之眉,如悬胆之鼻,如秋波之睛,等等一连串的比喻描写,也都属于模糊语言的集合,更得靠读者各自的经验去心领神会了。可见,对贾宝玉的肖像描写,是运用模糊语言用喻写形、以虚显实的一个范例。至于大观园中的女主角林黛玉的形象,作者写她有"两弯似蹙非蹙笼烟眉,一双似喜非喜含情目。态生两靥之愁,娇袭一身之病。泪光点点,娇喘微微。闲静时似娇花照水,行动处如弱柳扶风,心较比干多一窍,病如西子胜三分"。这些外形描写,也都是借物象征,借人比喻的,是一连串模糊语言的集会。究竟这个多情善感的少女姿色身材如何,无从精确知道。然而,正是通过这种模糊语言和比喻的运用,起到以虚带实、写意传真的艺术效应,让读者从中得到审美愉悦并激发出无限想象,人物形象由此更加真实、生动。

【实训设计】

实训任务1:

把下面演讲词的画线部分改成模糊语言。

今天,我对你们说,我的朋友们,尽管此时遭受困难与挫折,我仍然有个梦,这是深深扎根于美国的梦想中的。

我有一个决定:<u>10天以后</u>,这个国家将站起来,并实现它的信条的真正含义:"我们认为这些真理是不言而喻的,即所有的人都生来平等。"

我有一个梦:<u>明天早晨6点钟</u>,在乔治亚州的红色山丘上,从前奴隶的子孙们和从前奴隶主的子孙们将能像兄弟般地坐在同一桌旁。

我有一个梦:我的<u>4个小孩</u>将有一天生活在一个国度里,在那里,人们不是从他们的肤色,而是从他们的品格来评价他们。

这是我们的希望,这是信念,带着这个信念我回到南方。怀着这个信念,我们必须从绝望之山中开采出一块希望之石。怀着这个信念,我们将能把我们国家的刺耳的不和音,转变成一曲优美动听的兄弟情谊交响曲。怀着这个信念,我们明天就会工作在一起,祈祷在一起,奋斗在一起,一起赴监狱,一起维护自由因为我们知道,有一天我们将获自由。

实训任务 2:

用比较模糊又比较负责的语言回答下面的问题。
(1) 周末你有什么打算啊?
(2) 你什么时候有时间到我家去玩?
(3) 你是从什么时候开始喜欢文学艺术的?

第五节 发 问

【学习目标】
1. 掌握发问的相关知识。
2. 学会发问的技巧和方法,增强交流和沟通的能力。
3. 通过训练,能应对不同场合的发问。

【引例与分析】

我所能奉献的,只有热血和辛劳,眼泪和汗水。

你们问:我们的政策是什么?我说,我们的政策就是用上帝所给予我们的全部能力和全部力量,在海上、陆地上和空中进行战争,同一个邪恶悲惨的人类罪恶史上从未见过的穷凶极恶的暴政进行战争。

你们问:我们的目的是什么?

我可以用一个词来答复:胜利——不惜一切代价去争取胜利,无论多么恐怖也要去争取胜利;无论道路多么遥远和艰难,也要去争取胜利;因为没有胜利,就不能生存。

在这个时候,我觉得我有权要求大家的支持,我说:起来,让我们联合起来,共同前进!

分析:

这是第二次世界大战时期英国首相丘吉尔的一篇演说词的一部分。这两个设问句,从听众的角度发问,表明演讲者知道听众所关心的问题,也是演讲者必须回答的问题。设问,抓住了演讲的核心。然后演讲者自答,及时给出了听众急切需要知道的答案。可见提问的手段和技巧在语言运用中是很重要的。

【相关知识】

一、发问的含义

发问就是讲话者对听者口头提出问题。问题是思维的起点,是学问的终点。

启凡在《发问的精神》中说:"学问学问,要有所学,必先有问,要有所问,必先有疑。疑是发现问题,问是提出疑问,疑问解决了,就获得了学问。"

二、发问的意义和种类

（一）发问的意义

发问与语言的幽默、委婉、模糊、诡辩一样,不仅是一个人的思维智力等方面的问题,也是语言的技巧问题。在生活中发问也是很常见的一类语言表达形式,不仅仅是面试中要发问,教师上课时要发问,演讲中也要适时发问,学会恰当的发问的确是口才训练的重要组成部分。我们要懂得发问的意义,学会做一个乐于发问、善于发问、勤于发问的人。

（二）发问的种类

1．求知性发问

提出疑问,等待有关的人回答。提出的问题是自己所不知道的。例如：

（1）能不能告诉我究竟发生了什么事情？

（2）物理老师在什么地方啊？

（3）怎样才能快速学会计算机语言啊？

2．启发性发问

无疑而问,启发回答问题的人说出自己想要的结论。例如：

（1）请大家思考一下,昨天我们都学习了哪些知识？

（2）请回忆一下,我们的解题思路是什么？

3．警示性发问

用于强调和警示,不是要求回答问题,而是希望引起注意。例如：

（1）这是谁的包裹？请往里边放一放,以免影响他人过路。

（2）在上面的是谁啊？请你马上下来,上面危险！

4．开场性发问

用于演说或者是谈话的开始,也有提请人们注意的作用。例如：

（1）朋友,你们愿意听一个笑话吗？那我就从笑话开始讲起。

（2）同学们,是不是很想知道我们今天做什么？我们今天做一个小游戏。

5．反驳性发问

用于反驳对方的观点,常用反问的形式进行发问。例如：

（1）这难道是对的吗？

（2）你这样说不觉得对不起自己的良心吗？

（3）请问,一个有血气的中国人会这样做吗？

6．暗示性发问

在发问时设下圈套,设下陷阱。例如：

有一个主管迟到了。另一个主管淡淡地问："大家说说,一个有责任心的主管,是不是应该懂得守信与守时？"其他人说："应该。"于是怒视这个迟到的主管。

7．两难提问

人们不好回答的问题,往往是怎样回答都不完美。例如：请问如果看到歹徒持刀行凶,你上前与歹徒搏斗,最终负伤甚至牺牲,算不算见义勇为？如果你上前稳住歹徒,同时示意旁观者报警,算不算见义勇为？如果你在看到之后即刻报警,并在警察到来之后提供详细线索,这算不算见义勇为?

三、发问的技巧

（1）单刀直入。针对发问对象开门见山地提出自己的问题。为了使发问对象把注意力集中在某一个信息上,这类问题的答案只集中于肯定或否定上,如"是"或"不是"。这类问题适合用来搜集具体的信息或数据。

（2）连续肯定。所提问题便于发问对象用赞成的口吻回答。每个问题的提出要注意双方对话的结构,使发问对象沿着自己的意图连续作出肯定的回答。

（3）诱发好奇。直接向发问对象讲一些能够激发其好奇心的话语,将他们的思想牵引到自己的问题上。

（4）照话学话。首先肯定发问对象的见解,然后在其见解的基础上,顺势问出自己的问题。

（5）刺猬反应。所谓刺猬反应,就是用一个问题来回答发问对象提出的问题,目的是用自己的这个问题来控制你和发问对象的谈话方向,把谈话引向自己话题的下一步。

四、发问注意事项

（一）注意发问的时间

发问的时间要根据发问的目的而定。演说中的发问,主要在开头和结尾,起到强化和强调的作用。谈话中的发问应该在探讨关键问题的时候,以及需要双方进一步确定事项的时候。发问应该在双方产生分歧,意见不一致的时候,便于缓和矛盾,打破僵局。

（二）注意发问的内容

发问的内容,也就是提出的问题的内容,它往往标志着一个人的实际水平,有水平的人提出的问题是不容易回答的,也是比较关键的。在谈话时,如果问题轻描淡写,无足轻重,会让对方感到没有压力,从而产生不利于自己的结果。通常情况,要抓住关键问题来发问,同时注意掌握度数。

（三）注意发问的形式

提问的形式多种多样,大体有两个:一个是提出疑问,另一个是反问。反问语气比较重,疑问语气比较轻一些。应当注意选择恰当的发问形式。

（四）注意发问的对象

发问时要考虑到发问对象的相关信息。诸如:年龄、性别、职务、民族、信仰、学历、兴趣爱好等。做到尊重对方,理解对方。

【实训设计】

实训任务1:

总结发问的种类。分析《最后一次演讲》中闻一多对特务的质问,有什么突出的效果?

实训任务2:

选择一个具体的人物、事件或者话题,展开讨论。活动分为两组,相互提出问题,由对方回答,主要训练发问的能力。

实训任务 3：

下面是假设的几种情境，请设计一下如何发问。

（1）一个曾经认识的朋友，多年不见，你忘记了他叫什么名字，甚至连姓什么一时也想不起来了。怎样询问这个朋友的名字才好？

（2）你很想知道别人对自己的看法，如何向对方发问？

（3）你不知道班级的奖学金评选的标准，如何向老师发问？

（4）一位学生在课堂上突然哭起来，作为同学，你如何询问他发生了什么事情？

第五章　演讲基础

"凡事预则立,不预则废。"演讲是一种特殊的展现口才能力的表达形式,它的公众性和对社会的特殊影响力,对演讲者的素养提出了较高要求。一个成功的演讲者必须了解自身应必备的基本素养,明确如何进行形象气质设计以及根据个人特征、演讲场合确定合适的演讲风格。只有这样,才能够使演讲独具魅力,发挥其应有的作用。

第一节　演讲者素养

【学习目标】
1. 了解把握演讲者应该具备怎样的基本素养。
2. 通过系列实训,培养造就演讲者的基本素养。

【引例与分析】

台湾亲民党主席宋楚瑜2005年5月11日在著名学府——清华大学发表演讲。宋楚瑜演讲期间,清华大学校长顾秉林向宋楚瑜赠送了一幅小篆书法,内容是清末外交官黄遵宪写给梁启超的诗《赠梁任父同年》:"寸寸河山寸寸金,侉离分裂力谁任?杜鹃再拜忧天泪,精卫无穷填海心!"由于字画是用篆书写成的,竟"难倒"了顾秉林。他念到"侉离分裂力谁任"的"侉"时被卡住了,还是经人提醒才得以圆场,引得学生们笑声连连,相当尴尬。而顾秉林在主持过程中,结结巴巴,几次中断更正,最后更把向宋楚瑜赠送礼物说成"捐赠"礼物,引起下面学生一片嘘声。

分析:

主持语言混乱,朗读诗歌读不准字音,这种尴尬事情居然出现在清华大学的校长身上,委实让国人感到颜面扫地。这首诗是用小篆写的,不识篆字应该说情有可原。但是参加这样隆重的仪式,作为赠礼人,在赠送之前应该熟知其中内容。如果打算当场朗读,应该事先有所准备。对清华大学来说,这毕竟是一次很重要的接待活动,代表着清华人的形象。但是,在全球直播的电视新闻报道中却出现了如此"卡壳"的状况,实在令人深感遗憾。这个事件凸显了一个值得关注的问题:任何一个人,都要不断加强自身修养的建设。即使我们可以用人无完人来为自己或他人的不足做掩饰和开脱,但是,素养的加强、提高确实是每个现代人的当务之急,是耽误不得的头等大事。

【相关知识】

对人的态度、人的行为等起稳定作用的素质叫做素养。演讲者都应具备哪些素养呢?

一、演讲者要具备先进的思想、道德

演讲者登台演讲,其目的就是要用自己先进的思想立场和观点方法影响、启迪、教育他人,从而提高听众的思想认识水平。所以说有自己的思想主张是对演讲者最为重要的一个要求。我们知道语言是思想的外壳,是对客观现实的反映。一个演讲者,他的思想深刻、思维活跃、视野开阔,对客观世界的认识就深刻,他的语言蕴涵的内容就广博;思想活跃,对问题的看法有新意,他的演讲语言就有独创性,会使得他演讲内容深刻、独特、新颖。演讲也就容易打动人,引起听众的兴趣,产生的影响力就大。历史上有许多著名的演讲家像马克思、恩格斯、林肯、毛泽东、丘吉尔等,他们都是伟大的思想家,拥有深邃的思想和远见卓识,高屋建瓴,做到了见人所未见,讲人所未讲。他们的演讲给世人带来了思想的启迪,指引了前进的方向,发挥了演讲应有的作用。而在我们的现实生活中,经常会遇到这样的演讲,听来觉得是老生常谈,缺乏独到见解,让人昏昏欲睡。究其原因,最主要的还是因为缺乏先进的思想、科学的理念,不能透过纷繁复杂的社会现象,抓住事物的本质和形势的主流,往往就事论事,或者重复别人司空见惯的话题,无法掌握时代的思想,站在时代的前列,丝毫不能给人带来新颖、深刻之感,也就无从谈起给人以指导和启发。有的甚至因为个人的思想修养方面存在严重缺欠,在演讲中传播落后、反动的思想。这样的演讲不仅会对听众造成不良影响,甚至会引发社会动荡不安。

所以,演讲者需要具备过硬的思想修养,这是绝对不容忽视的首要条件。我们只有努力学会观察社会、思考问题的方法,不断提升自己的思维水准,提出新见解,才能做到"道人所不能道",给人带来启发,从而真正达到演讲的目的。

《论语》中说:"其身正,不令而行;其身不正,虽令不从。"这提醒我们在演讲中需要注意的一个重要问题就是,演讲者道德品质的优劣直接关系到演讲的效果。在现实生活中,每个人任何一种行为都会直接或间接地与他人、与社会发生联系,并受到社会规范的限制,演讲也不例外。作为一个演讲者,更应该以一个具有高尚道德水准的形象出现在公众面前,带头恪守社会道德规范,具备高度的政治觉悟、良好的政治品质、坚定的理想信念,具有高度的社会责任感,遵守自己所从事职业的道德,如师德、艺德等。演讲者在举手投足之间都应体现文明礼貌。演讲者还必须具备高尚的伦理观、恋爱观、婚姻观等。总之,道德品质经得起考验的演讲者,才能把正确的观念传播给听众,才能获得听众的认可。否则,就像一个经常说谎的人,很难让人相信他的表白,他的演讲就失去了影响力,起不到应有的作用。

美国心理学家凯尔曼做过一次科学试验,他让一个人就青少年犯罪问题作了三次内容相同的演讲。但在三个不同的场合中,对演讲者的身份作了不同的介绍。第一次对听众介绍说,他是个法官;第二次对听众介绍说,他是一个默默无闻的门外汉;第三次对听众说,他是一个名声不太好的人。试验结果证明:"法官"的演说使人觉得最可靠,而"名声不好的人"的演说起不到什么说服效果。人还是同一个,演讲的效果却大相径庭。这个试验研究的结果告诉我们:听众接受演讲信息以及他们愿意接受演讲信息的程度,往往要取决于演讲者在倾听者的心目中是否树立了一个正面的、可信的形象。一个道德缺失的演讲者,即使他有超人的深邃思想、口若悬河的演讲技艺,恐怕也难受人尊重。所以,道德品质的力量是不可小视的。要想做一个成功的演讲者,首先要做"好"人。

二、演讲者要拥有丰富渊博的知识

古代有一位秀才年年乡试都落第。他每次写文章便像吃了苦药一样,抓耳挠腮,迟迟下不了笔。妻子看他那愁眉不展的样子，心中老大不忍，便说："你们男人做文章真比我们女人生小孩子还难哪！"秀才哭丧着脸回答说："自然难些，你们是肚子里有东西，我的肚子里没有东西。"这个笑话告诉我们，知识贫乏，腹中空空，是写不出文章来的。同样，演讲也是如此。演讲者具备了先进的思想和高尚的道德品质，还要拥有丰富渊博的知识。知识贫乏、头脑空洞的演讲者，即使有伶牙俐齿，也称不上是一个善于演讲的人。这样的人往往不能自由驾驭演讲过程，会出现纰漏，甚至闹出笑话，不仅影响演讲的效果，也降低了演讲者在人们心目中的威信。20世纪30年代，山东省主席韩复榘曾在齐鲁大学的校庆大会上作过一次演讲，丑态百出，成为笑柄——

诸位、各位、在座的：

今天是什么天气？今天是演讲的天气。开会的来齐了没有？看样子大概有五分之八啦，没来的举手吧！很好，都到齐了。你们来得很茂盛，鄙人实在很感冒。……你们都是文化人，都是大学生、中学生和洋学生，你们这些乌合之众是科学化的、化学化的，都懂七八国英文，兄弟我是大老粗，连中国英文也不懂，我真是鹤立鸡群了。……你们是从笔筒子里面钻出来的，兄弟我是从炮筒子里钻出来的，今天到这里讲话，真使我蓬荜光辉，感恩戴德。其实我没有资格给你们讲话，讲起来就像……就像……对了，就像对牛弹琴……

我们每个人都可能会在某一次演讲时，不自觉地暴露出知识上的缺陷，而自己却浑然不知。不要忘记，我们身处一个知识飞速更新的时代，若不想被时代淘汰，若想成为一个成功的演讲者，就必须紧跟知识前进的脚步，发奋学习，不断地积累，不断地充实知识这个百宝箱。必须铭记知识将为你提供丰富多彩的演讲话题，知识会使你的语言充满无穷的魅力，知识会使你的演讲内涵更丰厚。演讲所涉及的知识领域是广泛的，需要积累的不仅仅是专业知识，社会生活常识、人情世故、历史典故等也都是演讲者知识库里的必备品。古今中外著名的演讲家之所以能做到旁征博引，妙语连珠，把生动具体、贴切精彩的事例自如地运用到演讲中，增强了演讲的说服力和感染力，就是因为他们博览群书，知识渊博。尽管我们知道一个人的精力是有限的，但是为了练就一身真本领，就要付出更多的代价，广泛涉猎各种知识领域，储备丰厚的知识资源，才能厚积薄发。

总之，演讲者要有丰富的知识作为演讲成功的基本条件，才能适应演讲"传道、授业、解惑"的需要。南宋诗人朱熹有一首七绝《观书有感》："半亩方塘一鉴开，天光云影共徘徊。问渠哪得清如许，为有源头活水来。"一个优秀的演讲者，就应该向他的听众源源不断地输送淙淙的"活水"，而这活水的源头就是无穷无尽的知识。古人说：读万卷书，行万里路。这是积累知识的好办法。它要求我们读书，但不要读死书，在活动中增长知识和才干。只有将读书和行路结合起来，才能让我们真正地拥有知识的活水。

三、演讲时应具备的相应的几种能力

（一）求真能力

我们这里所说的"求真"包括两个方面：就是在演讲过程中一要追求真理，二要做人真诚。

德国哲学家黑格尔曾说过："一篇演讲的真正的感动并不在于演讲当前所针对的那个目的（个别具体事例），而在个别事例可以纳入的法律、规则、原则之类的普遍规范。"黑格尔所说的"真正的感动"，是可以纳入、导致、引出"普遍规范"的一种"普遍的形式"，这就是普遍规律的东西，亦就是真理。

追求真理应该是我们每一个演讲者在演讲过程中首先追求的目标，只有追求真理、弘扬真理的演讲才是最具有生命力的演讲，才能传播先进文化，启迪民众，服务社会；演讲者才能受人爱

戴,青史留名。歌德的《在莎士比亚纪念日的讲话》、林肯的《在葛底斯堡国家公墓落成典礼上的演说》、赫胥黎的《论生理学的基础教育》、恩格斯的《在马克思墓前的讲话》、斯大林的《为保卫苏联国土而战斗》、闻一多的《最后一次演讲》等都是演讲者追求真理的体现,成为追求真理的演讲的典范。如果没有他们对真理的追求,不能反映客观现实,哗众取宠,摇唇鼓舌,这些演讲是不会流传至今,成为全世界人民共同的思想财富的。因此,我们在演讲前必须要做好为追求真理、传播真理而演讲的心理准备,绝不在听众面前无病呻吟。

追求真理是就演讲内容的准备和传播而言,作为演讲实施的主体——演讲者而言,自身做人的追求也必须是真诚的。也就是要做到心口如一。一个不真诚的人,即使他在公众面前说真话,也会对听众造成误解,产生不良效果。我们知道中国有句古话:亲其师,信其道。同样一句话,由不同威信的人说出来,得到的肯定性的回应是有区别的。林肯曾经说过:"你能在所有的时候欺骗某些人,也能在某些时候欺骗所有的人,但你不能在所有的时候欺骗所有的人。"鲁迅先生说得很深刻:"只有真的声音,才能感动中国人和世界人;必须有真的声音,才能同世界人在世界上生活。"要想真正地赢得人心,最好的做法就是说真话,做真人。高明的演讲者总是用真实的情感、诚实的话语去感召人们的心灵,起到鼓舞、感化、安慰的作用。演讲者应当热情地讴歌真善美,无情地鞭挞假恶丑,让听众的心弦为之拨动,情感与之共鸣,使演讲产生震撼人心的力量。

英国首相丘吉尔能在1953年获得诺贝尔文学奖,原因之一就是"由于他那捍卫崇高的人的价值的光辉演说"。丘吉尔的演说在第二次世界大战期间对于反法西斯军民起到过巨大的鼓舞作用——"我们绝不投降,绝不屈服。我们要战斗到底。我们将在法国作战,我们将在海上和大洋上作战,我们将满怀信心地在空中越战越强。我们将不惜任何代价保卫我们的国土。我们将在海滩上作战,在敌人陆降处作战,在田野作战,在山区作战。我们任何时候都不投降!"丘吉尔在准备这个讲稿的时候,自己已经是涕泪横流了。白居易说:"感人心者,莫先乎情。"演讲者要想感动别人,首先就要感动自己。用自己的真情牵动听众的情感,是战无不胜的。因此,做一个优秀的、有感染力和说服力的演讲者,首先要成为听众心目中具有真诚品质、真实情感的人。

(二) 独特的思维能力

人们在感知客观世界的基础上产生和发展起来的对现实间接、概括的反映形成了思维,思维是一种人类独有的分析判断、综合推理的认识活动过程。创造性的思维是思维方式的一种,它摆脱了固有的思路,突破传统,有所创新和超越。演讲者要通过自己的演讲内容说明问题,启发人们,告诉人们真理,需要对事例进行形象性的叙述、描绘,但这远远不够,演讲中还需要大量的逻辑性思维。要想把抽象的道理说清楚,让听众接受,就需要在演讲中随时闪现灵感的火花。古希腊哲学家苏格拉底有这样一段生活趣闻:一次,他在家里会见客人,妻子为了一点小事大吵大闹,苏格拉底赶忙好言相劝,妻子不但不听,反而当着客人的面,将半盆凉水劈头盖脸地泼洒到他的身上,顿时苏格拉底成了落汤鸡,样子实在狼狈不堪。客人们以为这下子他要大发雷霆了,可是苏格拉底却出人意料地笑着说:"我就知道,雷霆过后,必有大雨。"苏格拉底这句出人意料的话语就是灵感的闪现,就是创造性思维的体现。在演讲中特别需要这种独具魅力的思维方式,让演讲者独出机杼,发人所未发之见,增强演讲的效果。

拥有独特的思维能力,离不开联想和想象力的培养。想象是创造性的,可以为我们的思想插上一双凌空飞舞的翅膀。联想帮助我们在纷繁复杂的事物之间找到内在的联系,在千头万绪中、千变万化中理出头绪、认识实质。缺少了想象和联想,我们的思想就像断线的风筝一样,飞不高、飞不远。我们的思维就不会变得丰富,更不会奇特,对事物的认识就不会深刻、新颖、独到。在演讲中,想象和联想可以帮助我们点石成金,让我们可以"思接千载,视通千里",将形形色色的事物与演讲的内容巧妙地结合起来,主题更深刻,构思更灵活,增大演讲的广度和深度,从而增强演讲的感染力。美国前总统克林顿在一次面向卡车厂员工的演讲中就运用了联想的技巧解释了他和美国国会之间的关系:"正如我所说的,为了公平地对待共和党及民主党领导人,我们一起待了50多个钟头。第二天我还在思考。你们知道,在这50多个小时里我们有过激烈的辩论,他们认为我错了,我也认为他们错了。现在我们都在纳什维尔,我不禁想起古老的乡村歌曲:'当我遇到像你这样顽固摆架子的人,叫我如何像雄鹰那样引吭高歌?'有的时候,这是他们对我的看法;有的时候,这是我对他们的看法。"克林顿将乡村歌曲的歌词内容与自己和国会之间的矛盾联想在一起,表达了自己的见解,委婉幽默,独具特色,让人在忍俊不禁中重新思考各自的观点是否真的无懈可击。

若要拥有丰富的想象力和联想,需要演讲者努力培养自己的好奇心和探究精神,对任何问题都表现出认真钻研的热情,对任何事物都要有一种兴趣和求知的欲望,并逐步增加生活经验,丰富人生阅历,这是想象力和联想形成的基础。像许多脑筋急转弯问题就是创新思维训练的好方法。另外,经常做一些组词成句、口头作文的游戏,也是训练思维能力常用的方法。中央电视台"挑战主持人"节目中就经常给选手出类似题目,考验选手的反应能力和创新思维能力。例如用60秒时间将高脚杯、打火机、戒指三个词连缀在一起,形成一个小故事等。

(三)娴熟的表达能力

演讲最后的实施阶段就要考验演讲者的表达能力。这一阶段对演讲者心理素质的考验最为严峻。演讲是需要勇气的,因此首先需要克服的就是怯场心理。走上演讲台全身如筛糠,何谈表达?所以在谈到表达问题之前先要说一下怯场的有关问题。只有认识到它的前因后果,解决了怯场的问题,我们才可能继续下去。

1. 如何克服怯场心理

解决问题先要找到问题的症结。我们要明确造成怯场的原因大致有哪些。我们把它概括为下面几个方面:第一,听众的状况和评判。这是造成怯场心理的最主要的因素。现代心理学认为,在任何存在评价的场合,人们一般都很难发挥自己原有的水平。尤其是如果我们面对的听众比我们的地位高,水平高,或者演讲者认为他们比我们权威,演讲时就感到格外紧张。例如求职者在招聘者面前的表现往往就很不自然。在演讲中,听众在评判演讲人,给演讲者造成了忧虑的心理负担。第二,听众的人数和熟悉的程度。一般人在较小的场合,面对自己所熟悉的人讲话,很少出现怯场现象。但是如果听众人数很多,自己又很陌生,演讲者就会心生怯意,害怕表现欠佳,出现错误,在大庭广众面前很丢面子。但是,格外小心谨慎往往适得其反,加深了怯场的心理程度。第三,准备充分与否。这涉及演讲准备情况和演讲者自信心问题。如果演讲者自己感觉对演讲内容准备得不够充分,没有自信,觉得有露怯出丑的可能,那么这种心理暗示就容易造成怯场、发挥失常。英迪拉·甘地第一次演讲是她在英国学习期间。一天,国防部长打电话给她,邀请她参加一个会议。在那次会议上,国防部长突然宣布让她给大家讲话。突如其来的邀请使甘地惊慌失措。她站在那里,紧张得连一点声音都发不出来。到底说了些什么,她自己都不清楚,只是听见一个听众说:"她不是在讲话,而是在尖叫。"就这样,甘地的首次演讲就在哄堂大笑中结束了。失败的原因就在于心理准备不足,过分紧张,不自信。

明确了造成怯场的原因,我们就对症下药,提供给你克服怯场心理的方法,不妨尝试一下。第一,树立起充分的自信心。不妨发扬一下阿Q精神,运用积极的自我暗示,告诫自己:听众都是来听我高谈阔论的,他们没有什么特别之处。我的演讲可以吸引他们,让他们对我刮目相看。或者干脆就像小品中那样对自己说:"我叫不紧张。"这个方法著名的演讲家们都尝试过,事实已经证明了它的功效。例如,法拉第暗示自己说:"听众一无所知。"哲学家欧里斯对自己说:"我们的话可以创造自己的人生。"第二,尽可能找机会提前了解人数,并熟悉听众。同时,你可以把二百人想象成两个人,把陌生人想象为知己。第三,也是最重要的一点,那就是要做充分的准备,熟悉你的演讲稿。而这一点又与记忆力的训练紧密相关。平时应有意识地多做记忆的练习,如通过背诵诗歌、散文、复述文章、讲故事,向人讲述看过的电影、电视剧情节等方法来加强记忆力训练。有了较强的记忆能力,熟悉演讲稿内容的速度就会提升,遗忘率也就降低了。第四,要有一点不怕丢丑、豁得出去的精神。这会使自己的身心得到放松。古人说:无欲则刚。连面子都不顾忌了,还有什么可怕的。轻装上阵,往往会取得好效果。第五,学会一些可起到松弛神经作用的准备活动。比如深呼吸、活动四肢、闭目养神、专注于某一物象等,让你的注意力暂时从关注演讲这一任务中挪开。第六,多次尝试,积累经验,熟能生巧。俗话说得好:一回生,二回熟。经历多了自然会给你带来自信,这是演讲取得成功的关键所在,没有人天生就是一个演讲高手。有过公众演讲经历的人都有体会,几乎没有人在首次演讲时就能气定神闲、信心十足地走上演讲台。怯场的经历是大部分人都有的,许多著名的演讲家在初登演讲台时也有过心慌腿抖的感觉。古罗马的雄辩家西塞罗曾在一次演讲后说:"演讲一开始,我就感到自己面色苍白,四肢和整个心灵都在颤抖。"最终他还是成为了一位著名的演讲家。

2. 掌握几种声音技巧

演讲的成败,不仅取决于稿件内容的优劣,还取决于演讲者是否善于施展声音的技巧。就像优美的乐曲给人带来美的享受一样,如果能够恰如其分地调动声音技巧,动听地表达演讲的内容,就会强化演讲效果。一般来说,演讲语言表达需要词语准确、生动、流畅;需用普通话进行,做到字正腔圆,音量适中,迟缓有度。这些都是最为基本的要求,在这里不赘述。我们着重谈一下几种特别的技巧。比如,学会拟声。大家都知道说相声、讲评书、演小品的演员都比较擅长模拟各种声音,即口技,运用它可以让表演增色。演讲也是一种表演,所以学会拟声,就会给你的演讲效果加分。著名相声演员姜昆曾做过一次题为《相声语言的艺术欣赏》的演讲,其中讲到一个事例,在万隆会议上,周恩来总理面对参会代表由于意见分歧而吵吵嚷嚷的情景,在即席演讲中说道:"中国代表是来寻求团结而不是来吵架的。"姜昆在讲到周总理这句话时,娴熟地模仿了周总理的方音、声调,使听众听后倍感亲切,演讲魅力顿生,引发了听众强烈的兴趣。再如,运用颤音——用断断续续的声音来说出某些词语或语句,表达慌张、恐惧、兴奋等感情色彩;运用泣声——用带有哭腔的声音叙述某些事件、描绘一些场景情节,表达痛不欲生的情感;运用笑语——用带有笑意的声音表达欢乐或讥讽。这些都可以使演讲内容的表达变得栩栩如生。

(四)机智的应变能力

只要准备充分,熟悉讲稿,克服怯场心理,演讲一般就会顺利进行。但有时会出现意料不到的突发事件,如果没有较强的应变能力,迅速摆平局面,后果将不堪设想,会导致演讲前功尽弃。例如,一个中年妇女正在做美容美发演讲,下面一个妙龄女郎站起来说:"你长得那么难看,也来这里讲美容?"这位女士没有慌张,面带微笑,大方地说道:"要是有这位女郎这么漂亮的话,我会更加快乐！俗话说近朱者赤,近墨者黑,跟漂亮的人在一起,我会更加漂亮！所以说美是可以创造的,美容美发这个行业就是一个创造美的行业！"在座的无不击掌叫好,连那位妙龄女郎也不得不佩服中年妇女的精彩应对。这就是善于应变带来的效果。假设这位妇女听到妙龄女郎的讥讽,气得捶胸顿足,或破口大骂的话,场面一定会混乱不堪,演讲也无法正常进行了。再如,作家刘绍棠在某大学演讲时,听众递来一张纸条:"共产党不是伟大、光荣、正确和战无不胜吗？为什么连现代派和存在主义都要抵制,怕得不得了呢？"这个提问表现了这位听众的无知,不懂得我党的对外文化政策,要透彻地讲解很费力。刘绍棠便站起身说:"大家看我的身体怎么样？"刘绍棠是一个红光满面、体魄魁梧的中年男子。大家异口同声地说:"棒啊！"接着,刘绍棠反问道:"那么,你们说,我为什么不能吞食苍蝇呢？"于是博得了全场的掌声。灵活机变的能力很好地化解了会场的气氛,保证了演讲的顺利进行。

应变能力的形成不是一朝一夕之功,日常生活中抓住机会及时训练,就会取得日不见增,月有所长的效果。比如经常设想自己说话被突然打断,别人向你提出稀奇古怪的问题或者故意刁难你的时候,你应该如何作答。说出答案,与其他人探讨一下,看看谁的答案更具反击力。两个或几个同学在一起,做快速问答练习或成语接龙、诗句接龙等游戏。另外,经常阅读脑筋急转弯、幽默笑话集之类的书籍,都是培养应变能力的好方法。

（五）声情并茂的抒情能力

情感是演讲生命力的源泉。演讲只有发挥饱满热诚的真情实感,才能打动听众。演讲者全身心投入,用激情去感召、去敲击,才能打开听众的心扉,震撼听众的灵魂,有效地唤起听众的心理共鸣。古希腊著名的哲学家亚里士多德曾经说过:"一个充满了感情的演说者,常常使听众和他一起感动,哪怕他所说的什么内容都没有。"演讲者一定要想方设法在登台演讲前把自己的情绪调整到最佳状态,以饱满的情绪登台演讲。只有这样才能吸引听众、感染听众、打动听众,很难想象演讲者本身不感动却会让听众情绪激昂。例如,一次余秋雨先生在四川大学作演讲,讲到他的一位上海音乐学院的朋友去世的情景。他深情地讲道:"他的两个学生正在国外,听说老师病危,中止合同,飞回上海,为老师临终演出。那一天,有着许多毛病的上海人,正如我曾多次写过的一样,都激动起来、崇高起来,好多不懂音乐的人也买票去听。小学生们的家长对记者说:'带他们来,是为了让他们明白什么叫音乐,什么叫老师……'几天后,这位教授死了,龙华医院附近花店的花一售而空。病房里堆满了鲜花,楼梯上一层一层地叠满了鲜花……"这发生在现实生活中感人的一幕,让听众身临其境般地感受到,那曾经弥漫在上海的悲怆、崇高的气氛,此刻又蔓延在四川大学的演讲现场。听众的灵魂在演讲者动情的讲述中得到了净化和升华,产生了强烈的心理共振。

（六）与听众沟通的能力

随着时代的进步,演讲的形式也在发生着变化。现在很少有这样的演讲:演讲者一味地端坐台上演讲,听众整整齐齐、一言不发地坐着听讲。如今的演讲很多时候需要活跃气氛,加入互动环节,因此,演讲成为一种双向交流的活动。演讲者在登上讲台之后,就要学会与听众交流,随时注意听众的反馈信息,并根据这些反馈信息及时调整自己的演讲内容。只有如此,演讲才会是适时的、得体的,也才会是成功的。例如,某大学邀请一位老教授做关于演讲技巧的报告,当时校园里正同时举行青年歌手大奖赛。老教授走上讲台,发现台下虽有空位,但走廊上却站着不少学生,可见这是心中犹豫不决的听众。他决定要争取这部分人。他放弃了原来的开场白,这样说道:"同学们,今天首先是你们鼓舞了我,你们放弃了青年歌手大奖赛,来这里听我演讲,这说明你们严肃地作了选择。在说的与唱的之间,一般人选择唱的,而你们却选择了说的;在年轻小伙子、姑娘和老头子之间,一般人选择小伙子和姑娘,而你们却选择了我这半大老头子。这说明你们认定说的比唱的好听,老头子比年轻人更有魅力,这使我产生了一种返老还童之感。"开场白后报告厅响起了热烈的掌声,走廊里的人挤进了座位,外面的人又挤进了走廊。

老教授先把说与唱、年轻人与老头子作对比,再把一般人与现场听众在二者之间的选择作对比,既褒扬了听众,又巧妙地展示了自己的睿智,从而引起了听众的重视,使双方心理产生共鸣,为自己的演讲争取了听众。

前面我们讲过克服怯场心理,某些时候可采用不将听众放在心上的方法,但同时演讲者也千万不能自恃自己高于听众。因为无论你知识有多么丰富,阅历有多么广博,准备有多么周密,都可能会有你事先无法预料的情况发生。听众的眼睛是雪亮的,听众中真知灼见者大有人在。而且听众坐在台下听演讲时,有充分的时间考虑你的演讲内容,可以随时提出棘手的问题。所以在演讲时,一定要把听众当作你平等交流的对象,而不是你居高临下,高声呵斥,进行教育的对象。要记住演讲者与听众是可以互通有无、"讲听相长"的。此外,如果演讲中的说理空洞抽象、生硬乏味,也不会得到首肯。所以,演讲者要养成善于揣摩听众心理,顺应听众需求,及时调整演讲内容的能力,以便激起听众倾听、探究的兴趣,使演讲顺利进行。例如,我国某著名女作家访问美国,到某大学演讲。在演讲过程中,听众提出一个问题:"听说您还不是中共党员,请问您对中国共产党的私人感情如何?"女作家机敏地回答道:"你的情报很准确,我确实还不是中国共产党党员。但是我的丈夫是个老共产党员,而我同他共同生活了几十年尚无离婚的迹象。可见,我同中国共产党的感情有多深。"这段与听众交流的话语,顺应了听众的心理。听众就是想知道女作家与中国共产党的感情怎样,而女作家顺水推舟,将自己与丈夫的感情说成是与共产党的感情,虽然是偷梁换柱,但是达到了很好的效果,尽管这个问题有一些挑衅的成分存在。再如,某青年的演讲《新时代的流行色》中有一段说:"也许有人会说,这不是表现自己吗?可我要说:表现自己又有什么过错呢?大千世界,万事万物不都在表现自己吗?孔雀开屏、白鹤亮翅,一粒种子总要发一片芽叶,一株小草总要顶一朵花蕾。就连没有生命的矿物质也是自我表现的呀,金子要发光,硫黄有气味,更何况我们人呢?……如果我们屈辱地保持那种夸张变形的谦虚,临阵畏缩不前,凡事后退一步,尽管你有经天纬地之才,万夫不当之勇,也只能自我埋没,自我淘汰。"这段话举出一系列的自然现象来说明万事万物都有自我表现的欲望,这是不可抗拒的自然规律。演讲者把精辟的说理论述与形象的描绘熔为一炉,给人以哲理的启迪和艺术的美感,理趣相得益彰,会激起听众的心理共鸣,使他们乐于接受演讲者传达的应该勇于表现自我的观点。

演讲者应具备的素养、能力包括的范围很广,我们前面论及的不免挂一漏万。但上述谈到的素养、能力,若能通过锻炼为自己所具备,那么,你在通向演讲成功的大路上已经迈开了可喜的一大步。另外,还应记住,素养、能力的形成是一个长期坚持不懈的过程,要拿出世上无难事,只要肯登攀的精神,相信功夫是不负有心人的。

【实训设计】

实训任务 1:

场景模拟练习,请在横线上填写应作出的回答、动作等内容。

一位打扮入时的女子正用高跟鞋踩一只可爱的小猫,这时你会_____。

女子:狗拿耗子,多管闲事。你:_____。旁观者小声提醒你说:也许她心理有毛病,别和她一般见识。你:_____。

提示:

(1) 应该和颜悦色地提醒女子爱护动物。

(2) 保护小动物,人人有责任。

(3) 不能失去耐心,想办法与之沟通,使她放弃踩猫行为。

实训任务2:_____

假设你是应聘者,你会如何进行以下的对话,将你的答案填写在横线上。

你去应聘,一进门,老板瞅了瞅你,忽然激动地说:"啊,原来你是到我公司来应聘的呀,昨天在火车站真谢谢你帮我提行李!"你一头雾水,说:_____。谁知老板更激动了:"啊,我终于找到一个合适的人啦!"你想这会是什么原因_____。

提示:

(1) 你可以说:"先生您认错人了吧,我不知道您说的这事儿。"

(2) 本题考验应聘者是否诚实,因此你成功了。

实训任务3:_____

按要求完成下面谈话。

某体育用品商店招聘业务员,你在报纸上看到这个广告,就去应聘。一进门,你向营业员打听面试地点。你说:_____。营业员:在二楼经理室。你说:_____。

敲门进去后,你发现墙上贴着一张球星巨幅的彩画,经理正在翻阅一本杂志。你说:_____。经理:请坐。你说(寒暄):_____。你介绍自己:_____。你对商店的前景及自己做业务员后可能带来的变化做一个设想:_____。由于你很出色,经理告知你被录用了。离开时,你说:_____。

提示:

(1) 注意文明礼貌问题。

(2) 猜测经理的爱好特点进行寒暄。

(3) 做设想时避免不知天高地厚,让人产生怀疑。

实训任务4:_____

(1) 英国记者采访我国作家梁晓声:"没有文化大革命就产生不了像您这样的一代中青年作家,那么,在您看来,文化大革命是好还是坏?"梁晓声回答:_____。

(2) 某局新任局长宴请退居二线的老局长。席间上来一盘油炸田鸡。老局长用筷子点点说:"老弟,青蛙不能吃,是益虫!"新局长不假思索,脱口而出:"不要紧,都是老田鸡,退居二线,不当回事了。"老局长顿时脸色大变,连问:"你说什么?你刚才说什么?"新局长本想开个玩笑,不料弄巧成拙。触犯了老局长的自尊,尴尬万分。席上的气氛紧张起来。秘书马上接口道:_____。老局长听此言有道理,才又重新提筷子,你敬我让,紧张气氛开始缓解。

提示：
（1）注意将战争与文学作品相结合。
（2）注意老局长退居二线这一背景。

实训任务 5：

请找到一段话剧、电视剧或电影的经典对白,如《雷雨》、《大话西游》、《非诚勿扰》、《乱世佳人》、《简·爱》等,运用角色扮演法进行表演,要求调动感情,情绪饱满。

提示：
本题主要通过当众表演练习,训练克服紧张心理的能力及抒情的能力。

第二节 主体形象气质类型设计

【学习目标】
1. 了解有关气质类型的相关知识。
2. 学习把握主体形象设计的主要内容。
3. 通过训练,掌握合理进行主体形象设计的基本技巧。

【引例与分析】

王萌刚大学毕业工作不到半年,只因能说会道,就被经理调到办公室任秘书。其实,除了能说会道外,王萌形象也很出彩,这并不是她多么漂亮,只是她的穿着打扮很入时。她的穿着风格,基本可以透出她个人的内涵、品位和修养。

今年,吊带衫和吊带裙盛行,不仅在大街上,在工作场合、办公室里也随处可见。这天早上,王萌突然接到一个紧急任务,她要替代行政部长齐小兵参加一个东北区专场宣讲会,王萌哪能怠慢。宣讲会上,王萌几乎是"独领风骚",让总经理丢尽了颜面。王萌上身穿一件墨绿色的吊带裙,外面又罩了一件黑色网花开衫,形象风姿绰约,典雅高贵。但由于多次调整坐姿,不知不觉开衫左面裂到膀子下面,吊带裙的吊带就露了出来。可想而知,这个说客的形象大打折扣。

分析：

吊带虽美,但不能不分场合、时间和身份。尤其是宣讲场合,服饰会直接影响到一个人的工作状态和效果。宣讲者应当注意,"大礼不辞小让",许多小的细节会直接影响整体的形象。"云想衣裳花想容",爱美是女人的天性,但对于职业女性来说,最关键的是,你的穿着打扮应适合职场中的每个场合。

【相关知识】

公共场合讲话、演讲具有直观性和艺术性。演讲者的主体形象直接诉诸听众的视觉器官。而整个主体形象的美与丑、好与差,在一般情况下,不仅直接影响着演讲者思想感情的传送,而且也直接影响着听众的心理情绪和主观感受。这就要求演讲者在自然条件的基础上,进行一定的"美化",以弥补先天的不足。在符合演讲思想感情和内容的前提下,演讲者要注意外在形象朴素、自然、得体,举止、神态、风度尽量做到优雅、大方、洒脱。只有这样,才有利于思想感情的传达,有利于与听众的交流沟通,进而有利于取得良好的演讲效果。

在演讲中如何塑造自己的主体形象?这首先得从培养良好的内在气质入手。因为自我主体形象往往是一个人内在气质的外在表现。那么,什么是气质?怎样看待气质?又怎样完善自身的内在气质呢?

一、气质的有关知识

（一）气质的概念

《辞海》中"气质"一词解释为:人的相对稳定的个性特点和风格气度。气质是一个心理学的名词。所谓气质,是指一个人心理活动的动态性特征。气质使每一个人的心理活动都染上一种色彩。它不仅表现在人的情感活动的强弱、快慢、隐现和意志行动的力量、速度上,而且表现在思维的灵活或迟钝上。

（二）气质的类型

早在公元前5世纪,古希腊著名医生希伯克拉特就观察到人有不同的气质。他认为人体内有四种体液,即血液、黏液、黄胆汁和黑胆汁。人的气质取决于四种体液匀称比例被破坏的情况。后来古医学家根据某种体液在人体中占优势,把气质分为四种基本类型:多血质、胆汁质、黏液质、抑郁质。根据这四种气质特征可归纳对应出四种性情的人:活跃奔放型、直率热烈型、安静沉稳型、深沉抑郁型。

活跃奔放型。活跃奔放型属于多血质的人,这种类型的人反应敏捷,善于交际,但注意力和情感容易转移,往往有轻率之举。

直率热烈型。直率热烈型属于胆汁质的人,这种类型的人精神气爽,精力旺盛,但情绪容易激动,往往急躁、易怒。

安静沉稳型。安静沉稳型属于黏液质的人,这种类型的人反应缓慢,自制力强,但偏固执、淡漠。

深沉抑郁型。深沉抑郁型属于抑郁质的人,这种类型的人性格深沉,观察细致敏感,但性情孤僻,反应迟缓,且柔弱易倦,往往是多愁善感的人。

（三）正确看待气质

气质对人的行为活动有一定的影响,因此,了解人的气质类型对于做好教育工作、社会分工、培养选拔人才等方面都具有一定的意义。我们应该认识到气质类型其实是没有绝对的好坏之分的。人的气质在生理素质的基础上,在后天的生活实践等条件影响下形成,通过人们处理问题、与人交往等活动显示出来,是一个人典型的、稳定的心理特点。每一种气质类型都存在积极的一面和消极的一面,具有两重性,笼统地把一种气质类型评价为好,而把另一种气质类型评价为坏是不科学的。比如说,多血质的人具有情感比较丰富、头脑比较灵敏、富有同情心、容易适应新环境这些优点,但这种类型的人容易有注意力不够集中、兴趣比较多变、为人做事不够稳重等毛病;胆汁质的人比较开朗、热情,精力充沛,富有进取心,但他们往往性格比较急躁,做事比较鲁莽,粗粗拉拉,丢三落四;黏液质的人虽然可能表现出冷静、稳重、有毅力、踏实的长处,但缺欠在于情感冷漠、性格固执、做事拖拉;抑郁质的人也许比较胆怯、多心,自信心不足,但一般来说具有比较细腻的情感,敏锐的洞察力,为人做事也比较谨慎小心。所以,每一种气质类型都不是完美无缺的,在任何一个气质类型基础上都可能造就良好的品质,也都可能养成不良的习惯。

据研究表明,俄国著名四大文豪的气质有较大的差别,普希金具有明显的胆汁质特征,赫尔岑基本属于多血质,克雷洛夫属黏液质,果戈理具有抑郁质特征。他们虽属于不同气质类型,但共同点是他们在文学方面都有很高的造诣。这证明,各种气质类型的人都可能成就伟大的事业,为社会作出贡献,也表明不同的气质也可能造就同样的成就,任何一种气质类型的人都可以成为有成就的人,在现实生活中,我们会接触到各种类型的人:有机智勇猛、热情大方、博学幽默、文静高雅、正直善良的人,也有古怪刁钻、冷傲无情、猥琐卑劣、小肚鸡肠的人。给我们留下美好印象的这些人的气质类型,并不纯粹属于某一种气质类型,同样,给我们留下恶劣印象的人们,也并不见得同属于一种气质类型。我们希望自己成为什么样的人,并不决定于生来属于什么类型的气质,而是关键在于我们自己要清醒地、充分地了解自身的气质类型特征,有的放矢地扬长避短,有意识地培养形成良好的内在气质和外在行为表现。

(四)努力完善自身气质

气质虽然是人最稳定的一种心理特性,但仍会随着人们年龄、身体状况、生活经验、受教育情况、时代变迁、环境等的变化,发生不同的改变,具有很强的可塑性。美丽的外表是天生的,但美好的气质是可以依靠后天培养的。只要努力,人在一定程度上还是可以改变固有气质的某些特点的,哪些需要改变,哪些需要保留发扬,则是因人而异的。因此,想要使自己的气质得到去粗取精、完美超越的结果,每个人首先应对自己的气质类型做一了解,并针对自己气质类型的特点,对症下药,采取适宜的方式进行修炼。

首先,良好的气质来自人美好的思想品德、文化修养、生活态度,也就是美好、丰富的心灵世界。有句广告词:女人的美,由内而外。实际上不但女人,所有人的美都应该是由内而外的。所以,我们应当加强政治理论的学习,完善道德品质的培养,树立正确的世界观、人生观,追求高尚的理想和生活目标,使自己的内心丰富充实;同时加强科学文化知识的学习,养成读书、看报,随时积累各种知识的好习惯,丰富自己的头脑,提高文化水平。

其次,良好的气质来自优美的性格。文雅娴静、纯真活泼、稳重含蓄、质朴爽朗、谦让体贴,都是人们喜欢的性格特征。我们应注意在日常生活中涵养自己的性情,提高自我约束的能力,努力向大众审美认可的性格特点靠拢。

最后,良好的气质与高雅的情趣爱好是分不开的。很难想象,一个嗜烟嗜酒、好色好赌的人会给人以好感。培养一些高雅的爱好可以提升气质,比如文学阅读、篆刻书法、音乐美术、游泳打球、瑜伽舞蹈等,用文学艺术的熏陶,使自己"腹有诗书气自华";用体育运动来塑造柔美、阳刚的完美体魄。

二、主体形象设计

演讲中,外在形象因素是强化思想内容的重要手段,体现演讲中的"演"。内在的气质美是一个成功的演讲者所必备的条件,但演讲者的仪表美也不容忽视。从心理学的角度来看,形象就是人们通过视觉、听觉、触觉、味觉等各种感觉器官在大脑中形成的关于某种事物的整体印象。演讲时,仪表最直接地形成人们对演讲者主体的形象感觉,仪表是一个人的精神面貌、内在素质的外在体现,是演讲过程中不可忽视的重要因素。仪表主要体现在身材、容貌、姿态、服饰等方面。身材、容貌美属于人的自然美,容貌的端庄秀丽以及由此所表现出来的精神状态,是演讲者固有的生理条件所决定的。伟岸的身躯、英俊的容貌是演讲者理想的仪表,但绝不是身材、容貌欠佳甚至生理有缺陷的人就不适合演讲,因为身材、容貌仅仅是演讲活动的诸多要素之一而不是全部,甚至不是决定性的因素。只要在思想、知识、气质、语言等方面有过人之处,同样可以成为成功的演讲者。天生丽质固然令人羡慕,但有所欠佳也并非不可改变,我们可以利用现代科学手段尽量弥补身材和容貌上的不足。姿态和服饰对听众形成的视觉冲击力同样是不可小视的,关系到演讲的成败。这两者都可以经过精心的训练和合理的搭配获得最佳效果。

(一)主体形象仪表仪容美的重要性

演讲者站在台上,未开口时听众就会对演讲者的仪表做一番审视,甚至以此来评判演讲者的水平,产生喜爱、敬慕或厌恶、排斥的心理,直接影响倾听演讲的情绪和兴趣。所以演讲者就要尽可能注意让自己的仪表看起来得体、美观。良好的仪表,有利于维护演讲者的自尊,也容易获得听众的关注与尊重。衣冠不整、睡眼惺忪只能被听众认为是懒散、拖沓,不尊重别人,很难想象听这种人的演讲会给人带来启迪和鼓舞。良好的仪表,有利于演讲者与听众之间的沟通。衣着得体、风度翩翩、给人知性感觉的演讲者,容易让听众产生亲近感。由仪表而反映出来的个性特征、知识修养、生活态度等最直接的个人信息,决定听众心理的接受程度,影响演讲中的互动情绪。穿戴邋遢、蓬头垢面,恐怕要置听众于千里之外。

(二)主体形象仪表仪容美的基本原则

首先,要养成讲究个人卫生,衣着整洁的习惯。

整洁、卫生是树立良好的主体形象的首要条件。无论你有多么美丽的容貌、得体的服装、精美的饰品,如果以肮脏、零乱的形象出现在演讲台上,都是大煞风景的。一般来说,整洁卫生有两个要求:一是注重清洁卫生。注意保持身体清洁,做到勤洗头、勤洗澡、勤修指甲、勤修面,防止身体有异味;注意保持口腔卫生,养成勤刷牙、勤漱口的卫生习惯,防止口腔有异味;登台演讲之前12小时内尽量不要饮酒,不要食用葱、蒜、韭菜等有强烈异味的食品,以免引起听众反感;注重勤换衬衣鞋袜,注意保持领口、袖口、上衣前襟等易脏处的清洁,汗腺发达的演讲者要格外小心鞋袜发出异味。二是养成整齐利落的习惯,西装要平整笔挺,避免皱皱巴巴;裤子要挺括干净,尤其是裤脚注意不要溅上泥点等污渍,避免给听众以拖泥带水、杂乱懒散之感。

其次,服饰打扮合体适度,符合现场气氛。

服饰的式样、颜色、档次和搭配,都可以显示出一个人的性格爱好、文化修养、生活态度。国际上公认,服饰打扮应符合"TPO"原则,即符合时间、场合、想要达到的目的三个原则。演讲者在登台演讲前一定要注意服饰打扮与自己的身份、年龄、职业特点等相吻合。各种服装、饰品对不同的演讲者,效果是完全不同的。只有合体的穿着打扮,才能展现美感,否则只会使听众感到别扭不舒服。试想一下:一个具有教师身份的演讲者做《如何培养良好的学习习惯》的演讲时,身穿短瘦、露脐的上衣,下穿仅仅裹住臀部的短裙,耳朵上挂四个耳环,浓妆艳抹,婷婷袅袅地走上讲台,会是一个什么样的情景?但是如果你在观看一段充满青春活力的舞蹈时,这样的装扮恐怕不会引起你太大的反感。

再次,追求和谐美。

演讲者的仪表仪容美应该是一种整体的美,也是一种与演讲气氛相协调的美。比如一个演讲者已经很注重自己的形象了,精心地装扮了一番,单从某一个局部看是很符合要求的:面容干净整洁、衣裤时尚美观、饰品新潮……但如果从头到脚打量一番,却感觉是很牵强地拼凑在一起,比如穿了一件笔挺的毛料西服,却配了一条条绒的尖脚裤。这同样不会给人以美感。真正懂得仪表美的人,必须综合考虑自身的容貌、身材、年龄、职业特点以及所处环境等因素,将全身上下服饰的面料、色彩、款式等协调地统一起来,这样才可能塑造出和谐美的主体形象。这种能力需要有意识地在长期的生活实践、职业生涯中逐渐培养出来。

最后,自然大方,符合个性特点,也是主体形象仪表仪容美塑造中不容忽视的要素。

"清水出芙蓉,天然去雕饰",人们最重、最欣赏的是自然的美。天生丽质的演讲者不必浓妆艳抹,毁去自然天成的美感,得不偿失。面容稍有缺憾,根据自己实际情况稍加修饰装扮以达到美观的目的,是值得提倡的,以美丽的形象示人无可厚非。我们强调自然大方并不等同于不修边幅,放任缺欠甚至丑陋。俗话说:"穿衣戴帽,各有所好。"仪表仪容在一定程度上体现着人不同的兴趣爱好和审美观点,因此不可千篇一律,随波逐流。应独具眼光,展现演讲者自己的活力与个性,增强个人魅力。周恩来总理在国际上进行外交活动时,很多时候都是一身合体的中山装,纽扣总是一颗不落地扣得整整齐齐,皮鞋也擦得很亮,体现出严谨、潇洒的个性特点。另外,需要注意,我们这里所强调的要在服饰装扮上体现出鲜明的个性,与故意标新立异,以另类形象示人是完全不同的。

(三) 主体形象设计基本内容

上面我们简要地介绍了一个人外在形象的重要性以及在自我形象塑造上所应遵循的原则。下面从着装、配饰、化妆三方面介绍自我形象塑造的知识和技巧。

1. 着装

着装是指人的身体从上到下的"包装",如帽子、衣裳、鞋袜、手套等,服装也是一种态势语言。莎士比亚说:"着装往往可以表现人格。"一个人的着装就是其自身修养的最形象的说明,着装既是人类文明与进步的象征,也是一个国家民族文化的组成部分。

(1) 着装的作用

人不仅会为了功能性而穿着服装,而且更重要的是出于社会性理由而穿着服装,因为着装也可以传递社会信息给其他人。着装传达的社会信息包含了社会地位、职业、习俗、时尚甚或是修养、道德、尊严、自信等。人们必须知道这些符号并以其辨认传递出来的信息。

(2) 着装的原则

从公众场合礼仪的角度看,着装是人基于自身的阅历修养、审美情趣、身材特点,根据不同的时间、场合、目的,力所能及地对自身的服饰进行精心的选择、搭配和组合。在正式公众场合,注重个人着装能够体现仪表美,增加交际魅力。国际上普遍遵循着 TPO 原则,TPO 是英文 Time Place Object 三个词首字母的缩写。T 指时代、时间、时令,P 指地点、场合、职位,O 指目的、对象。此原则要求着装要与上述三方面相吻合。

(3) 着装的搭配技巧

服装的风格和特征往往首先是通过色彩的视觉幻想体现的,合理而和谐的色彩组合常常能带来神奇的视觉效果。一般来说,颜色有深浅和冷暖之分。深色使人显得安定、沉着,浅色显得文雅、大方,冷色使人显得沉静、庄重,暖色显得热烈、奔放。着装搭配技巧如下:

同色搭配。同色是指一系列的色相相同或相近。同色搭配可以取得端庄、沉静、稳重的效果,适用于气质优雅成熟的男性和女性。但必须注意,色与色之间的明度差异要适当,相差太小、太接近的色调容易相互混淆,缺乏层次感;相差太大、对比太强烈的色调易于割裂整体。同种色搭配时最好深、中、浅三个层次变化,少于三个层次的搭配显得比较单调;而层次过多易产生繁琐、散漫的效果。如红色调的同种色搭配,可由玫瑰红呢料裙、驼红色羊毛衫、深紫红色皮鞋,石榴红耳环及淡妆组成。

相似色搭配。所谓相似色系指色环大约在90度以内的邻近色。如红与橙黄、橙红与黄绿、黄绿与绿、绿与青紫等都是相似色。相似色服装搭配变化较多,且仍能获得协调统一的整体效果,颇受女性青睐。

主色调搭配。这种配色可采用各种对比色,但要确定一种起主导作用的主色。主色应与整套服饰及基调相一致,主色在整套服饰中应占大比例的面积或较重要的位置。辅色的选择也要符合服饰的整体基调。

(4) 着装要注意的问题

整洁挺括。服装必须合身,不挽袖,不卷裤,不漏扣,不掉扣。衣裤无污垢、无油渍、无异味,领口与袖口处尤其要保持干净。衣裤不起皱,穿前要烫平,上衣平整、裤线笔挺。

文明大方。在正式场合,忌穿过露、过透、过短和过紧的服装。身体部位的过分暴露,不但有失着装人的体面,且失敬于人。

搭配得体。着装各个部分之间和身材与服装之间要搭配,遵守民族约定俗成的搭配习俗,展现整体上的和谐韵律美感。

2. 配饰

配饰的美观性能烘托仪表仪容美,满足人们精神上审美享受的要求。除了注意服装以外,演讲者也要对项链、戒指、手镯、手链、领带夹、耳环、胸花、手表甚至皮夹等进行仔细搭配。

(1) 配饰的作用

配饰能够增加人仪容仪表的靓丽。现代社会,佩戴饰品不仅是一种时尚,也体现着一个人的个性、品位和文化内涵,并发挥着一定的交际功能。配饰是合乎礼仪的,能够给公众以可敬、可信、可亲的心理效应。成功的配饰能增强人们的自信心,使人精神焕发,有助于构造整体形象美。配饰虽然属于细枝末节,但对塑造人的形象和对个人气质的养护功不可没。同时,它也是一种对生命本身的尊重。孔夫子说过:"人不可以不饰,不饰无貌,无貌不敬,不敬无礼,无礼不立。"

(2) 配饰的原则

男士一般以戒指、手表、领带夹为主。

女士配饰繁多,但在工作场合,比如演讲时,可佩戴少数小巧的几种,如手表、戒指、胸针、胸花。

无论男士女士,饰物应尽量简约,在工作场合均不宜佩戴张扬类的首饰,如夸张的耳环、项链、手镯等,而在舞会、宴会等社交场合,则可以恰当佩戴,略加点缀,以增姿色。

(3) 配饰的技巧

款式选择。不管佩戴哪种饰物,在款式的选择上,要配合体型、脸型与服装的美感。例如短型脸的人,项链要戴长一点,耳环也要成垂型。长脸形的,项链要稍短,耳环也以紧贴造型为佳。体型高大的人,饰品可以戴多些,造型也大些。体型娇小的人,则适合佩戴小巧、细致的饰品。戴饰品的数量一般不要超过三种,同时色彩、质地应力求一致。

服饰搭配。一般说来,职业人在工作场所要特别注意饰物与着装的搭配,要符合自己的职业环境,并且要与所穿的职业装彼此呼应,以给人干练、稳重的感觉,以达到浑然一体的效果。

场合搭配。根据不同的场合,选择佩戴不同的饰物。在会议等正式场合,可选择相对正统的饰品;会客时,可选择圆形的颈饰,因为圆代表了和谐,借此可以向人传递友好的信号;宣讲时,略加点缀,简约为佳。

(4) 配饰注意的问题

需要注意的是,有品位的配饰的协调搭配,会让人表现出不同凡响的气质风貌。但要做到这一点,需要不断地在生活中观察、借鉴、学习和体验。在这里我们只是抛砖引路,给同学们一个提示。口才的提高和演讲的成功都离不开上述所讲配饰的基本知识和技巧。

3. 化妆

化妆是自我美化仪表仪容的重要途径。化妆并不是简单地涂脂抹粉,描眉化鬓,而是一门涉及美学、生理学、心理学、造型艺术等学科和一些专业知识的综合艺术,与人们的审美感受力、文化艺术修养层次等紧密相关。

(1) 化妆的作用

化妆是运用化妆品和化妆工具,采取合乎规则的步骤和技巧,对人的面部、五官及其他部位进行渲染、描画、整理,增强立体印象,调整形色,掩饰缺陷,表现神采,从而达到美容目的。

(2) 化妆的原则

扬长避短,弥补不足。突出最美的部位,化妆后让人的注意力集中在自己的优点上。

善用流行元素,但不盲从时尚。要突出个性,只有适合自己的才是最时尚最流行的化妆。

妆面真实而不张扬。化妆取决于自然肤色,化妆应接近自然肤色或稍浅一度,这样的妆面才会自然真实而不张扬。

选用化妆品符合实际。遵循场合、季节、年龄和身份等原则来选用化妆品,这就需要掌握化妆工具和化妆品的常识和技巧。

(3) 化妆的技巧

① 工作、公众场合,应以化淡妆为宜,适度、自然、个性、扬长避短。

② 应根据年龄、气质、肤色、面部的具体条件、职业等因素因人而异。

③ 突出和强调每个人面部自然美的部分,掩饰其面容上的缺陷,这样才能取得化妆的最佳效果。

(4) 化妆要注意的问题

① 忌浓妆艳抹。在工作或宣讲场合不要浓妆艳抹,适宜化淡妆,浓妆艳抹显得矫揉造作,让人感觉轻浮而产生厌恶。化淡妆会使人的面色红润、朝气蓬勃,显得更有亲和力。

② 不宜留长指甲和涂指甲油,不宜擦拭过多的香水。如果一味地赶时髦,对自己正统的公众形象不利。

③ 明确化妆目的。化妆带有一定的目的性,因为化妆同样蕴涵着一定的信息,其内容必须与特定场合的气氛相吻合。否则,往往会引起人们的疑惑、猜忌和反感,导致人们心理距离的疏远。

④ 发型要中规中矩,头发要干净清爽,染发颜色一定要淡雅,切忌稀奇古怪的造型。

【实训设计】

实训任务 1:

了解自身的气质类型,并注意在学习、工作、生活中有的放矢地"装修"自我,提高自身形象指数。

实训任务2：

以6人为一个学习小组进行讨论，根据每个人的体形与脸型的不同，设计出适合求职面试场合的每个人的服装与饰品的搭配方案，并形成电子文本，上传给指导教师。

实训任务3：

以学校举办的某次演讲比赛为契机，以一个寝室的成员为单位，根据各自的脸型与肤色，进行一次相互化妆的训练操作，并记录本次训练操作的全过程。

第三节　演讲场合和风格

【学习目标】

1. 了解演讲风格的有关知识。
2. 掌握确定演讲风格的方法。
3. 通过训练，形成根据不同场合以及自身特点确定演讲风格的能力。

【引例与分析】

到日本来讲学，是很大胆的举动，就算一个中国学者来讲他的本国学问，他虽然不必通身是胆，也得有斗大的胆。理由很明白简单。日本对中国文化各方面的卓越研究是世界公认的；通晓日语的中国学者也满心钦佩和虚心采用你们的成果，深知道要讲一些值得向各位请教的新鲜东西，实在不是轻易的事。我是日语的文盲，面对着贵国"汉学"或"支那学"的丰富宝库，就像一个既不懂号码锁、又没有开撬工具的穷光棍，瞧着大保险箱，只好眼睁睁地发愣。但是，盲目无知往往是勇气的源泉。意大利有一句嘲笑人的惯语："他发明了雨伞。"据说有那么一个穷乡僻壤的土包子，一天在路上走，忽然下起小雨来了，他凑巧拿着一根棒和一方布，人急智生，把棒撑了布，遮住头顶，居然到家没有淋得像落汤鸡。他自我欣赏之余，也觉得对人类作出了贡献，应该公之于世。他风闻城里有一个"发明品专利局"，就兴冲冲拿棍连布赶进城去，到那局里报告和表演他的新发明。局里的职员听他说明来意，哈哈大笑，拿出一把雨伞来，让他看个仔细。我今天就仿佛那个上注册局的乡下佬，孤陋寡闻，没见识过雨伞。不过，在找不到屋檐下去借躲雨点的时候，棒撑着布也不失自力应急的一种有效办法。

尼采曾把母鸡下蛋的啼叫和诗人的歌唱相提并论，说都是"痛苦使然"。这个家常而生动的比拟也恰恰符合中国文艺传统里一个流行的意见：苦痛比快乐更能产生诗歌，好诗主要是不愉快、烦恼或"穷愁"的表现和发泄。这个意见在中国古代不但是诗文理论里的常谈，而且成为写作实践里的套板。因此，我们惯见熟闻，习而相忘，没有把它当作中国文评里的一个重要概念而提示出来。我下面也只举一些最平常的例来说明……

分析：

上面这段文字是1980年冬著名学者钱锺书先生访问日本时在早稻田大学文学教授座谈会上所作的即席演讲《诗可以怨》的开头部分。

这段开场先讲对日本汉学研究，中国人不敢等闲视之。即使是中国专家在日本讲中国学问，也要对听众的水平做最充分的估计。后讲自己不通晓日语，除了有勇气之外，没什么资本。然而"盲目无知往往是勇气的源泉"，这里表达了演讲者的意图：因为钱锺书在学术界是令人仰慕已久的大学者，他的才能和研究贡献折服了日本学界。前来听他演讲的人对他充满了敬仰之情，同时恐怕也难免想证实钱锺书是否真的学问高深，值得仰慕。这种潜在心理是会妨碍钱锺书与听众之间的感情交流的。因此，在讲正题《诗可以怨》这个深奥的问题之前，钱锺书主动拉近自己与听众之间的距离。开场之后钱锺书又讲到尼采，这一段是开场白向正题过渡部分，过渡的要义在于从最常见熟知的事情母鸡下蛋说起，把母鸡下蛋后的"叫"和诗人写诗相提并论，诗人在愤怒痛苦的情况下吟唱出诗来，就像母鸡很费劲地生了蛋以后，要啼叫一样，都是"痛苦使然"。从"痛苦使然"引向诗歌创作中的规律："苦痛比快乐更能产生诗歌"，把问题的艰深化为浅易，这体现出钱锺书在语言运用中的高超技艺。

从上面的分析可以看出，钱锺书演讲非常注重根据场合确定自己演讲的风格，在日本听众面前既体现了中国学者的博学，又体现了谦虚、平等的学术探讨精神。同时也不乏幽默风趣，善于深入浅出，引人入胜。

【相关知识】

一、演讲风格

演讲风格是指演讲者在演讲过程中所表现出来的独特个性与较为稳定的特征，是演讲者的社会背景、文化修养、主体素质、阅历习惯、个性情趣等内在因素的综合反映。演讲风格实质上就是语言的表现风格，它是演讲者在演讲中所展示出来的语言风貌和格调。演讲前，明确了主题，准备好材料后，演讲者需要考虑的一个问题就是这次演讲采用什么风格和基调。只有基调确定下来了，我们才能组织语言。

演讲根据不同的标准可以分成很多种类型，比如根据内容，将演讲划分为非政治性演讲、生活演讲、竞选演讲、学术演讲、法庭演讲；根据表达形式，划分为命题演讲、即兴演讲、论辩演讲等。我们在这里强调的演讲风格实质上就是体现出来的语言风格，所以我们以语言表达上的风格作为划分标准，将演讲分为慷慨激昂型演讲、深沉含蓄型演讲、质朴无华型演讲、简练明快型演讲、润物细无声型演讲、幽默诙谐型演讲。

慷慨激昂型演讲如大河奔流，气势磅礴，演讲者慷慨陈词，滔滔不绝。这类演讲多用于感情比较激烈，或喜悦、或愤怒时。这类演讲鼓动性强，号召性强，像战斗的号角，又如刺向敌人的匕首，极具战斗力。比如以颂扬为主的演讲，宣传好人好事的事迹演讲，以赞美祖国、党、人民为主题的演讲，或以批评、揭露、指责为主，鞭挞丑恶现象、坏人坏事为内容的演讲适合这种风格。这类演讲的目的是号召大家学习先进人物，继承发扬光大优良传统或对丑恶现象口诛笔伐、坚决抵制，一般情绪高亢、慷慨激昂。

深沉含蓄型演讲。有些演讲颂扬与揭露并存，通过对社会现象、客观事实、人物的反思，提出问题、分析问题、解决问题，是演讲中最常见的一种类型。这里既有理性的分析，又有情感的抒发。它体现出一种哲理、含蓄之美，给人以事理广博、思想深邃之感，可以带来深刻的启迪和教育。以感染、教育听众为目的的演讲选用这类风格较为适合，容易形成一种安静思考的氛围，引导听众进入反思的状态。

质朴无华型演讲。这种风格的演讲具有一种朴素、本色、平淡的美。平平淡淡总是真,向来人们对质朴无华的语言风格推崇备至。列夫·托尔斯泰曾说:"如果世界上有优点的话,那么质朴就是最重大、最难达到的一种优点。"在演讲中,质朴无华的风格备受人们欢迎。虽然没有华丽的辞藻,不做雕琢和渲染,只以直白的话语来表达思想见解,但能给人留下纯朴自然、平易近人的美感,让人感受到一份真诚,品尝到生活的原汁原味。以向听众传播各种知识为目的的演讲,采用这种风格可以产生并强化一种信任感。如果过分渲染情绪,声嘶力竭叫喊,恐怕适得其反。

简练明快型演讲。简练明快是一种纯净、精粹、凝练的美。这种语言风格向来受人追捧。发表演讲,采用这种风格的语言是听众最为喜闻乐见的。它用言简意赅的语句表达演讲者深邃思想的内涵,传达演讲者丰厚的感情,节时高效。各种场合的即席性的演讲都可以采用这种风格。

润物细无声型演讲。这类演讲似潺潺的小河流水,慢慢地流进人们的心田,有着"润物细无声"的功效,多用于在平和的生活环境中与听众交流某种情感或思想,给人清新、自然、亲近、平等、和谐的感觉。演讲者与听众采取双向交流方式,或与听众互动活动较多的演讲适合选用这类风格,容易拉近彼此之间的距离,从而获得较好的演讲效果。

幽默诙谐型演讲。无论演讲内容是什么类型,幽默的风格都是不可缺少、最受听众欢迎的。即使是特别严肃的学术类演讲也不排斥它。很多学者在论述自己的科学主张时都不忘记以一种幽默诙谐的方式来缓和浓重的学术气息给人带来的紧张感。如前面我们讲到的钱锺书先生的演讲《诗可以怨》就是一个很好的证明。但幽默如何运用,占据多少比例,则是一门学问,过分不严肃也会影响表达效果。应根据演讲的具体内容和场合特点决定演讲风格,如在葬礼上发表悼念性的演讲,应当避免这种风格。

二、确定演讲风格的几个因素

了解了演讲风格的种类,接下来要考虑的是进行演讲时应选择什么样的风格,哪些因素是我们确定演讲风格时应格外注意的,也就是到底依据什么来确定演讲的风格。

(一)根据内容需要

我们无论采用什么样的基调进行演讲,归根结底都是为了更好地为表达内容服务,为主题服务,离开了这一条,无论哪种风格基调都无优劣之分。比如多血质的演讲者比较擅长慷慨激昂型的演讲风格,但是如果他的演讲内容是进行科普知识的介绍,那么这种风格就不太适合了。若想很好地完成演讲任务,必须调整自己的发挥,尽量适合演讲内容。所以,只有根据具体的内容,明确立意的需要,我们才能够判断出究竟哪种风格基调更适合一些。因此,我们在确定演讲的基调时,首先要考虑的一个因素就是内容的需要。文学作品讲求形式为内容服务的创作原则,这一点同样适合于演讲活动。

(二)符合场合特点

社会活动中,语言的表达要看准场合。场合是指交际时的地点和氛围。一般来说,场合有庄重、正式,随意、非正式,欢乐与悲伤之分。在不同的场合应该用与之相应的语言风格来表达思想,这样才能达到交际的目的。同样的语言在这个时间、地点适用,但在另一个时间、地点就行不通。如果不注意场合,不慎重自己的语言表达,就会伤害对方的感情,破坏现场的气氛,影响了交流的效果,把事情搞糟。

(1)庄重、正式的场合。在轻松愉快的场合谈论那些严肃的话题或枯燥乏味的学问,肯定会惹人厌恶;而在庄重严肃的场合开一些无聊庸俗的玩笑,就会让人感觉过于轻浮、不识大体。美国前总统里根在一次国会开会之前,为了试验麦克风是否好用,张口就说:"先生们请注意,五分钟之后,我将对苏联进行轰炸。"一语既出,满堂哗然。为此,苏联政府提出了强烈的抗议。作为正式严肃场合的政治发言人,他的演讲风格应该慷慨激昂,或是含蓄深沉;也可以娓娓道来,润物无声,表现出亲民的风格。如温家宝总理的演讲就具备这样的风格。

在正式场合,语言表达除了慎开玩笑之外,还应当认真推敲,事先要有充分的准备,不能信口开河。演讲、作报告、谈判、辩论、答记者问等,应该尽量慎选词语、把握分寸,力求用语准确,做到无懈可击。特别是有身份、有地位的人,在这种场合更要注意。

(2)随意、非正式的场合。在随意、非正式的场合,语言表达可以随意一些,就像唠家常一样,这样更有利于感情的交流。如老同学聚会,同事、朋友酒席宴会上的即兴演讲等,可以轻松一些,采用幽默诙谐型演讲会给你赢得好人缘。如果你过分深沉含蓄,或者慷慨激昂,恐怕并不合适。

(3)欢乐场合与悲伤场合。语言表达风格应与场合的气氛相协调。在欢乐喜庆的场合,切忌说一些不吉利的话;在悲伤的场合,不应该说一些轻佻、逗乐的话。

鲁迅先生曾经讲过一个故事:一户人家生了一个男孩儿,全家高兴透了。满月的时候,孩子被抱出来给客人看——自然是想得到一点好兆头。

一个说:"这个孩子将来要发财的。"他于是得到一番感谢。

一个说:"这孩子将来要做官的。"他于是得到几句恭维。

一个说:"这孩子将来是要死的。"他于是得到一顿大家合力的痛打。

第三位客人不注意场合,在喜庆的氛围中说了不吉利的话,破坏了人家的情绪,招人讨厌。

再如,有一个18岁的青年学生跟随父亲到温泉度假村休闲娱乐,没想到竟然在游泳池中溺水而亡。消息传出,同学老师都非常悲痛。这时有一个人开了一句玩笑:哎呀,死得不亏呀,喝了一肚子的矿泉水。听到这话,大家对他嗤之以鼻。不合时宜的玩笑,招来众怒是理所当然的了。

要使语言表达风格与场合协调,首先必须在思想上强化场合意识。之所以有的人说话容易伤人,就是因为场合观念淡薄,当务之急便是加强场合意识,时时不忘看准场合适当表达。其次,要培养自己善于利用特定场合表达思想的能力,这样可以增添你的魅力,增强你在工作中的能力。20世纪80年代初期,有一个青年随"振兴中华巡回演讲团"到某工厂演讲。听众都是青年工人,演讲的内容是"翻两番"。"党的十二大向我们宣布,从现在起到本世纪末,中国的工农业总产值将要翻两番……",刚一开头,下面的工人就开始喧哗:"别讲了,我们党委书记早就讲过了。"他一时语塞,很是尴尬。下一回演讲时,他发现台下也是青年工人,便做了一点调整:"朋友们,在我还没有演讲之前,我想先请大家做一件事。"本来嘈杂的会场静了下来。"请大家伸出自己的双手,摸一摸自己的口袋。看大伙能掏出多少人民币来?"台下一阵大笑。"恐怕掏不出多少吧?"台下又是一阵善意的笑声,演讲者与听众的思想感情得到了很好的交流。"那么大伙想不想让自己的口袋里的人民币能够增加一点呢?我不是在许愿,党的十二大为我们指出了一条光辉灿烂的康庄大道。从现在起到本世纪末,中国的工农业总产值将要翻两番。这意味着什么呢……"该青年做了一点调整,增加了一个互动的环节,变做报告式生硬的演讲风格为幽默诙谐,制造了悬念,取得了较好的效果,应该说这是一个好办法。但接下来的又一次演讲让他再次遭遇了尴尬。听众不再是青年工人而是机关干部,他依然用摸口袋、掏人民币的方法进行互动,没有一点效果,有人昏昏欲睡。可见,必须看场合、看对象,随时随地调整风格,才能真正赢得听众。最后,应当自觉地摆脱个人的不良习惯。有的人说话习惯从主观意识出发,心里怎么想,嘴上就怎么说,丝毫不考虑他人的感受。因此,如果你是一个心直口快的人,必须学会有意识地克服自己表达上的习惯性,养成顾及场合要求、顾及听众对象的接受心理的表达习惯,切不可率性而为。

(三)符合个性气质特点

不同的演讲者,在气质上存在着一定的差异。对自己的气质类型作出评判,在演讲活动中根据气质类型来调节演讲的感情和语言表达,以达到最佳的演讲效果,对演讲者来说是十分必要的。

演讲离不开情感,毫无感情或感情冷淡的演讲是苍白无力、无法达到预期目的的。演讲者在演讲中表达情感时往往是真情流露,因此,在不自觉中会表现出自身独有的气质性格特征。一般来说,多血质的演讲者在演讲时比较放得开,善于表达自己的感情,或慷慨激昂、声泪俱下,或语重心长、娓娓道来。需要注意的问题是:情感表达要适度、适量。在有声语言方面,多血质演讲者的语速、语调灵活多变,给人以优美的音乐感,可以做到有时尖锐泼辣、慷慨激昂,有时含蓄委婉,有时平和从容。胆汁质的演讲者在演讲时感情炽烈,表达迅速而猛烈,但缺乏稳定性、持久性,容易感情用事。胆汁质的演讲者音速快而猛烈,语调方面容易高而不稳定,处理重音不够灵活。因此要注意使语速、语调、语势在符合内容的情况下,缓急有度,轻重得当。这两种气质的演讲者共同应该避免的是由于性格的原因过于张扬,把持不住自己,造成感情表达过犹不及的后果;需要宁静下来、深沉思考时,要刹得住闸。黏液质的演讲者情绪不易外露,因此容易出现感情表达不够充分、语言缺少抑扬顿挫的变化。这类人需要在调动真情实感方面下大工夫,在情绪酝酿饱满的基础上充分地表达出内心的情感,增强演讲的感染力。黏液质演讲者要避免语速、语调单调乏味,应根据具体内容做适当的调节,使其灵活多变。抑郁质的演讲者与黏液质的演讲者有类似特点,应注意在演讲时大胆表达自己的真实情感,不要忸怩、不要怯场,力求以感情充沛的形象出现在听众面前。抑郁质的演讲者要注意语速不要过慢,语调多采用上扬声调,语势要重一些,避免过分低沉,给听众带来压抑感。

总之,要根据自己的个性气质特点选择适合的风格基调进行演讲,平时说话慢声细语的人忌用慷慨激昂型风格,深沉含蓄或润物无声型演讲可以尝试;平时说话语速较快、声音也较洪亮的人如果非要润物细无声,恐怕会显得忸怩作态了。本来不是一个幽默诙谐的人,一定要在演讲中显露峥嵘,表现幽默才华,也许会适得其反。

三、介绍几种特殊场合的演讲技巧

无论你从事什么职业,在某些时候都可能不得不做演讲。尽管我们知道演讲不可能按照公式进行,但一些特定的场合至少需要遵循一定的准则。下面我们介绍几种常见的特殊场合下做演讲的基本准则。这些特殊场合下的演讲包括介绍性演讲、欢迎性演讲、颁奖演讲、受奖演讲、毕业典礼演讲、竞职性演讲、就职性演讲、宴会演讲、追悼性演讲、纪念性演讲等。

(一)介绍性演讲

介绍性演讲主要是指那种旨在为主要演讲者做充分铺垫的演讲。这类演讲在主要演讲者和听众之间建立起兴趣和沟通的桥梁。介绍词应该能把题目"推销"给听众,也应该能将主要演讲者"推销"出去,既让听众对演讲题目产生兴趣,又要让听众很快接纳主要演讲者。要想在最短的时间内把这些铺垫做好,一要充分准备演讲材料,搜集事实或中心内容:主要演讲者的姓名、资格方面的信息,演讲的题目,主要演讲者会如何发挥,有时还可以加上有关演讲题目的趣闻。介绍词必须明确无误才能达到抓住听众的注意力,并让他们接纳主要演讲者的目的。二要将收集到的材料按照一定顺序介绍给听众:宣布主要演讲者的准确讲题,然后进行简要介绍,注意突出其重要性。接下来要介绍主要演讲者杰出的资历,尤其是与演讲题目有关的内容。应尽力采用机智灵活的方式,使简短的介绍词不显得枯燥乏味。三要注意介绍时应始终洋溢着诚恳的高度的热情,介绍主要演讲者时呈现出的态度神情和介绍词同等重要。在介绍词即将结束、达到高潮的时候宣布主要演讲者的名字,制造一点悬念,听众的期待会随之增加。四要注意做介绍性演讲时,不可发表负面的评论或发挥不恰当的幽默。即使与主要演讲人非常熟悉,也要非常郑重、真诚地做介绍。采用慷慨激昂或润物无声风格都很合适,做到质朴无华,简练明快。

(二) 欢迎性演讲

对一个人或组织的到访表示欢迎的演讲。从某种程度上说,欢迎性演讲是双重介绍演讲——将到访者介绍给受访的组织机构,再将组织机构介绍给到访者。通常情况下,它在会议或者招待会开始时举行,是整个会议的开始部分。为了使会议有一个良好的开端,欢迎性演讲应该做到以下几点:

(1) 说明这次会议的背景,告诉受访者向谁表示欢迎之情。最简单的方法是介绍到访者的组成及人员数字,并对他们表示欢迎。

(2) 介绍出席的特邀嘉宾。

(3) 如果听众不熟悉赞助商,还应该介绍一下赞助单位的情况。

(4) 一般在结尾部分有一个简短的祝愿,例如希望访问愉快、成功等。

需要注意的是欢迎性演讲一定要简短、诚恳。欢迎一个人或组织并不需要大量地介绍他们或他们的成就。采用慷慨激昂型较为适合。

(三) 颁奖演讲

是向个人或团体授予一项荣誉、奖励时的演讲。这种演讲通常是相当简短地、正式地确认某一成就。首先,说明为什么颁奖,只要说明即可,或是赢得了竞赛,或是取得某项重要成就;其次,要简短讲述获奖者的生活及言行与获奖的直接联系,这是听众感兴趣的事,让听众知道获奖者是多么值得表彰。最后,恭贺获奖者,并转达大家对他的衷心祝福。

颁奖演讲,最重要的就是真诚,不能夸大其词、添油加醋。特别是胡乱吹捧只会让获奖者心中不安,更说服不了听众。同时,还要避免夸大奖品本身的重要性,更不要强调它的价值,而应该强调赠奖者的友善心境。宜采用慷慨激昂风格,表达热烈祝贺的情绪。当然也可以根据现场气氛和颁奖性质做适当调整,如"感动中国人物"颁奖现场有时就采用深沉含蓄型的风格。

(四) 受奖演讲

对颁奖演讲做出回应的演讲。这种演讲主要目的就是对受到奖励表示简短的感谢,要表达真诚情感,而且要比颁奖演讲更短。应该做到表达自然,不让人感觉到是正背诵。不过,受奖者事先应有一定心理准备,避免现场出现心慌意乱、语无伦次的现象。

受奖演讲要用比较中庸温和的语气来表达自己的心情。对负责授予这一奖项的团体、机构或有关人士表达简短的感谢;如果获奖者是在他人的帮助下获奖的,应该向共享这一荣誉的人表示感谢。还可以根据实际情况就获奖对自己的意义进行概述,以此表达自己获奖后会更加努力拼搏进取的意向。应做到质朴无华,适合采用慷慨激昂风格,表达进取的豪迈之情;也可以采用深沉含蓄风格,表现成熟稳重的风度。

(五)毕业典礼演讲

毕业典礼演讲一般是由一位重要的政治、商业或其他领域的社会知名人物,或一位著名的校友在毕业典礼上所做的演讲。多数毕业典礼的演讲是赞扬毕业的学生们,鼓励他们在未来的工作中努力奋斗,给他们提供有关未来的建议性指导,如下一阶段的生活目标是什么,他们所在领域的职业走向,如果处在他们的岗位上应当结交什么样的人,等等。最好的毕业典礼演讲是那些能取得毕业学生们认可的演讲。

毕业典礼演讲最忌讳的是充满陈词滥调,冗长拖沓。所以成功的毕业典礼演讲应该既要做到慷慨激昂,又应该深沉凝重、深邃含蓄,体现出长者的风范,让年轻人产生敬慕之情,从而获得最佳的鼓舞效果。

毕业典礼上也有学生代表作演讲,一般的内容应该是对母校教育培养的感谢之情,对走向社会开始新生活的憧憬,前景描画,以及表示不辜负母校、努力作社会栋梁的决心。由于演讲者是青年学生,演讲风格应该多采用慷慨激昂型,要做到质朴无华,避免让听众产生好高骛远、哗众取宠的感觉。

(六)竞职演讲

竞职演讲是指竞聘者为了实现竞争上岗,就自我竞聘条件、未来的工作目标和构想所发表的公开演讲。竞职演讲的目的,就是要使听众对演讲者有充分的了解和认识,从而鉴别其是否能胜任该职位。竞职演讲一是要有的放矢,目标明确,具有针对性,让听众明确竞职者是否符合所竞选职位的条件及要求,是否有实力胜任该职位。因此,竞职演讲者要把握机会,树立坚定的自信心,勇于表现自我。但切忌夸大其词,信口开河,杂乱无章。二是要尽可能多地了解一些同一职位的竞争对手情况。知己知彼,才能扬长避短,赢得主动。切忌因盲目自信、目中无人或妄自菲薄、过分谦虚而失去听众信任。三是感情要自然、真挚,具有打动人心的力量。四是语言表达要准确、朴素,简练有力,有先声夺人的气势。但切忌卖弄学问,藐视他人。慷慨激昂型演讲风格更具感染力和竞争力,应为首选。当然,润物无声、质朴无华型也别具魅力,能够取得此时无声胜有声的效果。

(七)就职演讲

就职演讲是指新就任的领导者,向其下属或其他特定对象发表见解、陈述观点、提出工作目标的一种演讲。其特点是具有明确的目的性,就任者要向所在部门表达就任后的努力目标,同时要对下属做一番鼓动。就职演讲一要言之有物、有据,切忌空洞、虚假。二要个性鲜明,说实话,不说套话、官话、废话。三要言简意赅,通俗易懂,体现利落、亲民的为官作风。总之,就职演讲要抓住主要问题,切中时弊,简明有力;向听众表达自己为国为民出力造福,为事业兴盛而尽职尽责的态度、决心、毅力,充满自信心;鲜明突出地提出自己的施政目标和措施,要具有客观性、明确性和先进性。基本目标必须有切实可行的措施作保证。措施必须针对目标来制定,明确具体,可操作性强。慷慨激昂型、质朴无华型、深沉含蓄型演讲风格都应作为首选。

(八)宴会演讲

这是一种非常常见、实用的演讲。有时候我们需要在宴会上致辞,如婚礼、年度庆祝会、欢送会、生日聚会等。这类演讲不必长篇大论、侃侃而谈,可以按照传统方式行事——向出席者表示欢迎、感谢、问候、祝福。然后回忆历程(生日宴会可以回顾成长历程,婚礼可以回忆恋爱经过等),感慨抒情并展望未来。最后倡议大家举杯畅饮。宴会演讲应热情、诚恳,宜采用慷慨激昂型、质朴无华型。对某些性格的人来说,润物无声型也不失为一种合适的风格。

(九)追悼性演讲

是缅怀已故世人的演讲,一般由逝去者的好友、亲属或者同事在葬礼或纪念性活动上进行。这种演讲在悲伤的吊唁仪式上非常重要,它能够助长或抑制大家对逝去者的悲伤情绪。向逝去者告别之前,要营造一种氛围,阐述一下逝去者的生命对于演讲者、对于听众的意义。应实事求是地诚恳地夸奖逝去者的优点和长处,尽量说得简单、清楚、直白,切忌花哨。可以讲一些逝去者的小故事,如逝去者生前与家人、与同事和谐相处的温馨画面;逝去者幽默、大度等优秀品格,让大家记住他是一个怎样的人。追悼性演讲宜采用质朴无华型、润物无声型以及深沉含蓄型风格。

(十)纪念性演讲

是为了纪念某个人、某个地点、某个重要的日子或者某个事件而进行的演讲,一般这种演讲会在假日、诞辰纪念日、纪念年会上进行。其目的在于提醒听众这一特殊人物、地点、日子、事件的背景、意义,并最终从中得出某个结论来激励听众。纪念性演讲要注意演讲的基调应与值得纪念的人、地点、事件的性质相符合。对英雄人物的纪念性演讲与庆祝结婚十周年纪念的演讲风格就不可混淆。一般来说,任何类型的纪念性演讲都应遵循下列基本准则:要向听众清楚地解释纪念的是什么,为什么要纪念,通过缅怀某个人物、地点、事件来感染听众,强化纪念的意义,达到纪念的目的。纪念性演讲要考虑符合纪念会或节日的气氛,介绍它的由来,引导听众去构想一个画面,使之能够身临其境,使演讲更贴近听众,加深人们的印象,深化纪念的意义。慷慨激昂型、润物无声型、质朴无华型、深沉含蓄型风格,均很适合此类演讲。

【实训设计】

实训任务1:

(1)请认真阅读下面的演讲词,根据内容,确定一种适合的演讲风格类型。
(2)根据自己的气质、声音特点等,分析判断一下选择哪种风格参加演讲比赛较为合适?
(3)四个人为一组进行分组演讲练习,每组评选出一个优胜者,为全班做示范演讲。
提示:
有的演讲词可能不仅限于一种风格,可以融合多种风格。
阅读材料:

把目光投向中国(节选)

——温家宝哈佛大学演讲

校长先生,女士们,先生们:

衷心感谢萨莫斯校长的盛情邀请。

哈佛是世界著名的高等学府,精英荟萃,人才辈出。建校367年来,曾出过7位总统,40多位诺贝尔奖获得者。这是你们的光荣。

今天,我很高兴站在哈佛讲台上同你们面对面交流。我是一个普通的中国人。我出生在一个教师家庭,有过苦难的童年,曾长期工作在中国艰苦地区。中国有 2 500 个县(区),我去过 1 800 个。我深爱着我的祖国和人民。

  我今天演讲的题目是——把目光投向中国。

  中美两国相隔遥远,经济水平和文化背景差异很大。但愿我的这篇讲演,能增进我们之间的相互了解。

  要了解一个真实的、发展变化着的、充满希望的中国,就有必要了解中国的昨天、今天和明天。

  昨天的中国,是一个古老并创造了灿烂文明的大国。

  大家知道,在人类发展史上,曾经出现过西亚两河流域的巴比伦文明,北非尼罗河流域的古埃及文明,地中海北岸的古希腊——罗马文明,南亚印度河流域的古文明,发源于黄河——长江流域的中华文明,等等。由于地震、洪水、瘟疫、灾荒,由于异族入侵和内部动乱,这些古文明,有的衰落了,有的消亡了,有的融入了其他文明。而中华文明,以其顽强的凝聚力和隽永的魅力,历经沧桑而完整地延续了下来。拥有五千年的文明史,这是我们中国人的骄傲。

  中华民族的传统文化博大精深、源远流长。早在两千多年前,就产生了以孔孟为代表的儒家学说和以老庄为代表的道家学说,以及其他许多也在中国思想史上有地位的学说流派,这就是有名的"诸子百家"。从孔夫子到孙中山,中华民族传统文化有它的许多珍品,许多人民性和民主性的好东西。比如,强调仁爱,强调群体,强调和而不同,强调天下为公。特别是"天下兴亡、匹夫有责"的爱国情操,"民为邦本""民贵君轻"的民本思想,"己所不欲,勿施于人"的待人之道,吃苦耐劳、勤俭持家、尊师重教的传统美德,世代相传。所有这些,对家庭、国家和社会起到了巨大的维系与调节作用。

(摘自新浪网 2003-12-12)

实训任务 2:

  请模拟一个特殊的场合,做与之适应的演讲练习。

  提示:

  特殊场合如:竞选学生会干部;主持一个讲座,负责介绍讲座人;参加同学生日宴会,做即兴发言;得到学校授予的奖学金,发表获奖感言;等等。

第六章　演讲稿设计与拟写训练

好的口才往往是竞聘上岗、能力展示、事业成功的有力武器。古语有"一言可兴邦,一语可误国","一人之辩,重于九鼎之宝;三寸之舌,强于百万之师"的说法,这些都表明演讲与口才的重要性。演讲口才发挥的好坏很大程度在于演讲稿写作水平。写作演讲稿主要从演讲稿的选题、取材、结构设计和语言的锤炼等方面着手。

第一节　演讲稿的选题和取材

演讲稿具有一般文章的共性,但演讲稿的传播方式与接收对象同一般文章不同,演讲稿需要演讲者用嘴说出去,接收对象是广大听众。所以,演讲稿是通过演讲者在特定的时间、空间,用有声语言面对听众直接发表的一种实践活动。所以,演讲稿要表达的主题、所使用的材料受演讲者表达方式和演讲目的的影响。

【学习目标】
1. 掌握演讲稿选题的要求,学会选题的方法。
2. 掌握演讲稿选材的要求,学会选材的方法。
3. 通过训练,提高演讲者写作演讲稿时选题与取材的水平。

【引例与分析】
1965年11月,美国友人、女作家斯特朗女士在中国庆祝她80岁的寿辰,周恩来总理为其在上海展览馆大厅举行宴会。周恩来总理进行了宴会开场演讲。"今天,我们为我们的好朋友、美国女作家安娜·路易斯·斯特朗女士庆贺'40公岁'诞辰(出席宴会的人们对'40公岁'迷惑不解)。在中国,'公'字是紧跟它的量词的两倍,40公斤等于80斤,40公岁就等于80岁。"
分析:
周恩来幽默的演讲引发在座人们的阵阵笑声,斯特朗女士也高兴地流下泪来。精彩的演讲为宴会增添了许多的欢声笑语。

【相关知识】
一、演讲稿的选题
(一)演讲稿的类型
演讲稿又称演讲词,它是演讲者在演讲前写出来的、供演讲时使用的文书。演讲稿有广义和狭义之分。广义的演讲稿,是指演讲者为在听众面前发表意见、抒发情感而事先准备的文书。它的外延宽,包括许多讲话稿,例如学术专题演讲稿、会议报告演讲稿、法庭论辩演讲稿、各种礼仪演讲稿等,这些文书都属于演讲稿。狭义的演讲稿,专指为各种主题而写作的演讲稿,例如参加各种演讲比赛、演讲报告会而写作的文书。

要写出符合演讲要求的演讲稿,首先要了解演讲稿的类型。根据演讲稿的表达方式和演讲目的,我们把演讲稿分为三大类:

1. 叙述式演讲稿

叙述式演讲稿主要运用叙述的表达方式,以适当的议论、抒情和说明为辅助手段。这类演讲稿主要通过介绍人物、事件、景物来表达作者的思想感情、观点和主张,反映社会生活规律等。叙述占演讲稿的大部分内容,但其最终目的不在于叙述,而是要实现以情感人,达到宣传教育的作用,所以叙述式演讲稿区别于一般的记叙文。

2. 抒情式演讲稿

抒情式演讲稿主要运用抒情的表达方式,直接或间接地将演讲者的爱恨、好恶等感情抒发出来,以情传意,在演讲者的带领下,听众在浓烈的感情氛围中明辨是非、分清曲直。抒情式演讲稿重在说"意",让听者感受"情",区别于抒情散文的"寓情于理"。

3. 论述式演讲稿

论述式演讲稿以议论为主要的表达方式,在占有确凿的、充分的、极具说服力的论据的基础上,通过富有逻辑性的论说、严密的推理和清晰的判断,让听众感受到事物的本质和规律,实现以理服人,达到宣传真理的目的。

写作演讲稿时,要根据演讲稿的类别,恰当选择主题的表达方式,这样形成的讲稿才能符合演讲的需要。

(二)演讲稿选题的方法

演讲的选题非常重要,演讲稿选题的好坏直接关系到演讲的成败。通常情况下,演讲的主题可能是组织者规定的,或者由组织者规定出演讲主题的大致范围,或者演讲者自由选题。但无论哪种情况,演讲者都要面对演讲稿选题的问题。新颖、独特的题目,能增加演讲的价值;陈旧、俗套的题目会使演讲黯然失色。因此,作者撰稿前,应特别注重演讲稿的选题。

1. 要考虑听众的需要

在演讲活动中,从信息传递的角度看,听众是受体;从审美的角度看,听众是最重要的审美主体。听众直接参与到演讲活动中,成为演讲审美的组成部分,听众的反应对演讲者的临场发挥起着很大作用。所以,演讲者在发表不同风格、不同类型的演讲时,要尽可能地考虑听众的因素,根据听众确立主题。演讲前,演讲者应了解听众的思想状况、文化程度、职业状况,了解他们关心的和迫切需要解决的问题,这样的演讲稿才有针对性,演讲才能达到宣传、鼓动、教育和欣赏的目的,只有适应听众的需要,才能为听众提供有价值的信息,开拓他们的视野和思路。

听众的认知能力不同,当听众的认知能力低于选题内容或高于选题内容时,就像同小学生讲微积分、概率,同大学生讲乘法口诀,演讲者可能讲得激动不已,而听众却无动于衷,茫然不知所解,演讲变得毫无乐趣、没有价值。因此,选题一定要有针对性,要考虑听众的需求。演讲内容,必须是听众愿听的;演讲所分析的,正是听众不理解而想理解的;演讲阐述的,正是听众想知道,或应该知道,或必须知道的。

2. 观点正确

演讲是一种宣传工具，演讲稿的观点对听众有极大的引导作用。演讲稿的主题如果不正确，会把听众引向歧途，后果可能非常严重。所以演讲稿的主题要正确。

我们知道第二次世界大战给众多国家带来巨大的灾难。战争结束后，是什么力量把亿万的人引入战争成为人们深入思考的问题。经过分析，人们发现除了政治和经济的原因外，演讲与口才成了战争的催化剂。第二次世界大战的罪魁祸首希特勒就是靠演讲这一武器，把自己从一个流浪汉变成了德国元首，把法西斯主义、纳粹主义、复仇情绪灌输到德国的各阶层，进而将德国引入疯狂的杀戮，导演了一幕历史悲剧。与此相反，那些反法西斯国家的领袖们，也是用他们义正词严的演讲唤起了民众们同仇敌忾、浴血奋战的热情；同样靠着一张嘴的力量，把反法西斯的国家联合起来，带领世界亿万人民奋起反抗希特勒的侵略，并且打败了德、意、日，最终赢得二战的胜利。

一位演讲者在演讲时说:"朋友们，事业的成功要靠关系，没有人发不了财。"这样的观点会造成极大的负面影响，而如果换个角度说:"每个人都可能成功，但成功的机会最青睐的是肯吃苦、有毅力的人，有准备的人才会抓住机会"，这样的观点则给人以很大的鼓舞，也受听众欢迎。写演讲稿时，一定要对客观事物准确把握，要揭示事物的本质和规律，才能正确引导人们的进步，推动社会向前发展。

3. 符合时代精神

英国演讲家肖伯纳曾说:"我有一个苹果，你有一个苹果，我们交换一下，得到的将只有一个苹果；如果你有一种思想，我也有一种思想，我们彼此交换一下，那么得到的将各有两种思想。彼此交换，靠什么交换？就是靠口才，靠语言来交换。"

当今时代是信息时代，每天我们都会接收大量信息，落后的、过时的信息对听众已不产生作用，听众就会放弃，不再听下去。所以演讲的选题要具有时代精神，有强烈的时代感，要选择人民群众最关心、社会亟待解决的问题；可以赞颂、弘扬先进的理念，也可以批评、鞭挞落后的思想；可以宣传、提倡真、善、美，也可以揭露、抨击假、恶、丑。只有这样的主题，再融入演讲者自己的独到见解，才能使人耳目一新，体现时代精神，才能唤起听众的关切和注意，才能反映人民群众的意志，表达人民群众的呼声，真正发挥演讲的宣传教育的作用，匡扶正气，弘扬正义。

4. 鲜明深刻、条理清楚

现实中我们发现，一个人有效说话的能力，在许多情况下，比文凭更重要。刚分配到某单位的大学生、刚跳槽到另一公司的新职员、刚被提拔到某岗位的领导，不可能在较短的时间里和每个人相识，使别人很快了解自己。这时，如果能在众人面前从容不迫、侃侃而谈，将会给人留下深刻的第一印象，给人有水平、有魄力的感觉，大家会对这位新人充满希望，这种新的希望可能会帮助新人打开工作的新局面。相反，不能说、不能讲，没有很好的口语表达能力，给大家的第一印象是此人也不怎么样，连句话也说不清，这样的人能做好工作吗？这样，即使有很高的专业水平、很强工作能力的人，也需要相当长的时间才能扭转不好的印象，非常不利于工作的展开。

如何给人有水平、有魄力的印象？演讲时就要准确把握演讲的主题，做到主题鲜明、深刻、条理清楚，让听众一听便知你在讲什么，赞成什么、反对什么；应当态度明朗，旗帜鲜明，讲人所未讲，发人所未发。我国著名电视主持人赵忠祥说过:"如果演讲家道出了别人想都没有想过的东西，甚至由于你的演讲，使原来不想干某件事情的听众后来想干了，这才是更大的高明。"

有人将聪明人和愚蠢人的大脑进行对比，发现二者在生理上没有任何差别，而是在口语表达能力上有显著差异。聪明人总是能够适时地用语言把自己的思想、情感准确、生动、形象地表达出来,而愚蠢的人则不能;而认为自己很有思想的人,由于缺乏口才而不能将思想表达出来,就等于没有思想一样。这也是聪明和愚蠢的差别所在。

5. 情理并茂

演讲稿常用的思维方式是摆事实、讲道理,这使演讲稿除了有让人感兴趣的事实,还蕴涵着让人警策的道理。这些道理不仅是被证实过的,更多的应该是作者独到的、从事实材料中概括得出的,所以,演讲稿的主题要情理并茂。

"情"是演讲的重要因素,感情的恰当运用可以使演讲更贴近听众,得到认可,产生很好的感染效果。一个会写演讲稿的人也应该知道怎样通过感情的表达来强化演讲的效果。与议论文充满理性色彩和逻辑论证的特点相比,演讲稿的阐述则显得通俗而亲切,作者常常是将道理搁置一旁,用通俗易懂、众所周知的事实清楚明白地表达发自内心的激情。许多新鲜、深刻的"理"蕴藏在生活中还没有被揭示出来的时候,通常是以事实的方式存在于我们周围的,只有经过演讲者认真的分析和研究,找到并概括后才能使之成理。

因此,写作演讲稿时要有意识地分析话题、提炼材料,这就要求作者用敏捷的思维、敏锐的眼光、敏感的反应去挖掘、去发现、去概括、去归纳能给人以启示的道理,根据演讲的需要去设计或推导,由此及彼、层层推进、顺理成章地引导听众循着作者的思路一步一步认同其理、接受其理。

6. 用标题做点睛之笔

听众首先接收到的信息是演讲稿的标题。标题常被比喻成文章的眼睛,它是演讲稿的有机组成部分,是演讲稿主要内容的概括,是演讲稿感情基调的集中展示,是演讲稿材料取舍、结构安排的框架,是吸引听众的有效手段。标题拟写得新颖、有吸引力,能够震动听众的心弦,抓住听众欣赏心理,吸引听众,同时还能起到概括演讲稿的思想观点,突出演讲的中心内容,明确演讲所要讨论的对象、所涉及的特定场合或其范围等作用。写作演讲稿时,要根据演讲稿的主题内容,选择最准确、最概括、最简明的词语来拟写标题,让听众在第一时间接收到最核心的信息内容,使演讲一开始就以新奇取胜,以美妙夺人。

二、演讲稿的取材

如果说主题是演讲稿的灵魂,那么材料就是演讲稿的血肉。材料是否丰富要靠演讲者平时的观察、积累。

(一) 材料的分类

演讲稿使用的材料可以分为直接材料、间接材料和再加工材料。

(1) 直接材料,是指演讲者在日常生活、工作、交往中,自身对社会活动的所见所闻,是演讲者切身经历的事件或感受,是演讲者的第一手材料。

(2) 间接材料,是指演讲者从中介媒体中获得的材料,不是第一手资料,这些媒体有报纸、杂志、书籍、网络、电视、广播等。

(3) 再加工材料,是指演讲者根据直接材料或间接材料提供的信息,经过归纳、分析、判断、推理后得到的材料。再加工材料是演讲者再创造的结果,具有自身的特色,带有强烈的主观色彩。

(二) 取材的方法

1. 按需取材

不管是叙述式、抒情式还是论述式的演讲稿,都必须借助于材料表现中心思想、主要观点,材料的选取必须根据表现主题的需要进行。选取的材料要有针对性,能准确说明观点。

2. 新颖

演讲稿中选择的材料要有时代感,能表现事物的发展变化趋势,反映客观事物的新面貌,是新人、新事、新思想、新成果和新问题,这样的材料能吸引听众的兴趣,引导听众听下去,并从中得到启示。

当然,新颖的材料不仅是指新出现的材料,也包括已经发生但仍有挖掘空间的或没有被使用过的材料。对于这些材料,作者要体现新视角,融入新观念,加入时代的节奏、社会的气息,摆脱传统习俗的束缚,发掘出蕴藏其中的新意义。

3. 灵活

1999年,白岩松曾参加过一次关于"做文与做人"的演讲比赛。在白岩松前面做演讲的是《西藏日报》的记者白娟。白娟极富感染力地为大家讲述了自己作为一个驻藏记者的自豪和作为母亲的心酸。因为职业关系,她常年工作在雪域高原,每年只有三个月左右的时间与儿子在一起,每次回来和儿子刚混熟又不得不离开,其情真意切,令人动容。接下来演讲的白岩松上场了,他说道:"我是一个两岁孩子的父亲,我知道,在一个孩子一岁半到两岁之间,没有母亲在身边,对于母亲来说是怎样的一种疼痛,我愿意把我心中所有的掌声,都献给前面的选手。"话音刚落,全场报以热烈的掌声。

白岩松就地取材,表达真诚美好的敬意,顺应了现场观众的心理需求,再次激起感情的高潮,不露痕迹地赞美了别人的同时,也为自己赢得了掌声。所以,演讲的取材可以非常灵活,根据现场随机应变。

4. 有价值

演讲稿中选取的材料要有价值,能够为演讲的观点和主题服务。这也就是要求演讲者不仅能够准确把握演讲稿的观点、主题,同时还要能够准确把握材料蕴涵的意义,这样才能自始至终地用材料证明演讲者的观点和主张。

5. 真实

演讲的目的是为了宣传、教育、说服,演讲者必须用老老实实的科学的态度去做演讲。同时,演讲稿的写作和文学创作不同,文艺作品可以虚构、可以拔高,演讲的主题要求正确、符合时代精神、有积极意义,所以演讲稿中所使用的材料也就必须实事求是。使用的材料要确凿无误,可靠可信,事实的缘由、发展程度、结果,甚至每一个细节,都应该言之有据,不能马虎大意、不能随意拼凑、不能凭空想象,不管使用的是直接材料还是间接材料,不管是旁征博引还是分析推论,都要做到准确可靠、真实可信。这样才能体现出演讲者的世界观,以及辩证唯物主义和历史唯物主义的立场、观点。

【实训设计】

实训任务 1:

分析这段演讲词中作者使用了哪些材料,这些材料的作用;并概括演讲的主题。

有人说,我国地大物博,物产丰富,犯得着计划生育?的确,我们的国土面积960万平方公里,居世界第三位;林木蓄积量102.6亿立方米,居世界第四位;耕地面积9 589万公顷,居世界第五位;水力资源达6.26亿千瓦,更是雄踞世界首位,超过美国与苏联之和;我国还是世界上矿产资源品种较齐全、储量较大的少数几个国家之一。然而,所有这些位于世界前列的资源,经庞大的人口分母一平均,都大大低于世界平均水平,这就是可怕的"分母效应"。目前,我国人均耕地只有1.2亩,相当于世界平均水平的四分之一,而且分布不均,有的地方只相当于世界平均水平的十分之一,人均森林面积就更少了,只相当于世界平均水平的六分之一,而今后人口还在不断增加,一些必须要进行的城乡建设将使耕地、草原、森林还要减少,然而我们必须要清醒的事实是:世界上只有一个中国,中国只有960万平方公里。

(摘自《口才训练教程》,张波主编,机械工业出版社1999年版。)

实训任务2:

概括下列材料反映的主题。

(1)一种经济理论或者经济模型是对经济现象的某些方面的描述,它要比其描述的现实简单。理论要舍弃不重要的东西。至于什么重要,什么不重要,取决于经济学家的假设,假设不同,提出的理论也不一样。经济学家们对同一现象往往有很多理论解释,主要就是因为强调的东西常常不一样。因此,理论就不等同于真理,可以争辩,可以错,也可以被推翻。

(2)跟电影中创意以导演为中心不同,电视行业的创意是编剧。编剧在电视行业中之所以重要,是因为小画框给视觉发挥的空间没那么大,语言艺术就显得特别重要。情景剧还有故事情节作为吸引力,而喜剧秀就完全是考演员的表现和语言魅力了;又都是在棚里拍,从拍摄技术上讲是纯技术活,创意都在于对话和表演。

(3)随着全球肉类产品的进一步增加,畜牧业对全球的温室效应的影响也会进一步增长。目前,畜牧业用地已经占到地球土地面积的30%。作为农业增长最为迅速的一个门类,畜牧业还将占用更多的土地用来生产饲料和放牧。在拉丁美洲,为给牧场腾出空间,已经有70%的森林遭到砍伐。目前畜牧业对全球825个陆地生态区中的306个造成了威胁,并且威胁到1 699个濒危物种。

实训任务3:

根据老师提供的图片做口头文章,时间3分钟。

实训任务4:

下面是新东方教育集团有限公司董事长兼总裁俞敏洪在2008年北大开学典礼上的演讲词。概括这篇演讲词的主题,分析选材的技巧,并以作者身份模仿试讲。

我在北大的时候

——北京大学2008年开学典礼上的演讲词

俞敏洪

各位同学、各位领导:

大家上午好!(掌声)非常高兴许校长给我这么崇高的荣誉,让我谈一谈我在北大的体会。

（掌声）

可以说北大是改变了我一生的地方，是提升了我自己的地方，使我从一个农村孩子最后走向了世界。毫不夸张地说，没有北大，肯定就没有我的今天。北大给我留下了一连串美好的回忆，大概也留下了一连串的痛苦。正是在美好和痛苦中间，在挫折、挣扎和进步中间，最后找到了自我，开始为自己、为家庭、为社会做一点事情。

学生生活是非常美好的，有很多美好的回忆。我还记得我们班有一个男生，每天都在女生的宿舍楼下拉小提琴（笑声），希望能够引起女生的注意，结果被女生扔了水瓶子。我还记得我自己为了吸引一个女生的注意，每到寒假和暑假都帮着她扛包（笑声、掌声）。后来我发现那个女生有男朋友（笑声），我就问她为什么还要让我扛包，她说为了让男朋友休息一下（笑声、掌声）。我也记得刚进北大的时候我不会讲普通话，全班同学第一次开班会的时候互相介绍，我站起来自我介绍了一番，结果我们的班长站起来跟我说："俞敏洪你能不能不讲日语？"（笑声）我后来用了整整一年时间拿着收音机在北大的树林中模仿广播台的播音，但是直到今天我的普通话还依然讲得不好。

人的进步可能是一辈子的事情。在北大是我们生活的一个开始，而不是结束。有很多事情特别让人感动。比如说，我们很有幸见过朱光潜教授。在他最后的日子里，是我们班的同学每天轮流推着轮椅在北大校园里陪他一起散步（掌声）。每当我推着轮椅的时候，我心中就充满了对朱光潜教授的崇拜，一种神圣感油然而生。所以，我在大学看书最多的领域是美学。因为他写了一本《西方美学史》，是我进大学以后读的第二本书。

为什么是第二本呢？因为第一本是这样来的。我进北大以后走进宿舍，有个同学已经在宿舍。那个同学躺在床上看一本书，叫做《第三帝国的兴亡》。所以我就问了他一句话，我说："在大学还要读这种书吗？"他把眼睛从书上移开，看了我一眼，没理我，继续读他的书，这一眼一直留在我心中。我知道进了北大不仅仅是来学专业的，要读大量大量的书，你才能够有资格把自己叫做北大的学生（掌声）。所以我在北大读的第一本书就是《第三帝国的兴亡》，而且读了三遍。后来我就去找这个同学，我说："咱们聊聊《第三帝国的兴亡》。"他说："我已经忘了。"（笑声）

我也记得我的导师李赋宁教授，原来是北大英语系的主任，他给我们上《新概念英语》第四册的时候，每次都把板书写得非常完整，非常美丽，永远都是从黑板的左上角写起，等到下课铃响起的时候，刚好写到右下角结束（掌声）。我还记得我的英国文学史的老师罗经国教授，我在北大最后一年由于心情不好，导致考试不及格。我找到罗教授说："这门课如果我不及格就毕不了业。"罗教授说："我可以给你一个及格的分数，但是请你记住了，未来你一定要做出值得我给你分数的事业。"（掌声）所以，北大老师的宽容、学识、奔放、自由，让我们真正能够成为北大的学生，真正能够得到北大的精神。当我听说许智宏校长对学生唱《隐形的翅膀》的时候，我打开视频，感动得热泪盈眶。因为我觉得北大的校长就应该是这样的（掌声）。

我记得自己在北大的时候有很多的苦闷，第一是普通话讲得不好，第二是英语水平一塌糊涂。尽管我经过三年的努力才考到了北大——因为我落榜了两次，最后一次很意外地考进了北大。我从来没有想过北大是我能够上学的地方，她是我心中一块圣地，觉得永远够不着。但是那一年，第三年考试时我的高考分数超过了北大录取分数线七分，我终于下定决心咬牙切齿填了"北京大学"四个字。我知道一定会有很多人比我分数高，我认为自己是不会被录取的。没想到北大的招生老师非常富有眼光,料到了三十年后我的今天(掌声)。但是实际上我的英语水平很差,在农村既不会听也不会说,只会背语法和单词。我们班分班的时候,五十个同学分成三个班,因为我的英语考试分数不错,就被分到了A班。但是一个月以后,我就被调到了C班。C班叫做"语音语调及听力障碍班"(笑声)。

我也记得自己进北大以前连《红楼梦》都没有读过,所以看到同学们在读一本又一本的书,我就拼命地追赶。结果我在大学里差不多读了八百多本书,用了五年时间(掌声),但是依然没有赶超我那些同学。我记得我的班长王强是一个书癖,现在他也在新东方,是新东方教育研究院的院长。他每次买书我就跟着他去,当时北大给我们每个月发二十多块钱生活费,王强有个癖好就是把生活费一分为二,一半用来买书,一半用来买饭菜票。买书的钱绝不动用来买饭票。如果他没有饭菜票了就到处借,借不到就到处偷(笑声)。后来我发现他这个习惯很好,我也把我的生活费一分为二,一半用来买书,一半用来买饭菜票,饭票吃完了我就偷他的(笑声,掌声)。

毫不夸张地说,我们班的同学当时在北大,真是属于读书最多的班之一。而且我们班当时非常活跃,光诗人就出了好几个。后来挺有名的一个诗人叫西川,真名叫刘军,就是我们班的(掌声)。我还记得我们班开风气之先,当时是北大的优秀集体。但是有一个晚上大家玩得高兴了,结果跳起了贴面舞,第二个礼拜被教育部通报批评了。那个时候跳舞是必须跳得很正规的,男女生稍微靠近一点就认为违反风纪。所以你们现在比我们当初要更加幸福一点,不光可以跳舞,而且可以手拉手地在校园里面走,我们如果当时男女生手拉手在校园里面走,一定会被扔到未名湖里,所以一般都是晚上十二点以后再在校园里面走(笑声,掌声)。

我也记得我们班五十个同学,刚好是二十五个男生二十五个女生,我听到这个比例以后当时就非常兴奋(笑声),我觉得大家就应该是一个配一个。没想到女生们都看上了那些外表英俊潇洒、风流倜傥的男生。像我这样外表不怎么样,内心充满丰富感情,未来有巨大发展潜力的,女生一般都看不上(笑声,掌声)。

我记得我奋斗了整整两年希望能在成绩上赶上我的同学,但是就像刚才吕植老师说的,你尽管在中学、高考时可能考得很好,是第一名,但是北大精英人才太多了。你的前后左右可能都是智商极高的同学,也是各个省的状元或者说第二名。所以,在北大追赶同学是一个非常艰苦的过程。尽管我每天几乎都要比别的同学多学一两个小时,但是到了大学二年级结束的时候我的成绩依然排在班里最后几名,非常勤奋又非常郁闷,也没有女生来爱我安慰我(笑声)。这导致的结果是,我在大学三年级的时候得了一场重病,这个病叫做传染性浸润肺结核。当时我就晕了,因为当时我正在读《红楼梦》,正好读到林黛玉因为肺结核吐血而亡的那一章(笑声),我还以为我的生命从此结束。后来北大医院的医生告诉我现在这种病能够治好,但是需要在医院里住一年。我在医院里住了一年,苦闷了一年。读了很多书,也写了六百多首诗,可惜一首诗都没有出版过。从此以后我就跟写诗结上了缘,但是我这个人有丰富的情感,却没有优美的文笔,所以终于没有成为诗人。后来我感到非常庆幸,因为我发现真正成为诗人的人后来都出事了。我们跟当时还不太出名的诗人海子在一起写过诗。后来他写过一首优美的诗歌,叫做《面朝大海,春暖花开》,我们每一个同学大概都能背。后来当我听说他卧轨自杀的时候,号啕大哭了整整一天。从此以后,我放下笔,再也不写诗了(掌声)。

记得我在北大的时候,到大学四年级毕业时,我的成绩依然排在全班最后几名。但是,当时我已经有了一个良好的心态。我知道我在聪明上比不过我的同学,但是我有一种能力,就是持续不断的努力。所以在我们班的毕业典礼上我说了这么一段话,到现在我的同学还能记得,我说:"大家都获得了优异的成绩,我是我们班的落后同学。但是我想让同学们放心,我决不放弃。你们五年干成的事情,我干十年,你们十年干成的我干二十年,你们二十年干成的我干四十年。"(掌声)我对他们说:"如果实在不行,我会保持心情愉快、身体健康,到八十岁以后把你们送走了我再走。"(笑声,掌声)

有一个故事说,能够到达金字塔顶端的只有两种动物,一是雄鹰,靠自己的天赋和翅膀飞了上去。我们这儿有很多雄鹰式的人物,很多同学学习不需要太努力就能达到高峰。很多同学后来可能很轻松地就能在北大毕业以后进入哈佛、耶鲁、牛津、剑桥这样的名牌大学继续深造。有很多同学身上充满了天赋,不需要学习就有这样的才能。比如说我刚才提到的我的班长王强,他的模仿能力就是超群的,到任何一个地方,听任何一句话,听一遍模仿出来的绝对不会两样。所以他在北大广播站当播音员当了整整四年。我每天听着他的声音,心头咬牙切齿充满仇恨(笑声)。所以,有天赋的人就像雄鹰。

但是,大家也都知道,有另外一种动物,也到了金字塔的顶端,那就是蜗牛。蜗牛肯定只能是爬上去。从底下爬到上面可能要一个月、两个月,甚至一年、两年。在金字塔顶端,人们确实找到了蜗牛的痕迹。我相信蜗牛绝对不会一帆风顺地爬上去,一定会掉下来、再爬,掉下来、再爬。但是,同学们所要知道的是,蜗牛只要爬到金字塔顶端,它眼中所看到的世界,它所收获的果实,跟雄鹰是一模一样的(掌声)。所以,也许我们在座的同学有的是雄鹰,有的是蜗牛。我在北大的时候,包括到今天为止,我一直认为我是一只蜗牛。但是我一直在爬,也许还没有爬到金字塔的顶端。但是只要你在爬,就足以给自己留下令生命感动的日子(掌声)。

我常常跟同学们说,如果我们的生命不为自己留下一些让自己热泪盈眶的日子,你的生命就白过了。我们很多同学凭着优异的成绩进入了北大,但是北大绝不是你学习的终点,而是你们生命的起点。

在一岁到十八岁的岁月中间,你听老师的话、听父母的话,现在你真正开始了自己的独立生活。我们必须为自己创造一些让自己感动的日子,你才能够感动别人。我们这儿有富裕家庭来的,也有贫困家庭来的,我们生命的起点由不得你选择出生在富裕家庭还是贫困家庭。如果你生在贫困家庭,你不能说老爸给我收回去,我不想在这里待着。但是我们生命的终点是由我们自己选择的。我们所有在座的同学过去都走得很好。已经在十八岁的年龄走到了很多中国孩子的前面去,因为北大是中国的骄傲,也可以说是世界的骄傲。但是,到北大并不意味着你从此大功告成,并不意味着你未来的路也能走好,后面的五十年、六十年,甚至一百年你该怎么走,成了每一个同学都要思考的问题。就本人而言,我觉得只要有两样东西在心中,我们就能成就自己的人生。

第一样叫做理想。我从小就有一种感觉,希望穿越地平线走向远方,我把它叫做"穿越地平线的渴望"。也正是因为这种强烈的愿望,使我有勇气不断地参加高考。当然,我生命中也有榜样。比如我有一个邻居,非常有名,是我终身的榜样,他的名字叫徐霞客,当然,是五百年前的邻居。但是他确实是我的邻居,江苏江阴的,我也是江苏江阴的。因为崇拜徐霞客,直接导致我在高考的时候地理成绩考了九十七分(掌声)。也是徐霞客给我带来了穿越地平线的这种感觉。所以我也下定决心,如果徐霞客走遍了中国,我就要走遍世界。而我现在正在实现自己这一梦想。所以,只要你心中有理想,有志向,同学们,你终将走向成功。你所要做到的就是在这个过程中要有艰苦奋斗、忍受挫折和失败的能力,要不断地把自己的心胸扩大,才能够把事情做得更好。

第二样东西叫良心。什么叫良心呢?就是要做好事,要做对得起自己对得起别人的事情,要有和别人分享的姿态,要有愿意为别人服务的精神。有良心会从你具体的生活中间做的事情体现出来,而且你所做的事情一定会对你未来的生命产生影响。我来讲两个小故事。

第一个小故事。有一个企业家和我讲起他大学时候的一个故事。他们班有一个同学,家庭比较富有,每个礼拜都会带六个苹果到学校来。宿舍里的同学以为是一人一个,结果他是自己一天吃一个。尽管苹果是他的,不给你也不能抢,但是从此同学留下一个印象,就是这个孩子太自私。后来这个企业家做成功了事情,而那个吃苹果的同学还没有取得成功,就希望加入到这个企业家的队伍里来。但后来大家一商量,说不能让他加盟。原因很简单,因为在大学的时候他从来没有体现过分享精神。所以对同学们来说,在大学时代的第一个要点,你得跟同学们分享你所拥有的东西,感情、思想、财富,哪怕是一个苹果也可以分成六瓣大家一起吃(掌声)。因为你要知道,这样做你将来能得到更多,你的付出永远不会是白白付出的。

我再来讲一下我自己的故事。在北大当学生的时候,我一直比较具备为同学服务的精神。我这个人成绩一直不怎么样,但我从小就热爱劳动,我希望通过勤奋的劳动来引起老师和同学的注意,所以我从小学一年级起就一直打扫教室卫生。到了北大以后我养成了一个良好的习惯,每天为宿舍打扫卫生,这一打扫就打扫了四年。所以我们宿舍从来没排过卫生值日表。另外,我每天都拎着宿舍的水壶去给同学打水,把它当做一种体育锻炼。大家看我打水习惯了,最后还产生这样一种情况,有的时候我忘了打水,同学就说:"俞敏洪怎么还不去打水?"(笑声)但是我并不觉得打水是一件多么吃亏的事情。因为大家都是同学,互相帮助是理所当然的。同学们一定认为我这件事情白做了。

又过了十年,到了一九九五年年底的时候,新东方做到了一定规模,我希望找合作者,结果就跑到了美国和加拿大去寻找我的那些同学,他们在大学的时候都是我生命的榜样,包括刚才讲到的王强老师等。我为了诱惑他们回来还带了一大把美元,每天在美国非常大方地花钱,想让他们知道在中国也能赚钱。我想大概这样就能让他们回来。

后来他们回来了,但是给了我一个十分意外的理由。他们说:"俞敏洪,我们回去是冲着你过去为我们打了四年水。"(掌声)他们说:"我们知道,你有这样的一种精神,所以你有饭吃肯定不会给我们粥喝,所以让我们一起回中国,共同干新东方吧。"于是才有了新东方的今天(掌声)。

人的一生是奋斗的一生,但是有的人一生过得很伟大,有的人一生过得很琐碎。如果我们有一个伟大的理想,有一颗善良的心,我们一定能把很多琐碎的日子堆砌起来,变成一个伟大的生命。

但是如果你每天庸庸碌碌,没有理想,从此停止进步,那未来你一辈子的日子堆积起来将永远是一堆琐碎。所以,我希望所有的同学能把自己每天平凡的日子堆砌成伟大的人生(掌声)。

最后,我代表全体老校友向在座的三千多位新生表一个心意,我代表全体老校友和新东方把两百万人民币捐给许校长,为在座同学们的学习、活动和成长提供一点帮助(掌声)。

(摘自新东方官方 Blog 2008-09-25)

第二节　演讲稿结构设计和语言的锤炼

【学习目标】
1. 掌握演讲稿结构设计的要求，学会合理安排结构的方法。
2. 掌握演讲稿语言的要求，学会锤炼语言的技巧。
3. 通过训练，提高演讲稿结构设计和语言运用的水平。

【引例与分析】
　　美国人能成为自由人，还是沦为奴隶；能否享有可以称之为自己所有的财产；能否使自己的住宅和农庄免遭洗劫毁坏；能否使自己陷于非人力所能拯救的悲惨境地——决定这一切的时刻已迫在眉睫。苍天之下，千百万尚未出生的人的命运取决于我们这支军队的勇敢和战斗。敌人残酷无情，我们别无他路，要么奋起反击，要么屈膝投降。因此，我们必须下定决心，若不克敌制胜，就是捐躯疆场。
　　祖国的尊严，我们的尊严，都要求我们进行英勇顽强的奋斗，如果我们做不到这一点，我们将感到羞愧，并将为全世界所不齿。所以，让我们凭借我们事业的正义性和上帝的恩助——胜利掌握在他手中——鼓励和鞭策我们去创造伟大而崇高的业绩。全国同胞都注视着我们，如果我们有幸为他们效劳，将他们从企图强加于他们的暴政中解救出来，我们将收到他们的祝福和赞颂。让我们相互激励、相互鞭策，并向全世界昭示：自己的国土上为自由而斗争。
　　自由、财产、生命和荣誉都在危急存亡之中，我们正在流血，受辱的祖国寄希望于我们勇敢的战斗，我们的妻儿父老指望我们去保护。他们有充分理由相信，上苍一定会保佑如此正义的事业获得胜利。
　　敌人将炫耀武力，竭力恫吓，但是，别忘了，在许多场合，他们已被为数不多的勇敢的美国人所击败。他们的事业是邪恶的——他们的士兵也意识到了这一点，如果我们在他们开始进攻时，就沉着坚定地予以反击，凭着我们有利的攻势和熟悉的地形，胜利必将属于我们。每一位优秀的士兵都会枕戈待旦、整装待命，一旦出击，必歼顽敌。

（摘自《口才大全》，蔡践著，当代世界出版社2006年版。）

分析：
　　乔治·华盛顿是美国的第一任总统。这是他对即将出战的士兵所做的一篇演讲，一连串的排比将美国人民所处的艰难、严峻形势展现在士兵面前；紧接着是充满激情、极富感染力和号召力的语言，让这些肩负保家卫国职责的军人们义无反顾、勇往直前，为国家、为人民的幸福和自由挺身而出。严密的结构设计、富于鼓动性的语言，使这次演讲收到很好的效果。

【相关知识】
　　演讲稿是为完成演讲任务提供的文字依据，演讲稿的写作不能与演讲的主体、听众、演讲的环境相剥离，这些因素共同构成了演讲活动的整体；通过演讲稿这一文字载体将各因素融合，使演讲取得最佳效果。要驾驭好这些因素，将其最高效地融合，要靠演讲稿结构的巧妙设计。演讲稿中的语言应根据听众的需要,做到感情充沛、激情四射、绘声绘色,同时还要通俗易懂、朴实无华、生动有趣。这样的演讲,在听过之后,既能让人深入理解其蕴意,又能给人长久印象。

一、演讲稿的结构设计

(一) 演讲稿的结构形式

文章的结构分为内部结构和外部结构。内部结构是指文章思路的内在逻辑结构,我们通常将其称之为"线索"、"脉络"。不管哪类演讲稿,线索和脉络是作者思路的表现形式,它无形地贯穿于演讲稿的全文,构成严谨的艺术整体。脉络自身具有条理性、贯通性和严谨性,使文章流畅贯通,结构细密周严,没有缝隙,没有漏洞。

外部结构就是文章外部的存在形式,即演讲稿的层次和段落。层次是演讲稿各部分内容表达的次序,是对演讲稿思想内容的划分;段落是写作过程中自然形成的基本单位,主要依据文字表达的需要。一般情况下,层次大于段落,但也有时段落的划分恰好与层次一致。层次的安排方式有总分式、并列式、递进式和对比式,根据写作的实际需要确定。段落划分强调的是集中、完整和匀称。

(二) 演讲稿结构设计的要求

1. 严谨统一,错落有致

所谓严谨统一是指演讲稿的结构布局要有头有尾,首尾对应,通篇一体。首先,演讲稿的各部分之间,片断之间,前言后语之间,都要紧密连接,一以贯之。其次,结构要疏密相间,错落有致。根据演讲稿主题表达的需要,层次和段落间,长短要适当搭配,密度不要均等,要有的放矢,合理安排,才能给人一种抑扬顿挫、节奏铿锵之感。再次,演讲稿的结构布局应崇曲忌直、波澜起伏、曲折变化,既要达到出人意料的效果,又要在情理之中,恰到好处地满足听众的审美要求。

2. 条理清晰,层次简明

一般文稿主要是供人阅读,读者有思考的余地,在层次结构上可以跌宕起伏,曲折多变;在内容上也可以盘根错节,错综复杂。而演讲稿是口头表达,演讲语言稍纵即逝,听众对演讲中每一句话的含义,几乎没有思考玩味的余地,演讲稿结构特点是内容的内在联系与有声语言动态交流相统一,注重有声性。因此,演讲稿特别注重结构清楚,层次简明。

(三) 演讲稿开头、主体和结尾设计的技巧

古人语:"起句当如爆竹,骤响易彻,结句当如撞钟,清音有余。"所以"虎头龙尾"是好文章的半壁江山。当然,不同类型、不同内容的演讲稿,其结构方式也各不相同,但基本上都分为开头、主体和结尾三部分。如何开头和结尾,应根据文章的整体需要,利于主题的表达和全文的和谐。演讲者应当通过简短的几句话或几声感叹,定下演讲的基调,扣动听众的心弦,拉近与听众的距离,把握主动,控制全场。

1. 简洁生动、感情充沛的开头

(1) 开门见山,直截了当。演讲稿的开头,也叫开场白,它类似于戏剧开头的"镇场",在演讲稿中占重要地位,所以开头一定要先声夺人,富有吸引力。演讲者可以不绕弯子,直奔主题,开宗明义地提出自己的观点,点明所述事件,言简意赅地触动听众的心灵,抓住听众的思想。如果观点符合听众的需要,听众自然会听下去。

(2) 提出问题,引人深思。演讲开始便提出一个或几个问题,制造悬念,引发听众的思考,让听众参与到演讲中来,利用听众对答案的期待之情,抓住听众的思想。听众带着问题听讲,自然

注意力集中,如果听得认真,其对演讲内容的认识和理解自然更有深度和广度。

(3)名言警句,吸引注意。开篇引用内涵深刻、发人深省的警句,引出下面的内容。这些名言警句具有很广泛的群众基础,有很强的魅力和指导作用,适当运用能收到不错的效果。这种方法运用的难度在于如何做到不落俗套、避免人云亦云的现象,既让听众接受、留恋、回味,所引内容又不晦涩难懂、深奥莫测。这就需要我们日常的积累,背诵名人名言的同时,深刻理解名言警句中包含的深意,在用的时候才能有的放矢、切中要害,深深地吸引听众。

演讲稿开头的方法有很多,但无论怎样开头,都要在内容上力求给人耳目一新之感,在形式上力求别致、新奇,像磁铁般吸引听众的心。总之,无论采用什么形式开头,都要做到先声夺人,富于吸引力;避免故弄玄虚、冗长拖沓、陈词滥调、离题太远。

2. 层次分明、高潮迭起的主体

演讲稿的主体是紧承开头到结尾之前的部分,是演讲稿的躯干和重点,直接关系到演讲的成败。这部分的写作,难于一般文章主体的写作。如果开篇提出了问题,主体部分就应加以论述;如果提出问题,主体却讲述另一个问题,就会使讲演脱节,接不上茬,整篇演讲给人结构松散,甚至文不对题的印象。写作演讲稿主体部分时,要分清重点和非重点、主要部分和次要部分、层次和段落之间的逻辑关系。

(1)注重衔接。随着主体部分的展开,层次与段落之间的内在联系变得复杂,若衔接不够紧密,会使结构显得松散零乱,破坏演讲稿的整体性。因此,应采用必要的过渡衔接手段,使复杂变清晰,隐蔽变显露,使主体部分思路连贯,层次分明,衔接巧妙,联络无痕,给人一气呵成、天衣无缝、浑然一体的完整印象。衔接主要指演讲稿的过渡与照应。过渡是指层次与层次、段落与段落之间的衔接转换,照应是指前后内容上的关照和呼应。写作演讲稿时要注意文意的明白流畅,线索之间的起承转合、分析推进。

(2)推向高潮。"文似看山不喜平"。演讲稿不仅要有鲜明的节奏,更要有波澜起伏、引人入胜的高潮。演讲的高潮,是指演讲者用最激昂的感情、最雄劲的气势激发、振奋听众的情绪,使演讲者与听众之间产生强烈的感情共鸣,使演讲者的信念和意志得到听众的响应,演讲者的观点和主张得到听众发自内心的欢迎和赞同。要精心安排演讲稿的结构层次,将演讲层层深入、环环相扣、水到渠成地推向高潮。如果演讲中没有出现高潮,那么整个演讲会大为逊色,不可能达到使"悲者掩泣,羡者色飞"的效果。

演讲稿的主体部分行文时应层层展开,在内容上一步步吸引听众,在理论上一步步说服听众,在感情上一步步感染听众。将演讲推向高潮,可以通过准确恰当地阐释分析所举事例,从中提炼深刻的哲理,语出惊人;或是运用比喻、排比等修辞手法,妙语连珠;或是精辟地论述演讲的主要观点,用字字珠玑的话语让听众折服;或是运用饱含真挚情感的语言,创造出真切动人的意境;或是运用诙谐幽默、富于变化的语言,感染听众情绪。

3. 干脆利落、简洁有力的结尾

演讲稿的结尾,是主体内容发展的必然结果。结尾可以归纳、升华主题,或提出希望、发出号召。好的结尾应收拢全篇,卒章显志,干脆利落,简洁有力;切忌画蛇添足,节外生枝。

(四)谋篇布局的技巧

毛泽东曾说:"写文章要讲逻辑,就是要注意整篇文章、整篇讲话的结构,开头、中间、尾巴要有一种关系,要有一种内部的联系,不要互相冲突。"要提高演讲稿写作谋篇布局的能力,就要加强思维活动的逻辑性、条理性的训练。锻炼思维的好方法是列提纲。按照列好的提纲写演讲稿，可以使问题想得更周到，材料选择更有代表性，结构设计更清晰合理；可以使演讲有理、有据、有序，使演讲更具逻辑性。

提纲有两形方式：简要提纲和详细提纲。简要提纲只将演讲的主要内容简洁、高度压缩地列举出来，包括演讲的主旨、材料、层次和大意。详细提纲相对比较具体、细致，不仅列出大的题目，每个小题目里写几层意思，每一层意思用哪些材料，都要写出来。有了好的提纲，演讲稿等于完成了一半，正式写作演讲稿就会更得心应手。

二、演讲稿语言的锤炼

要把演讲者头脑里构思的内容都写出来或说出来，最后让听众听得到，就必须借助语言这个交流工具。因此，语言运用得好还是差，对写作演讲稿影响非常大。要提高演讲稿的质量，就要在语言的运用上下工夫。

（一）口语化

演讲，说出来的是声音符号，听众接收到的也是声音传递的信息。听众能否听懂，要看演讲者能否说明白，更要看演讲稿是否写得好。如果演讲稿写得不符合口语表达的需要，那么演讲的内容再好，也不能使听众完全听懂。演讲稿是演讲者写出来的，受书面语言的束缚较大，应该冲破这种束缚，使演讲稿的语言口语化。写作演讲稿时可以少用长句多用短句，少用倒装句多用正装句，少用单音词多用双音词，尽量不用文言词语、繁杂的成语。演讲稿完成之后，多读几遍，反复修改。

（二）通俗易懂

演讲的目的是教育、宣传，所以演讲的内容必须要让听众听懂。如果使用的语言讲出来谁也听不懂，那么演讲就失去了作用、意义和价值。为此，演讲稿的语言应做到通俗易懂。列宁说过，应当善于用简单明了、群众易懂的语言讲话，应当坚决抛弃晦涩难懂的术语和外来的字眼，抛弃记得烂熟的、现成的但是群众还不懂的、还不熟悉的口号、决定和结论。

（三）形象感人

好的演讲稿，不仅要思想内容好，更重要的是语言一定要生动。演讲稿的语言干巴巴，那就算不上是一篇好的演讲稿。广为流传的恩格斯、列宁、毛泽东、鲁迅的演讲，都是既有丰富深刻的思想内容，又有形象感人的语言。如何使演讲稿的语言形象感人？可以用比喻、夸张等修辞手法增强语言的形象感，化抽象为具体，将深奥变得浅显，枯燥发展为有趣；或是运用幽默、风趣的语言，增强演讲稿的表现力，深化主题的同时使演讲的气氛变得轻松和谐。另外，要发挥有声语言音乐性的特点，演讲过程中注意声调的和谐和节奏的变化。

（四）有力度

有力是指演讲的每句话、每个词都应讲得恰当，与演讲的语言环境配合得恰到好处。这与演讲者思想修养、文字功夫有关。这就要求我们在怎么把话说得鞭辟入里上下工夫。

（五）生动

有人说，演讲要有相声般的幽默，小说般的形象，戏剧般的冲突，诗歌般的激情。可见，好的演讲必须具备相声、小说、戏剧、诗歌的艺术性，需要用富含幽默、激情的语言为演讲渲染气氛、营造高潮。要让演讲的语言生动，应该考虑的是演讲稿的遣词造句、感情色彩如何表现诚恳、热情、振作的精神风貌，应当利用词句自身和谐优美的韵味，把话说得流畅、响亮、生动。

演讲稿的写作,既要围绕演讲目的确定主题,根据主题的需要选材,还要根据表达的需要合理设计结构,用丰富的词语将演讲者的观点主张传达给听众,使听众能够有效地接收,这才真正发挥了演讲的作用。就像德国的政治家、诗人海涅说过的:"言语之力,大到可以从坟墓唤醒死人,可以把生者活埋,把侏儒变成巨人,把巨人彻底打垮。"

总之,演讲体现着时代的呼唤、思想的闪光;它是演讲者与听众间心灵的共鸣、情感的流溢;演讲是宣传教育的工具,是展现能力的手段;演讲是培养良好人际关系的纽带,是迈向成功事业的桥梁。

【实训设计】

实训任务1:

参照例题,将下列事件按最合理的顺序排列。

例题:① 收集书籍;② 购买材料;③ 打造书架;④ 雇用木工;⑤ 排列书籍

解答:此题正确答案为1-4-2-3-5。① 收集书籍;④ 雇用木工;② 购买材料;③ 打造书架;⑤ 排列书籍

(1) ① 考古挖掘;② 绘制壁画;③ 建造陵墓;④ 拼接图案;⑤ 盗墓取宝

(2) ① 救治无效,家属告状;② 身患重病,借款购药;③ 企业胜诉,报社致歉;④ 药品鉴定,真伪不同;⑤ 记者撰文,药厂蒙冤

(3) ① 绿叶葱葱,森林茂密;② 厂房林立,马达轰鸣;③ 钻机飞转,原油滚滚;④ 燃气发电,远程送电;⑤ 阳光明媚,百花齐放

(4) ① 融入异族自谋出路;② 一支残部向西突围;③ 跨过界河向北征战;④ 战火熄灭回国通商;⑤ 青年男子被征入伍

(5) ① 考古学家买了一个古陶器;② 一个古陶器被人发现;③ 考古学家寻找一座古城堡;④ 考古学家发现了一座古城堡;⑤ 古陶器被卖给小贩

实训任务2:

分析颜永平先生《"思想解放大讨论"专题讲座提纲》的结构,仿写《我们是时代的宠儿》演讲提纲。

"思想解放大讨论"专题讲座提纲

颜永平

2008年是我国改革开放三十周年,也是进一步解放思想、实现新时期体制改革新突破的重要一年。

一、前两次解放思想大讨论的回顾

第一次解放思想,是1978年展开的"真理标准讨论"。当时,中国面临一个向何处去的问题。第一次解放思想,主要是为了突破"两个凡是"的思想束缚。

第二次解放思想,是1989年"东欧"事件以后,有人提出改革开放不能再搞了,再搞下去就

会被西方势力和平演变。第二次解放思想大讨论，突破了凡事都要问姓社姓资的观念，树立了生产力标准的权威。经过了第二次思想解放，从党的十四大确立社会主义市场经济改革目标以后，这十几年在取得巨大成就的同时，也积累了大量的问题。

二、第三次解放思想大讨论的背景

解放思想、实事求是是我们党的思想路线。解放思想是发展中国特色社会主义的一大法宝，改革开放是发展中国特色社会主义的强大动力，科学发展、社会和谐是发展中国特色社会主义的基本要求，全面建设小康社会是我们党和国家到2020年的奋斗目标，是全国各族人民的根本利益所在。

只有解放思想才能推动改革开放，而改革开放也离不开解放思想。

在过去的30年中，中国在各方面取得了巨大的成就。如果从经济增长的指标来衡量，中国这段时间里的发展为世界经济史所少见。中国的崛起已经成为当今国际政治话语的主题词。

去年年底，新当选的政治局委员、广东省委书记汪洋在一次会议上，要求广东官员再次解放思想，为广东的进一步发展寻找新的出路。

汪洋引用当年邓小平指导下的广东改革为中国"杀出一条血路"的例子来强调思想创新的重要性。

"杀出血路"指的是重大的转型，而非那些头痛医头、脚痛医脚的点滴改革。同时，"杀出一条血路"的最终目标就是为了避免大规模的公开冲突甚至革命，也就是避免流血。

从改革路径来理解，那么不难看到中国下一条"血路"是什么了，那就是通过政治改革实现政治民主化。

政治改革和民主化之所以是下一条"血路"，不仅是因为不改革导致了包括腐败在内的种种负面效应，而且也是因为只有通过政治改革才能在深化经济改革的同时实现中国政治的转型。

胡锦涛同志2005年2月在"省部级主要领导干部提高构建社会主义和谐社会能力专题研讨班"上指出："我国改革发展正处在一个关键时期。一些国家和地区的发展历程表明，在人均国内生产总值突破1 000美元之后，经济社会发展就进入一个了关键阶段"，社会各种矛盾将集中显现，如果处理不当，整个经济社会发展就会停滞不前甚至出现倒退，拉美等国家的发展就在此方面留下深刻的教训。目前，我们国家正处于这个阶段，而且"在当前和今后相当长一段时间内，我国经济社会发展面临的矛盾和问题可能更复杂、更突出"。

目前阶段，中国现在正经历人类历史上最罕见的社会变革，这是一场涉及社会生活方方面面的整体性的变迁，是一种社会转型。

三、三次解放思想大讨论的区别

思想解放的本质是什么？就是要突破主要的思想障碍，统一思想，树立一个新的判断是非的标准，这也是历史上每一次思想解放的共同点。回顾前两次的思想解放，有一个显著的特点，都是处在中国发展的关键时刻发生的。

1. 从判断是非的标准来看：

第一次思想解放树立了"实践"标准；

第二次树立了"生产力"标准；

第三次思想解放，要突破的是传统的发展观念与全能主义的政治模式。那么，这一次要树立"以人为本"的标准，判断是非的标准只能是以人为本。

2. 从人的全面发展的角度来看：

1978年改革开放之前，把全国的人变成"政治人"，人人关心政治，强调以阶级斗争为纲。

第一次解放思想，是把"政治人"改变为"市场人"。

第二次解放思想，是把"市场人"变为"经济人"。人人关心经济利益，关注创造社会财富，这是历史的进步。但是经济人也带来一个问题，搞经济主义、物质主义、享受主义，浮躁急躁的情绪，激烈竞争的心态造成国人的精神与思想问题众多。

第三次解放思想，提出以人为本，就是要把人从"市场人"、"经济人"转变为"和谐人"。就是精神和物质的和谐，人与人的和谐，人与自然的和谐，人与自我的和谐。

以人为本就是为人的全面自由发展创造条件，也就是马克思讲到的全社会每个人的全面自由的发展，这才是我们真正应当追求的和谐。

3. 从解放思想的突破口来看：

解放思想就是要突破旧的思想。

第一次思想解放突破的是对领袖的个人迷信、"两个凡是"；

第二次解放思想突破的是姓资姓社，驱除姓资姓社的干扰；

第三次思想大解放主要是突破传统的发展理念和全能主义的政治模式。

我们要用新的发展理念、发展模式、发展思路，来破解我们当前面临的发展难题。这就必然关系到全能主义的政治模式，涉及政治体制改革。

前两次解放思想发展中，经济体制改革走在前面，政治体制改革相比较走得非常缓慢，两者不相适应。现在中国社会出现的问题，最重要原因就是政治体制改革没有跟上。

4. 从解决的问题角度来看：

第一次思想解放的重点是突破发展的禁区，要解决的是要不要发展的问题。

第二次思想解放活动的重点是要解决发展的方向问题，道路问题。

第三次解放思想，重点是要解决怎么样发展的问题。

四、第三次解放思想大讨论要解决的主要问题

第一，三大差别的拉大，即区域差别、城乡差别、贫富差别的显著拉大。

第二，社会管理严重滞后，社会问题严重，包括社会治安，包括整个教育、医疗卫生。

第三，民生问题十分突出，就业难、上学难、看病难、买房难，问题突出。

第四，粗放式发展，高投入、高消耗带来高污染。

第五，环境、生态存在着严重的问题。

第六，腐败严重，权钱交易，社会风气、社会治安混乱等系列问题。

五、三次解放思想大讨论的主要任务

第一次解放思想，是要从以阶级斗争为纲中扭转过来，确定以经济建设为中心；

第二次解放思想，是要把市场经济引进来，要把符合现代生产力规律的文明引进来；

第三次思想解放，是以深化政治体制改革为重点的经济、政治、社会、文化四位一体的全面体制改革和建设发展。

六、第三次解放思想大讨论的目标

第三次思想大解放的目标就是要把原来的经济人转化为和谐人，使人在追求物质生活的同时也要追求精神生活；在追求物质的同时，精神层面能够平衡。这样人和人之间取得和谐，人和

自然间也取得和谐,人和自我间也能够取得和谐。这就是马克思提出来的人的自由的全面的发展。这也就是党的十七大提出来的以人为本的口号。

要真正的解放思想,就必须推动新的科学发展观,推动以政治体制改革为重点的经济体制改革、政治体制改革、文化体制改革、社会体制改革,所有一切都是为了实现以人为本的目标,真正使每个人都成为全面自由发展的和谐人。

要不要以人为本,要不要构建和谐社会,要不要将经济人换变为和谐人,这关系到国民的福祉,关系到国家的命运。

尊重每个个体的生命、自由和权利,实现国家富强、民族复兴,是我们的百年梦想。没有强大而高贵的国民,不会有强大而高贵的国家。因此国家应该善待自己的国民,应该对每一个国民的生命负责,对每一个国民的自由和权利负责。国家用对自己国民的这种无上忠诚,来证明国家对于国民的意义,就能维系国民对于国家的认同,就能把国家的基础安放于人心之中。

七、第三次解放思想大讨论的重点

1. 第三次思想解放重点是还权于民。

今天改革发生的社会不公、贫富分化,主要不是市场经济带来的,而是行政权力在特殊时期的特殊行为造成的。

如果说前面两次思想解放是还利于民,那么,这一次思想解放的重点是在还利于民的同时还权于民。

既然涉及利益调整,涉及还权于民,涉及制度创新,比前两次偏重于意识形态层面的解决问题难度更大、阻力更大是必然的。现在的问题在于权力部门化、部门利益化,各个部门争取自己的利益,这是改革的阻力。

利益格局的调整实际上就是民众权利的调整,就是中央提出来的公众要有知情权、表达权、参与权、监督权。

还权于民,首先要解决社会问题、解决民生问题,这才是服务型的政府。

政府如果只是以利益主体的身份出现,权钱必然结合,腐败必然加重,社会风气必然变坏。所以政治体制改革是这次思想解放无法回避的问题,是这一轮的思想解放和前两轮不一样的地方。

2. 思想解放的重点对象是官员——领导干部

市场经济已经成为中国政治运作的基本背景。执政党和政府如何适应市场经济,这是个很大的考验。

一旦当政治权力和金钱结合起来的时候,腐败变得不可避免。朱镕基在任时,曾明确提出,腐败,如果不能得到遏制,就要亡党亡国。

尽管反腐风潮从来就没有定息过,但腐败的深度和广度也在急剧增加,亡党亡国的风险依然存在。

今天中国所面临的问题并不比邓小平当年所面临的要轻,今天所要进行的改革面临的阻力也并不比邓小平当年遇到的小。尽管当年邓小平也遇到巨大的体制内的阻力,但依据"穷则思变"道理,真的杀出了一条血路。但今天遇到的则是巨大的既得利益——各级领导干部,甚至是集团化的既得利益。

在各个层面,经济上的既得利益往往和政治上的既得利益结合在一起,体制内的既得利益往往和体制外的既得利益结合。这几年的改革实践表明,任何貌似强大的改革动议一旦遇到如此庞大的既得利益,就会变得极其微弱。

第三次思想解放,要解放的就是那些掌握了权力的各级官员的思想。

"中国的官员思想解放到什么程度,中国就将进步到什么地步。"所有的领导干部应该牢记胡锦涛总书记"以人为本"的思想和温总理那句"是人民养活了你们,你们自己看着办吧!"的至理名言。

八、用新的思路迎接第三次解放思想大讨论高潮的到来(略)

解放思想是金钥匙,开启改革发展思路;
解放思想是原动力,推进改革发展进程;
解放思想是突破口,破解改革发展难题;
解放思想是望远镜,增强改革发展远见;
解放思想是大学校,提高改革发展能力。

(摘自颜永平博客)

实训任务3:

下面是温家宝总理在2009年访问英国剑桥大学时所作的演讲,分析这篇演讲稿的结构,并分析用词的技巧。

用发展的眼光看中国

——在剑桥大学的演讲

温家宝

尊敬的理查德校长,女士们,先生们:

来到向往已久的剑桥大学,非常高兴。剑桥举世闻名,培养出牛顿、达尔文、培根等许多杰出的科学家、思想家,为人类文明进步作出了重要贡献。今年是剑桥建校800周年,我谨致以热烈祝贺!

这是我第四次访问英国。中英相距遥远,但两国人民的友好交往不断增多。香港问题的圆满解决,经贸、文教、科技等领域的有效合作,为发展中英全面战略伙伴关系奠定了坚实基础。在此,我向长期致力于中英友好的朋友们表示崇高的敬意!

今天,我演讲的题目是:用发展的眼光看中国。

我深深爱着的祖国——古老而又年轻。

说她古老,她是一个有着数千年文明史的东方大国。中华民族以自己的勤劳和智慧,创造了灿烂的古代文明,对人类发展作出过重大贡献。

说她年轻,新中国成立才60年,改革开放才30年。中国人民经过长期不懈的斗争建立了新中国,又经过艰苦的探索,终于找到了适合国情的发展道路——中国特色社会主义道路,文明古国焕发了青春活力。

中国改革开放,最重要的是解放思想,最根本、最具有长远意义的是体制创新。我们推进经济体制改革,建立了社会主义市场经济体制。在政府的宏观调控下,充分发挥市场对资源配置的基础性作用。我们深化政治体制改革,把发展民主和完善法制结合起来,实行人民当家做主,依法治国,建设社会主义法治国家。

改革开放的实质,就是坚持以人为本,通过解放和发展生产力满足人们日益增长的物质文化需求,在公正的条件下促进人的全面发展;就是保障人民的民主权利,让国家政通人和、兴旺发达;就是维护人的尊严和自由,让每个人的智慧和力量得以迸发,成功地追求自己的幸福生活。

30年来,中国贫困人口减少了2亿多,人均寿命提高了5岁,8 300万残疾人得到政府和社会的特殊关爱,这是中国保障人权的光辉业绩。九年免费义务教育的推行,农村合作医疗制度的建立,社会保障体系的完善,使学有所教、病有所医、老有所养的理想,正在变为现实。

我愿借用两句唐诗形容中国的现状:"潮平两岸阔,风正一帆悬。"中国人正在努力实现现代化,这是一个古而又新的发展中大国进行的一场伟大实践。掌握了自己命运的中国人民,对未来充满信心!

我深深爱着的祖国——历经磨难而又自强不息。

我年轻时曾长期工作在中国的西北地区。在那浩瀚的沙漠中,生长着一种稀有的树种,叫胡杨。它扎根地下50多米,抗干旱、斗风沙、耐盐碱,生命力极其顽强。它"生而一千年不死,死而一千年不倒,倒而一千年不朽",世人称为英雄树。我非常喜欢胡杨,它是中华民族坚韧不拔精神的象征。

千百年来,中华民族一次次战胜了天灾人祸,渡过了急流险滩,昂首挺胸地走到今天。深重的灾难,铸就了她百折不挠、自强不息的品格。中华民族的历史证明了一个真理:一个民族在灾难中失去的,必将从民族的进步中得到补偿。

此时此刻,我不禁想起在汶川地震灾区的亲身经历。去年5月,四川汶川发生震惊世界的特大地震,北川中学被夷为平地,孩子伤亡惨重。可是,时隔10天,当我第二次来到这里时,乡亲们已在废墟上搭起了板房教室,校园里又回荡着孩子们朗朗的读书声。当时我在黑板上,给同学们写下了"多难兴邦"几个字。地震发生以来,我7次到汶川灾区,碰到这样感人的事迹不胜枚举。我为我们中华民族这种愈挫愈奋的精神深深感动。这种伟大的精神,正是我们的民族饱经忧患而愈益坚强、生生不息的力量源泉。

经过半个多世纪的艰苦奋斗,中国有了比较大的发展,经济总量跃居世界前列,但我们仍然是一个发展中国家,同发达国家相比还有很大的差距。人口多,底子薄,发展不平衡,这种基本国情还没有从根本上得到改变。中国的人均GDP水平,排在世界100位之后,仅为英国的1/16左右。到过中国旅游的朋友,你们所看到的城市是现代的,而我们的农村还比较落后。

到本世纪中叶,中国要基本实现现代化,面临三大历史任务:既要努力实现欧洲早已完成的工业化,又要追赶新科技革命的浪潮;既要不断提高经济发展水平,又要实现社会公平正义;既要实现国内的可持续发展,又要承担相应的国际责任。中国要赶上发达国家水平,还有很长很长的路要走,还会遇到许多艰难险阻。但是,任何困难都阻挡不住中国人民前进的步伐,只要我们坚持不懈地努力奋斗,中国现代化的目标就一定能够实现。

我深深爱着的祖国——珍视传统而又开放兼容。

中华传统文化底蕴深厚、博大精深。"和"在中国古代历史上被奉为最高价值,是中华文化的精髓。中国古老的经典——《尚书》就提出"百姓昭明,协和万邦"的理想,主张人民和睦相处,国家友好往来。

"和为贵"的文化传统，哺育了中华民族宽广博大的胸怀。我们的民族，既能像大地承载万物一样，宽厚包容；又能像苍天刚健运行一样，彰显正义。

15世纪，中国著名航海家郑和七下西洋，到过三十几个国家。他带去了中国的茶叶、丝绸、瓷器，还帮助沿途有的国家剿灭海盗，真正做到了播仁爱于友邦。

国强必霸，不适合中国。称霸，既有悖于我们的文化传统，也违背中国人民意志。中国的发展不损害任何人，也不威胁任何人。中国要做和平的大国、学习的大国、合作的大国，致力于建设一个和谐的世界。

不同国家、不同民族的文化，需要相互尊重、相互包容和相互学习。今天的中国，有3亿人在学英语，有100多万青年人在国外留学。我们的电视、广播、出版等新闻传媒，天天都在介绍世界各地的文化艺术。正因为我们善于在交流中学习，在借鉴中收获，才有今天中国的繁荣和进步。

进入21世纪，经济全球化、信息网络化，已经把世界连成一体，文化的发展将不再是各自封闭的，而是在相互影响中多元共存。一个国家、一个民族对人类文化贡献的大小，越来越取决于她吸收外来文化的能力和自我更新的能力。中国将永远坚持开放兼容的方针，既珍视传统，又博采众长，用文明的方式、和谐的方式实现经济繁荣和社会进步。

女士们，先生们！

我之所以强调用发展的眼光看中国，就是因为世界在变，中国也在变。如今的中国，早已不是100年前封闭落后的旧中国，也不是30年前贫穷僵化的中国。经过改革开放，中国的面貌已焕然一新。北京奥运会向世界展示的，就是这样一个古老、多彩和现代的中国。我希望朋友们多到中国走一走、看一看，了解今天的中国人究竟在想什么、做什么、关心什么。这样，有助于你们认识一个真实的、不断发展变化着的中国，也有助于你们了解中国是如何应对当前这场全球性金融危机的。

在这场前所未有的世界金融危机中，中国和包括英国在内的欧洲都受到严重冲击。现在危机尚未见底，由此可能带来的各种严重后果还难以预料。合作应对、共渡难关，是我们的首要任务。

我认为，应对全球性危机，需要增进合作。有多大程度的相互信任，就可能有多大程度的合作。中国政府主张：第一，要首先办好各国自己的事情，不把麻烦推给别人；第二，要精诚合作，不搞以邻为壑；第三，要标本兼治，不能头疼医头、脚疼医脚。我在达沃斯会议上已重申，应该对国际货币金融体系进行必要的改革，建立公平、公正、包容、有序的国际金融新秩序，努力营造有利于全球经济发展的制度环境。

这里我想谈一谈中国是如何应对这场金融危机的。

金融危机对中国实体经济的影响日益显现。从去年第三季度以来，出口大幅下滑，经济增速放缓，就业压力加大。中国经济面临着严峻的局面。面对危机，我们果断决策，及时调整宏观经济政策取向，迅速出台扩大国内需求的十项措施，陆续制定了一系列政策，形成了系统完整的促进经济平稳较快发展的一揽子计划。主要包括以下几个方面：

一是大规模增加政府支出，扩大内需。中国政府推出了以财政支出带动社会投资，总额达4万亿元的两年计划，规模相当于2007年中国GDP的16%。主要投向保障性安居工程、农村民生工程、铁路交通等基础设施、社会事业、生态环保建设和地震灾后恢复重建。中国政府还推出了大规模的减税计划,一年可减轻企业和居民负担约5 000亿元。我们还大幅度降息和增加银行体系流动性,出台了一系列金融措施。

二是大范围实施产业调整振兴计划。我们全面推进产业结构调整和优化升级,制定汽车、钢铁等十个重点产业的调整和振兴规划。我们采取经济和技术的措施,大力推进节能减排,推进企业兼并重组,提高产业集中度和资源配置效率。我们鼓励和支持企业广泛应用新技术、新工艺、新设备、新材料,开发适销对路产品。

三是大力推进科技进步和创新。科技是克服金融危机的根本力量。每一场大的危机常常伴随一场新的科技革命;每一次经济的复苏,都离不开技术创新。我们加快实施国家中长期科学和技术发展规划,特别是核心电子器件、核能开发利用、高档数控机床等16个重大专项,突破一批核心技术和关键共性技术,为中国经济在更高水平上实现可持续发展提供科技支撑。推动发展高新技术产业群,培育新的经济增长点。我们就是要依靠科学技术的重大突破,创造新的社会需求,催生新一轮的经济繁荣。

四是大幅度提高社会保障水平。继续提高企业退休人员基本养老金,提高失业保险金和工伤保险金标准,提高城乡低保、农村五保等保障水平。积极推进医药卫生体制改革,力争用三年时间基本建成覆盖全国城乡的基本医疗卫生制度,初步实现人人享有基本医疗卫生服务。我们坚持优先发展教育,正在制定《国家中长期教育改革和发展规划纲要》。我们实施更加积极的就业政策,重点解决高校毕业生和农民工就业问题。开辟就业岗位,缓解就业压力。

我们采取这些措施,把扩大国内需求、调整振兴产业、加强科技支撑、强化社会保障结合起来,把拉动经济增长和改善民生、增加就业结合起来,把克服当前困难和促进长远发展结合起来。这样做,有利于中国的发展,也将给包括英国在内的世界各国企业带来巨大的商机。

这场百年一遇的金融危机,留给世人的思考是沉重的。它警示人们,对现行的经济体制和经济理论,应该进行深刻的反思。

中国曾长期实行高度集中的计划经济,把计划看成是绝对的,束缚了生产力的发展。这场金融危机使我们看到,市场也不是万能的,一味放任自由,势必引起经济秩序的混乱和社会分配的不公,最终受到惩罚。真正的市场化改革,决不会把市场机制与国家宏观调控对立起来。既要发挥市场这只看不见的手的作用,又要发挥政府和社会监管这只看得见的手的作用。两手都要硬,两手同时发挥作用,才能实现按照市场规律配置资源,也才能使资源配置合理、协调、平衡、可持续。

国际金融危机再次告诉人们,不受监管的市场经济是多么可怕。从上世纪90年代以来,一些经济体疏于监管,一些金融机构受利益驱动,利用数十倍的金融杠杆进行超额融资,在获取高额利润的同时,把巨大的风险留给整个世界。这充分说明,不受管理的市场经济是注定行不通的。因此,必须处理好金融创新与金融监管的关系、虚拟经济与实体经济的关系、储蓄与消费的关系。

有效应对这场危机,还必须高度重视道德的作用。道德是世界上最伟大的,道德的光芒甚至比阳光还要灿烂。真正的经济学理论,决不会同最高的伦理道德准则产生冲突。经济学说应该代表公正和诚信,平等地促进所有人,包括最弱势人群的福祉。被誉为现代经济学之父的亚当·斯密在《道德情操论》中指出:"如果一个社会的经济发展成果不能真正分流到大众手中,那么它在道义上将是不得人心的,而且是有风险的,因为它注定要威胁社会稳定。"道德缺失是导致这次金融危机的一个深层次原因。一些人见利忘义,损害公众利益,丧失了道德底线。我们应该倡导:企业要承担社会责任,企业家身上要流淌着道德的血液。

女士们,先生们!

英国是我这次欧洲之行的最后一站。这次访问,加深了我对欧洲的了解。中欧合作已经站在一个新的历史起点上。我对中欧发展全面战略伙伴关系更加充满信心。我们之间不存在历史遗留问题,也不存在根本利害冲突。中欧合作基础坚实,前景光明。英国是最早进入现代化的国家,你们在发展经济、保护环境等方面,都有许多成功的经验。我们愿意向你们学习,加强交流与合作。

未来属于青年一代。中英关系的美好前景要靠青年去开拓。抚今追昔,我想起对中英文化交流作出重要贡献的剑桥校友李约瑟博士。他的鸿篇巨著《中国科学技术史》,在东西方两大文明之间架起了一座桥梁。继承传统、勇于创新,是剑桥大学的优秀品格。希望更多的剑桥人关注中国,用发展的眼光看中国,做中英交流的友好使者。我相信,只要中英两国青年相互学习,携手共进,一定会谱写出中英关系的崭新篇章。

谢谢大家!

(摘自中华人民共和国中央人民政府门户网站 2009-02-03)

第七章 演讲综合训练

演讲是交际活动中所表现出来的才能。具体地说,演讲是表达者根据特定的交际目的和任务,切合特定的言语交际环境,准确、得体、生动地运用连贯、标准的有声语言,并辅之以适当的体态表情达意以取得圆满交际效果的表达能力。它是人们素养、能力和智慧的一种综合反映。

随着知识经济时代的到来,演讲能力已成为考核和评价人才素质的重要尺度,因此,演讲综合训练旨在进一步提高演讲者的理论与实践能力。本章主要针对求职、竞聘、主持、社交、发言、论辩等行为进行全面的论述和训练。

第一节 求 职

【学习目标】
1. 掌握求职中测试的主要内容,明确求职过程中易犯的错误。
2. 学会求职的应对技巧,能在求职过程中恰当运用,灵活应答主考官的提问。
3. 通过训练,提高求职者在求职过程中的应变能力,提高求职的成功率。

【引例与分析】
一位英语专业毕业的学生应聘某公司公关文秘一职,用人单位要求他作自我介绍。他用流利的英语说:"我在一家涉外旅行社做过一年翻译,曾接待过某国访问团,能承受一天十几个小时的工作强度,会使用计算机,能熟练运用办公软件,如office2003,会开车。"招聘单位当场与该生签订了聘用合同。

有一位中文系毕业的大学生应聘某杂志社编辑职位。该毕业生自认表达能力很强,所以当招聘单位请他介绍一下自己时,这位急于表现的学生觉得表现的时机到了,于是充满激情地说道:"20多年前,啼哭声震撼了整个城市的我来到了这个世界上,我的童年在懵懵懂懂中度过,少年在迷迷糊糊中度过,青年在热热闹闹中度过。我的人生中,有快乐,有痛苦,丰富的经历增长了我的见识。现在的我热情、真诚、青春……"

主考官听着这番话直皱眉头,最后说道:"你更适合做一名诗人。"

分析:
两位同学在求职中的表现,使我们感到二人的口才都不错,但求职的结果却截然相反,引人深思。究其原因,不难看出,在求职过程中,求职语言的运用要讲究技巧,同样是展示自己,如果方法不对会直接影响求职的效果。求职语言技巧犹如一柄护身的利剑,保证求职最终取得成功。所以我们要学会巧妙地运用求职语言的这些技巧,增加求职成功率。

【相关知识】

一、面试的主要内容

求职过程中,用人单位对求职者会提出很多问题,这些问题看似千变万化,但万变不离其宗。所有问题的提出都是有明确目的的,求职者首先要弄清楚这些问题的目的,然后有针对性地回答。

(1) 测试求职动机。对用人单位来说,了解求职者的求职动机非常关键,因为不同的需要能够催生出不同的动机。当某人发现用人单位在一定时期内无法满足自己的需要时,试问,他还能保证认真工作不跳槽吗?所以,用人单位想通过求职者的回答,知道他们所提供的岗位能否满足求职者需要,进而考虑是否录用。

例如,你为什么来应聘?我们为什么要聘用你?你怎么看待这份工作?

(2) 测试专业技术能力。任何岗位都需要相应的技能,能够找到具有相应业务能力的求职者,对用人单位来说能够节省其很多培训的成本,因此用人单位非常看重专业技术能力。用人单位会根据空缺岗位对专业知识的需求设计问题,了解应试者掌握专业知识的深度和广度。

例如,你能否现在为我们演示一下这个软件的用法?能否用你的专业知识解释一下这个问题?如果出现这种情况,你怎么处理?

(3) 测试语言表达能力。通过求职过程中的交谈,用人单位能够考察求职者运用普通话的能力,求职者的音质、音色,语言的感染力,概括、提炼主题的能力,简要或详细描述的能力,说话时运用肢体语言的能力,等等。

例如,请简要叙述你的这段工作经历。请谈谈你的优点和缺点。

(4) 测试交际沟通能力。一个人是属于团队的,只有在良好的社会关系氛围中,个人的成长才会更加顺利。用人单位通过询问求职者对交际对象、交际方式及交际场合的好恶,遇到难堪问题后会如何反应,能否让人亲近,对他人有无吸引力等,推断出求职者人际交往倾向及与人相处的技巧,进而考察人际交往能力、团队合作精神、沟通协调能力。

例如,你有与他人合作解决问题的经历吗?在工作中遇到了困难你会找他人帮忙吗?在团体活动中你常扮演什么角色?

(5) 测试分析问题能力。面试的过程是用人单位考察求职者的理论分析水平的过程。用人单位对求职者提出问题,看其能否抓住本质、全面分析,能否透彻说理、条理清晰;在遇到紧急情况时,能否准确、迅速地判断面临的状况,机智、巧妙、妥当地应对处理,等等。

例如,你有左右为难的时候吗?你会如何处理?完成某项工作需要三天时间,而上级要求一天完成,你会如何做?

(6) 测试再学习能力。用人单位非常看重求职者是否具有再发展的潜力,因为从公司发展的角度考虑,有潜力的人才更具有创造性,发展的机会也更大;而不断地学习、提高,也是人才胜任某一方面工作的基础。所以用人单位会设计一些测试再学习能力的问题考察求职者。

例如,你希望公司给你提供哪些培训?你会利用业余时间去学习吗?你认为自己欠缺什么吗?

二、面试中常见错误

(一) 过分表现,夸夸其谈

求职面试时每个人面试的时间都不会太长,因此,求职者总是想方设法在有限的时间内尽可能多地展示自己的优势。但是,推销自己的同时,不要忘了中国有句古话,"言多必失"。能够简明扼要地表达自己想法的人,才会受企业的欢迎。

(二) 目标不明,缺乏诚意

有的求职者在求职前没有明确的计划,不知自己想选择哪些方面的岗位;或者在面对众多岗位时,觉得每个岗位都很好;或者怕失去被录用的机会,不敢对用人单位提要求,所以在回答问题时,就给用人单位留下没有明确目标的不好印象。虽然求职者的其他条件不错,但目标不明确,工作时就会缺乏责任感、主动性、创造性,甚至给用人单位带来损失。

张先生在面试过程中表现都很好,面试要结束时,主考官问他:"你认为自己最适合什么职位?"张先生回答:"只要公司需要,我什么都能干。"最终张先生没有被录用。

什么都能干,也就意味着什么都不一定干得好。既然如此,公司为什么要聘用他呢?

(三) 过分自负,贬低他人

有些求职者在展示自我时,为了突出自己的优势,往往列举原单位的不是,薪水如何低,领导不能知人善任,同事之间钩心斗角,等等。在具备专业素养的主考官面前如此表白,会让对方觉得你是一个不找自身原因、工作不负责任的人。即使真是对方的过错,一味地数落别人,只能说明你是一个记仇、不念旧情、不懂与人相处的人,反而招致用人单位的反感,因此这种行为非常忌讳。

主考官问应聘者:"你认为你最大的缺点是什么?"应聘者不假思索地说:"我最大的缺点就是太完美主义,一旦开始专心某项工作就无法停止,而且必须按照我的目标进行到底,直到令我满意为止。在原单位,很多同事都没有我这样的毅力。"

人无完人,乍听此问题的答案,似乎是想通过偷换概念,把缺点变优点,但后面为了表现自己的优点,贬低了其他人,给人的印象是此应聘者很不诚实、过于自负。优点没体现出来,反而暴露了自己的缺点,可以说是搬起石头砸自己的脚。

(四) 急功近利,不切实际

求职过程中,薪水、待遇等是双方都不可回避的问题。但用人单位为了考验求职者,往往将这些敏感或关键问题放在最后,或封口不提。对求职者来说,这些都是非常关心也是非常现实的问题。但如果发问的时机不对,或想通过其他途径套套近乎,为自己争取些机会,结果往往事与愿违。

小刚的性格很急,说话也不例外。一次面试中,他进门刚坐下,就迫不及待地问主考官:"你们这次招几个人?"谈话的过程中,当主考官问他预期的薪水是多少时,小刚反问道:"你们打算给多少?"面试临近结束时,小刚突然唐突地问其中一名主考官:"我同学×××也在你们公司,去年来的,你认识吗?"结果这次面试以失败告终。

小刚的性格很急,但最大的问题是急得不是地方。他的答话给人感觉他缺乏自信,同时显得幼稚、无理,想走捷径,给人传递的信息是想搞不正之风,让人反感。

(五) 没有立场,缺乏原则

用人单位会在面试过程中考核求职者职业道德方面的素养。俗话说,做事先学会做人。而在职场上所强调"做人"的关键环节是信守职业道德。职业道德是所有从业人员应该遵守的基本行为准则,是一种更为具体化、职业化、个性化的社会道德。一个称职的劳动者,首先必须遵守道德。

刘磊应聘一财务经理职位。面试临近尾声,用人单位出了一道题目:"如果我(总经理)要求你一年内逃税1 000万,你会怎么做?"刘磊思考了很长时间,答道:"我会设计一个逃税的办法,尽量做得不被发现。"面试的结果刘磊没被录用。

求职过程中,很多人都会针对用人单位提出的问题,有针对性的回答,往往忽视了主考官为了考验求职者所设置的陷阱。对所有企业来说,遵纪守法是对员工行为最基本的要求,如果一个劳动者在劳动岗位上连基本的职业道德都没有,还谈什么干好工作呢?显然刘磊没有通过这项考验。

（六）不拘小节，过于放松

面试中一些不经意的语言、细微的动作也会对求职产生影响。具体表现在:随意插话、妄话、弯腰弓背、坐没坐相、跷二郎腿、玩弄领带、抚弄头发、挖鼻孔、掰关节、频繁地看表、摆弄主考官递过来的名片,等等。

杨同学:(推门进入面试房间,没有关门;没经同意,直接坐到主考官对面的椅子上,并把自己的围巾搭在了椅子上。)

主考官:请问,你是杨倩吧?你是哪所学校毕业的?学什么专业?

杨同学:(有些奇怪地)我的简历上不是写着呢吗?您没看吗?

主考官:看了,我还是想听你说说。

杨同学:(翻开自己的简历,读到)我是××大学计算机专业的毕业生,我曾经在一家礼仪庆典公司实习,策划过一个比较大型的宣传活动。……我很想到贵公司工作,因为贵公司很适合年轻人发展。希望贵公司给我一个机会,我也会尽我所能为贵公司效劳。(擦了擦手心的汗)

主考官:好吧,回去等通知吧。

杨同学:谢谢。(急匆匆走了,返回来拿落在椅子上的围巾。)

可想而知，杨同学的求职以失败而告终，因为他疏忽了很多细节问题。进入屋内后应关门，这是对用人单位的尊重;对提问不够热情,照稿宣读,连自己名字都没有报告,显然主动性和诚意不够;擦汗和返回屋内取围巾说明求职者紧张,不够镇定,而且做事马虎,丢三落四。

三、面试中的应对技巧

（一）语音清晰，语调适中

求职面试中避免不了口头自我介绍,介绍时除了做到简洁明了、重点突出之外,语音、语调的运用也要恰当。尽量做到语气平和,语音清晰,语调适中。在打招呼问候时可以用上语调,能起到加强语气引起对方注意的作用;自我介绍时,最好多用平缓的陈述语气。语速要适中,不能太快,太快听不清;也不能太慢,太慢会让人不耐烦。口齿要清楚,尽量使用普通话,不要产生歧义,否则会出现交流障碍或闹笑话。音量的大小应根据求职时的现场情况而定,以每个主考官都能听清讲话为原则。不管求职者的经历多复杂、经验多丰富,都必须条理清楚,符合逻辑,特色鲜明,重点突出。

求职中的演讲不同于演讲赛中的演讲,更接近于交谈,应随时注意主考官的反应。比如:主考官心不在焉,可能表示他对你的这段话没有兴趣,求职者应设法转移话题;主考官侧耳倾听,可能是对演讲内容感兴趣,或者是由于求职者的音量过小让对方听不清楚;主考官皱眉或摇头,可能表示求职者的语言有不当之处。根据主考官的这些反应,求职者要适时地调整语调、语气、音量、修辞、陈述的内容等,这样才能取得良好的效果。

（二）仔细倾听，认真作答

求职过程中，应该仔细认真地听清楚用人单位提出的每一个问题，这样才能抓住重点，做出有针对性的回答，否则很容易答非所问。为了表示出确实在认真倾听，同时也帮助自己记忆听到的内容，求职者可以使用适当的肢体语言，比如微笑、点头；或给予简单的附和语，如哦、嗯；如果对谈话的重点把握得不是十分准确，可以采用复述性提问的方式加以确认，如"您的意思是……"，"你想问的是……"等等。

李强到某公司应聘售后服务经理职位，该公司经理照例同他进行谈话。一切都很顺利。该公司对他的第一印象也很好，谈话的气氛非常融洽。经理无意间谈起了自己在上次休假时的经历，和工作关系不大。正好李强的电话响了，虽然电话放在振动状态，出于礼貌李强没有接听，但他却因此分神了，没有听清楚经理谈话的内容。临走时，经理问他有什么感想，李强不知如何回答，说了句："您的假期过得真丰富，太精彩了！"

经理盯着李强看了好一会儿，最后不太高兴地说："是吗，整个假期我都躺在医院里，真是太精彩了？"

（三）沉着冷静，明朗自信

求职中有很多古怪刁钻的问题，这些"不怀好意"的问题，大多数只是一种"战术"，其真实用意在于考验求职者在激烈的竞争中有没有流露出退缩的情绪，从答案中检验求职者是否自信。因此语言的自信度与求职者的自信心同等重要，要时刻保持自信的语气，让对方相信你有能力胜任这份工作，用自信感染用人单位。

8名通过某公司面试的求职者被邀请参加酒会，公司想借机对求职者进行更细致的考察。总经理举杯祝酒，说："各位都是人才，不过刚刚接到董事会的通知，我们这次招聘的人数削减为原来的1/2。"话音刚落，很多人惊慌起来，开始议论纷纷。这时恰好轮到一位青年举杯祝酒。青年镇定了一下心态，他走到总经理面前，举杯致辞道："李经理，很荣幸结识您，我十分愿意为贵公司效力。但如果因名额所限，我无法成为贵公司的职员，我也不会气馁。我会继续奋斗！我相信，如果不能成为您的助手，那我一定要当您的对手……"

青年从众多的求职者中脱颖而出，因为他的回答显示出了他的沉着冷静和自信。谁也不想让优秀的人才壮大竞争对手的队伍，所以，他被录用了。

（四）机智灵活，对症下药

用人单位常提的一类问题是：你学的是什么专业？受过哪些特殊培训？你在哪些方面比较突出？用人单位提出这样的问题，旨在考察求职者知识水平和专业特长，同时也在试探求职者掌握专业知识的深度和广度，进而判断其是否符合职位的要求。所以求职者在回答时，应简洁扼要地体现出专业水平；简要介绍一些与所求职位相关的专业知识。但不要给人虚夸的感觉，可以把相关的专业知识深入地讲解一下，但切记不要沉迷其中，过于滔滔不绝。

当求职者不太愿意回答问题而用人单位又想有所了解时，主考官往往采取声东击西的策略。

一家旅馆测试前来应聘的三位求职者。老板问道："假如你无意间推开房门，看见女房客正在淋浴，而她也看见你了，这时你该怎么办？"

求职者A回答："说声'对不起'，然后关门退出。"

求职者B回答："说声'对不起，小姐'，然后关门退出。"

求职者C回答："说声'对不起，先生'，然后关门退出。"

结果旅馆录用了第三位求职者。

招聘单位永远垂青那些具有较强角色意识、会随机应变的人。而这种能力是书本上没有的，需要在实践中不断积累、锻炼，这也是用人单位看重工作经验的原因之一。

（五）明确目标，毛遂自荐

人才交流会上，某保险公司招聘外勤人员，桌前围满了求职的大学生，但大部分是男同学。一位女学生挤到招聘桌前，向主考官表明自己渴望从事这项工作。

用人单位计划招聘的对象并不考虑女性，因为很少有女性从事这项工作。面对女学生恳求的目光，主考官决定破例给她一次机会。主考官问这个女学生说："我们的工作人员需要下案件现场，面对的多是血淋淋的车祸现场，有的可能惨不忍睹，你敢去吗？"

"我敢去！"女学生坚决果敢地回答到，"让我抬死人，我也不怕！"

"别说大话呀，我们这行没有白天黑夜，要随叫随到。"

"我假期打工开晚班出租车，跑夜路没点胆儿，行吗？"说着掏出驾驶证，主考官当场决定聘用这名女学生。

面对众多的竞争对手，要想脱颖而出，就必须引起用人单位的注意。毛遂自荐不失为一种很有效的方式。求职者可以开门见山地对用人单位表明自己的意愿，如果用人单位对求职者的能力或学历提出异议的话，不用担心，这恰恰是给了求职者一个自我表白和展示的机会。所以求职者可以借助用人单位发难的机会，适时地用行动或语言展示自己的优点和长处，反败为胜！

（六）避实就虚，另辟蹊径

招聘单位经常会突然袭击，故意提出不礼貌或令人难堪的问题，或专门针对求职者的弱项提问，让求职者倍感尴尬。他们的目的可能并非问题本身，常常是意在言外。

主考官：夏女士，你的条件很不错，只是，……你的孩子还小，这点公司方面还要考虑一下。（此时招聘人员已经决定淘汰她了。）

夏女士：我也认为您的意见有一定的道理。如果我是您，可能也会这么想。（主考官听到此处，颇感意外，微微点了点头。）公司的工作忙，任务重，谁也不愿意职工拖儿带女的来上班。但是，（夏女士话锋一转）我想，事情还有另外一面，虽然我的想法不一定对，不过，还是想说出来请您指正。从公司的角度来说，最重要的是职工有责任心。但是不当家不知柴米贵，不养儿不知父母恩，没有生活经验的人，在工作中能有很强的责任心吗？我想，这应该是一个母亲与一个未婚女子的最大区别，她们对生活、工作和责任心的理解是不会相同的。（此时主考官已经开始沉思了。）况且，（夏女士趁热打铁）我家里还有老人帮助照料家务，我不会因为家庭琐事而影响工作的，这一点您还有什么不放心的？

最终公司拍板录用了夏女士。

求职者自我吹嘘得再漂亮，也不一定会吸引用人单位，反而容易给人浮夸的感觉。对于自己不熟悉或者根本不懂的问题，保持镇静、实话实说更让人耳目一新，使人觉得踏实。每个人都是在实践中成长的，用人单位想考验的就是求职者是否有勇气迎难而上，面对尴尬时如何应变。例子中的求职者不卑不亢地分析现状，变弱项为优势，消除了对方的顾虑，最后求职成功。

（七）幽默风趣，催生共鸣

一位在家乡的建筑装饰公司干了多年的杨先生，不仅懂技术，而且深谙行业内部相关业务程序。他来到北京到某建筑装饰公司应聘。面试结束时，用人单位问杨先生有什么要求。杨先生顺势提出了"月薪不少于8 000元"。主考官说:"我们需要的是岁数大、阅历广、经验丰富的人,你这么年轻,要这么高的工资,有些不现实吧。"

杨先生平时喜欢开玩笑,脱口而出:"我奶奶岁数大,80多了,来您这待着,您看给个二三百元行吗?"一句话把招聘人员逗乐了,竟然聘用了他。

杨先生在面试中犯了两忌:一般而言,年轻人直接开价要求工资是犯忌的,面试中反问招聘方在礼貌上来说也是不允许的。而杨先生最后不仅没有惹恼用人单位,反而被录用了,原因有两个:杨先生的确有实力,这种实力在求职过程中不难被用人单位发现,所以杨先生敢开高价,用人单位也心甘情愿支付高工资;杨先生的反问,形式幽默风趣,显露出其性格的直爽、质朴,证明了杨先生的业务实力与风趣的性格,最终吸引了单位。

(八)面带微笑,落落大方

求职时,除了镇静的心态外,求职者还应该注意仪态,穿着要得体,这样能更胜一筹。

1. 衣着设计

求职时多数人会选择职业套装,这是比较简单而且安全的选择。在套装的选择上,主要应注意:(1)套装的质量不能很差。如果穿一件线头和褶皱很多的套装去面试,会给人留下不拘小节的印象,也会让整个人的状态大打折扣。因此,只要条件允许,尽量选择做工精细、质地考究的职业套装。(2)女士套装的裙子不宜过长或过短,最完美的长度是膝盖下10厘米。(3)裁剪合宜、简单大方。(4)套装颜色以中性为主,避免夸张、刺眼的颜色。(5)避免无袖、露背、迷你裙等性感装束。

2. 面容妆饰

彩妆或浓妆常给人不真实的感觉,也会影响用人单位对求职者品位和专业能力的判断。因此,求职者要选择与肤色接近的粉底,使肤色稍显明亮,但不要把粉打得太厚;眼线与眼影不要画得太重;唇膏要选用自然淡雅的颜色;头发、指甲、配件等应干净清爽,不要把发型弄得过于新奇、引人注目。

3. 鞋子

不要以为鞋子在最底下不会被注意到,相反,如果你穿了一双不干净或不合适的鞋子,会在第一时间被发现。因此,求职者首先要保持鞋子的干净,女性最好穿黑色、棕色或暗红色的带跟皮鞋;而黑色皮鞋是男性比较稳妥的选择。选择鞋子时务必要舒服,如果你觉得这双鞋子不舒服,你看起来也会让人觉得不舒服。

4. 其他配饰

求职时可以佩戴简单、高雅的饰品,但数量不宜过多,腰部以上饰品不要超过三件。只带一个手提包或公事包,把零碎东西有条有理地收好。女性最好选择颜色稳重柔和的包,如黑色、白色、米色或暗红色,设计要简约,质地以皮革为佳;男性可以携带黑色或深棕色的公文包。

5. 面容表情

微笑,自信的第一步,也能帮助求职者消除紧张情绪。抬头挺胸,神态自然,精神饱满。求职过程中有很多面对面的情感交流,用面部表情交流有时比用话语表达更丰富、更深刻。当主考官有两位以上时,回答谁的问题,求职者的目光就应注视谁,并要适时地环顾其他主考官以表示对他们的尊重;谈话时,眼睛要注视对方,不要东张西望,显得漫不经心,也不要眼皮低垂,显得缺乏自信。有的主考官专门提一些无理的问题试探你的反应,如果求职者一触即发乱了分寸,激动地与主考官争辩某个问题,这不是明智的举动,冷静地保持不卑不亢的风度,面试的效果会较理想。

【实 训 设 计】

实训任务 1：

　　写一段自我介绍材料,字数在 200 字左右,然后在全班同学面前反复练习,请同学们做你的镜子,为你指出语音、语调、表情、动作等方面的不足,然后改正。

实训任务 2：

　　场景模拟练习,请在横线上填写求职者应作出的回答、动作等内容。
　　某招聘会现场,秘书从房间走出来,请下一位求职者进去。
　　李刚站起来_____
　　主考官:你是李刚吧？简要介绍一下你的情况吧。
　　李刚:_____
　　主考官:我们为什么要雇请你呢？
　　李刚:_____
　　主考官:你能为我们公司带来什么呢？
　　李刚:_____
　　主考官:你经历太单纯,而我们需要社会经验丰富的人。
　　李刚:_____
　　主考官:你性格过于内向,这恐怕与我们的职业不合适。
　　李刚:_____
　　主考官:能谈谈你对我们公司的印象吗？
　　李刚:_____
　　……
　　主考官:你回去等通知吧。
　　李刚:_____

实训任务 3：

　　假设你是求职者小李,你会如何进行以下的对话？将你的答案填写在横线上。
　　小李:(拨通了某公司的电话)你好！请问您是××公司的张经理吗？
　　张经理:对,是我。请问您是哪位？
　　小李:(想知道面试的结果如何)_____
　　张经理:你没有被录取。
　　小李:_____
　　张经理:你的简历和面试表现都不错,但有比你更出色的。
　　小李:_____
　　张经理:希望你不要气馁,继续努力！

小李：_____

张经理：再见！

小李：_____

第二节　竞　　聘

【学习目标】

1. 掌握岗位竞聘的形式与方法，明确竞聘的作用及竞聘前的准备工作。
2. 学会竞聘的技巧，在竞聘中灵活运用。
3. 通过训练，增强竞争意识，提高竞争力，进而提高竞聘的成功率。

【引例与分析】

某竞聘现场，主考官现场随机提问竞聘者。

主考官：欢迎你来参加今天的竞聘。请你用2~3分钟时间介绍一下自己的工作经历和到任后的打算。

竞聘者A：我叫A，今年32岁，毕业于××学院，1994年分配到×××部门工作，1996年调到××× ，任办公室主任，负责文秘工作。我之所以参加竞聘，就是为了更好地发挥自己的能力。特别是我国加入世贸组织以后，许多问题都面临着挑战，我喜欢在挑战中展现自己的能力。对今后的打算我还没考虑成熟，在此就不谈了。

竞聘者B：我1985年师范学校毕业，1990年调到××单位工作。对于任职后如何搞好经贸委的工作，我的设想是：一、采用多种手段，拓宽招资领域；二、开发新型产业，增加贸易项目；三、狠抓农副产品的出口，并和县里的"鲜菜园"工程结合起来；四、为了早见成效，要加强对各种制度的具体落实，做到责任到人。当然这是我的初步设想，谢谢。

竞聘者C：我39岁。××大学本科毕业，正在读研究生班。师大毕业后分配到乡中学教语文，当过五年班主任，所带班多次被评为先进班集体。能很好地完成教学任务，并在报刊上发表文章十多篇。1997年调到××办公室工作，任科长，这期间主要抓了以下几项工作（主考官插话：请不要展开说）。好，下面我说说我上任后的打算。第一点，要切实做好科学技术的推广工作。做好这项工作的主要措施是，一要领导带头抓，二要上下一齐抓，三要下乡亲自抓。第二点，要抓好典型，以典型引路。第三点，创造良好环境。比如，副职跟上靠下，尽职而不越位，摆正关系（主考官插话：请注意语言的简明扼要）。好，最后两条是……（略）

分析：

三个考生的回答，竞聘者A对第一问的回答简洁明确，对第二问却答得"脱了轨道"，以"没考虑成熟"为由避而不答，却谈了竞聘的动机，给人以所答非所问之感。竞聘者B对"经历"谈得过于"简洁"，但对今后的打算谈得很"内行"，简练清晰，没有废话，内容具体，联系实际；最后以一句"初步设想，谢谢"作结，显得谦虚、礼貌。竞聘者C的回答条理还算清楚，但他忘记了时间限制，不分主次，眉毛胡子一把抓，主考官不得不两次打断他的答话；谈及措施时空话、套话过多，让人感到不切实际。

【相关知识】

一、竞聘的含义及作用

（一）竞聘的含义

所谓竞聘就是组织（人事）部门在本单位或本系统内部公布竞争的职位和任职条件，采取公开报名与考试相结合的方法，产生竞争职位人选，然后按规定的程序和管理权限择优任用的一种人员选拔方式。它的原则是，具有一定学历和一定经历的人均可以担任某一岗位职务，但必须通过公开竞聘的方式，从这一组人群中挑选出最适合、最匹配的人，使职得其才，才得其用，"能"岗匹配，达到最佳效益。

（二）竞聘的作用

竞聘上岗是当前人事制度改革的一个新生事物，是传统的人事管理向新型的更注重能力开发的人力资源管理的转变。通过竞聘为企业建设一支可持续发展的人才队伍，激发企业人力资源的良性活力机制，使企业在激烈的市场竞争中更具实力。一般来说，岗位竞聘主要有以下作用：

（1）作为业绩管理的重要环节，企业通过建立公开、公平、公正的用人机制，塑造"适者上，不适者下"的竞争氛围，达到"竞争出人才，竞争出效益"的目的。

（2）竞聘是企业对继任者计划和人才储备的检验。岗位是企业价值创造的源泉，是组织大厦构成的基石和砖瓦。竞争激烈的岗位，在一定意义上表明人才储备充足；而竞争不激烈的岗位，在一定意义上表明人才储备不足，岗位能力薄弱，是今后人力资源改进和强化的重点。

（3）自然的岗位轮换，有利于员工的跨部门流动，有利于好的经验和方法在企业内的扩散和复制，为培育新的企业精神和企业文化奠定基础。

（4）激活人力资源，促使广大竞聘者更新观念、与时俱进，不断学习、思考、提升自我素质。

（5）集思广益，有利于上下级、跨部门的沟通和交流，及时发现问题，激发创造性的新思路，为下一步改革的成功奠定思想基础和群众基础。

二、竞聘的方法

（一）竞聘的程序

各单位竞聘的程序可能会不大相同，但一般竞聘都包括以下几个步骤。

（1）召开竞聘动员大会，发布竞聘岗位及竞聘要求的公告；

（2）公开报名；

（3）资格审查；

（4）公示审查结果；

（5）安排竞聘（通常包括笔试和面试两个阶段）；

（6）综合素质测评；

（7）竞聘分数统计；

（8）初步确定上岗人选；

（9）任前公示；

（10）任用。

（二）竞聘的形式

各个企业基于自己的实际情况,竞聘的具体形式各有不同,一般现场答辩或发言的程序是必不可少的。常见形式有:

(1) 自由发挥式。提前告知几个宽泛的题目,竞聘者预先准备。例如,某厂的销售部门进行全员竞聘,要求所有的竞聘者就三个问题进行回答:"请你谈谈对本次人力资源管理变革的理解和认识","站在领导的高度和下属的位置上,评价你所竞聘的职位","你怎样认识当前各企业之间的市场竞争"。

(2) 现场抽题式。为每个竞聘职位设计多个有针对性的题目,竞聘者现场抽题,给予10~20分钟的准备时间,然后答辩。

不管是哪种形式,都能在较短的时间里,比较全面地考察竞聘者的应变能力、思维能力和知识储备、演讲水平、心理素质等,能更准确地考察竞聘者的综合素质,并且考察的结果能得到较为广泛的认可。自由发挥式给予竞聘者广泛的发挥空间,但是如果员工普遍素质较高,容易导致趋同;而现场抽题式对竞聘者的要求更高,难度更大。

三、竞聘前的准备工作

竞聘上岗的目的之一是实现人才与职位的匹配。不同的工作岗位对任职者的素质有不同的要求,只有当任职者具备岗位要求的素质并达到规定的水平,才能最好地胜任这项工作,获得最大绩效。所以,竞聘者在竞聘前要做足准备工作,这样才能发挥最佳水平,获得最理想的效果。

(一) 分析岗位,明确要求

竞聘者首先应对所竞聘的岗位进行详细分析,对其岗位价值、需要扮演的工作角色、上下左右的关系、岗位职责、衡量指标、胜任岗位所需的知识技能和素质进行全面深入的思考。了解岗位要求的最好工具就是岗位规章制度,它就像一个"方向标",使竞聘者可以在自身能力、兴趣及愿望上与岗位要求进行客观比照,避免选择的盲目性。竞聘者在对岗位和自身都有了清楚的认识后,应根据自身的实际情况,积极参与,展示自己的才能。如果自身能力与岗位要求相差过于悬殊,竞聘中可能会力不从心,甚至自取其辱,这会打击自己的信心,也可能给领导留下不好的印象,对今后工作的开展造成影响。所以竞聘要量力而行,切不可抱侥幸心理,盲目参与。

(二) 了解历史,掌握政策

竞聘者应了解企业发展的历史,对公司近期的政策动向、战略趋势有明确的把握。公司在不同时期有不同的战略导向,例如:公司在一段时期内强调规模、发展,另一段时期可能强调效益、利润;一段时期强调创新、积极探索,另一段时期可能强调执行、贯彻落实;一段时期强调速度、快捷,另一段时期可能强调质量、稳定;等等。竞聘者必须对公司领导近期讲话进行透彻的理解,这样才能跟上形势,与时俱进。

(三) 知己知彼,胸有成竹

竞聘者要分析自身的优势和劣势,充分准备,审时度势,扬长避短。例如:业务部门出身的竞聘者去竞聘职能管理的职位,可以把业务能力作为优势,强调业务水平对从事管理职位的影响力;职能部门出身的竞聘者去竞聘业务部门的职位,可以把管理能力作为优势,强调通过引入新的管理思想、方法和工具可为业务部门带来更高的效益。

(四) 调整状态,从容应对

面对众多的竞聘对手,要想获得成功,没有充足的心理准备,没有良好的竞技状态是不行的,所以竞聘前要做好心理准备。

（1）自信。"自信人生二百年，会当水击三千里。"自信是竞聘的力量、工作的动力。所以竞聘前先问问自己，是否充分相信自己，有没有信心竞聘成功。信心会给人带来洒脱和豪情。对任何人来说，只有相信自己的实力和水平，相信自己能够干出一番事业，才会热情地、努力地投身到这个事业中去，才能表现出坚定的态度和从容不迫的风度，才能赢得组织人事部门的赏识和信任。

（2）坚持。"有志者事竟成"，说明决定事业成功与否的关键是人的意志品质。在选准目标后，要勇往直前，坚持到底。曾有人对诺贝尔奖的获奖者做过研究，发现这些人取得的成就虽各具特色，但无一例外地拥有两大共同特征：一是学识渊博，二是目标明确、兴趣持久、坚忍顽强，具有不达目的誓不罢休的精神。在岗位竞聘中，一旦客观地选定了岗位，就要坚持到底，尽自己最大努力去争取。

（五）把握机会，展示优势

面试是岗位竞聘中非常重要的一个环节，企业通过与竞聘者面对面的动态交流，得到有关竞聘者的整体印象，这是其他方式难以得到的，正如古人云："百闻不如一见。"面试也是竞聘者面对企业的考核者和听众，本着对个人、对单位负责的态度，在规定时间内用语言介绍、展示自己综合实力、推荐自己，是决定竞聘能否成功的关键。要在竞聘中脱颖而出，一定要把握机会，做好竞聘演讲。

竞聘演讲成功的关键是竞聘演讲稿的写作，它是竞聘者对自身素质的自我评价，是人事部门和群众了解竞聘者情况的渠道，为择优选聘提供事实依据。好的竞聘演讲稿应具有很强的针对性、竞争性、自述性，把竞聘者的优势充分展示出来，要做到自信但不妄自尊大，自谦但不妄自菲薄，以诚恳热情的语言感染听众。

四、竞聘的技巧

伴随企业人力资源管理机制的完善，职位竞聘必将成为企业人才选拔的一个主要手段，竞聘也是求职者不得不面对的现实和挑战。如果能够很好地掌握竞聘的技巧，无疑将有利于实现职业生涯的辉煌。

竞聘的过程就是竞聘者运用一定的语言技巧，将准备好的竞聘演讲稿表达出来的过程，而良好的心理状态是出色表现的保证。下面我们就从演讲、演讲稿的写作和心理状态三个方面来探讨竞聘的技巧。

（一）演讲的技巧

人们将人才被发现的过程比喻为"伯乐相马"。但人才毕竟不是马，马不会说话，无法与伯乐交流，只能被动地等待伯乐来"相"。当今社会人才竞争激烈，一个岗位通常有多人竞争，领导和群众不可能对每一位竞聘者都了如指掌。因此，竞聘中需要竞聘者自己发表演讲，将其优势与能力展示给领导和群众，让其了解自己是该岗位最合适的人选，从而赢得机会。

也有人说："工作是干出来的，说得好听有什么用？演讲不过是嘴皮子功夫罢了。"这种说法并不全面、不准确。通过竞聘演讲，竞聘者把以往的经历、现在的实绩和将来的打算陈述出来，这一过程展现了竞聘者知识素质、能力素质、心理素质、业务能力及发掘潜能的能力，是让考核者了解其是否胜任所求岗位的重要机会。所以，竞聘者嘴上的功夫是需要下苦功修炼的。

1. 语气适当

竞聘演讲时要注意语境的差别。由于诉求目标不同、听众不同，演讲的语气就要有所区别。

在学校里竞聘学生干部,竞聘者可以强烈地突出自我:"我是最优秀的,请投我一票!""给我一个杠杆,我就能够把地球撬起来!"如此豪迈的语气出于学生之口,表现出了青春的朝气和自信,这是成功的。而在一些以稳妥、细心为特征的岗位竞聘中,得体、平实的语言则更有优势,更有说服力,过于豪迈的语气则显得不太适合。

例如,有工作经验的竞聘者,在说到自己以往的工作经历和成绩时,应实实在在,不要拔高、夸耀。过去的工作已成事实,领导和群众都清楚,自己只要把话说到位即可,甚至语带谦虚,并不会降低别人的评价;如果给自己贴金过多,效果往往适得其反。在谈及未来工作的设想时,语气可以豪迈些,但不要流于吹嘘。最后竞聘者还要表达出对待竞聘的态度,对其他竞聘者的祝愿。这些实际上体现了竞聘者个人的思想境界、品德修养。

2. 饱含激情

蒙哥马利说过:"对不善演讲的人来说,成功之道只有一种,那就是对你的演讲倾注100%的真情,你演讲中99%的错误就会消失得无影无踪。"有的人担心,基于现场演讲的竞聘方式只对那些"巧言令色"的"机灵鬼"有利,而对那些"敏于行,讷于言"的老实人非常不利。其实这样的担心是多余的。那些有真才实学的老实人,只要克服紧张情绪,讲出自己的真情实感,往往最能打动评委,赢得高分。相反,口才出众但缺乏真情实感的竞聘者,往往给人以华而不实、"假大空"的感觉,往往不会被聘用。

某乡招考乡长现场,主考官对竞聘者提出了问题:"谈谈你对乡级工作人员的看法。"竞聘者张阳回答道:"曾有人对乡级工作人员做过很形象的描述,称他们为'三苦干部',即条件艰苦,工作辛苦,生活清苦。这告诉我们,当一名乡长多不容易。在我眼里,乡长是一心为民的榜样。我们村里有一位养猪专业户,由于不善管理,猪生病了,一家急得没了主意。乡长知道后,连夜赶来,并给这位专业户带来县里的兽医,帮他筹了一笔款,使这位专业户渡过了难关。在我眼里,乡级工作人员是农家贫寒子弟的希望。我还记得,我考上大学时父亲拿着我的录取通知书坐在床上发愣,是乡里的工作人员给我送来了1 000元助学款,乡党委机关送来了3 000元的捐助款,乡团委书记送来了他想方设法在县里争取来的800元扶贫助学金,是他们帮我实现了大学梦,是他们帮我托起了人生的希望。今天,我来竞聘乡长,就是想做一名像他们一样的基层公务员。"讲到动情之处,张阳泪光盈盈,主考官为之动容。张阳在众多竞聘者中获得了高分。

3. 独辟蹊径

某市有20多人竞聘一个财政局长的职位。前面14位竞聘者都是以自我介绍的方式开头,把决心、希望作为演讲的结尾,整个会场的气氛非常沉闷。当第15位竞聘者上场后,他的开场白却让人有耳目一新之感。他是这样说的:"有句成语叫'抛砖引玉',我今天的演讲却要把它倒过来说,叫'抛玉引砖'。不过,我引的是'金砖',后面还有5位同志,都是'金砖',我全部引。"演讲结尾时,他也没有再讲自己的决心,而是说:"朋友们,在这里我就不再表决心了,因为前边每一位竞聘者的心声就是我的心声,他们的决心就是我的决心!"他的话音刚落,现场就响起了热烈的掌声。会后人们说:"他的这种方法很不错,不表决心胜于表决心。"

这样的开场白与结尾无疑与前面14位竞聘者与众不同,这样的处理,反而给听众留下深刻的印象。当然,这种方法的运用要根据演讲时所处的顺序及其他演讲者演讲的实际情况而定。

4. 反其道而行

在竞聘某厂经理的演讲中,一名年轻工人在介绍自己时这样说:"我一不是党员,二没有大学文凭,三没有丰富的阅历,我只是一个初涉人世的小伙子。你们有百分之百的理由怀疑我能否担得起厂经理的重任。然而,同志们,朋友们,请大家仔细想想,我们厂长期处于瘫痪的状态,难道是因为历届的厂经理都不是党员、没有文凭、没有阅历吗?"话音刚落,立即引起听众热烈的掌声。

我们知道心理学中人际交往规律之一的"首因效应"。在竞聘演讲中,如果前面的竞聘者演讲的内容大同小异,措施手段相差无几,那么后面的竞聘者就很难得到听众的认可。所以,后面的竞聘者在演讲的过程中,必须尽最大可能显示出人无我有、人有我强、人强我新的优势来,有时甚至还要把本来是"劣势"的东西换一个角度变成"优势"。

5. 灵活反馈

竞聘演讲虽然主要是竞聘者向听众汇报自己的工作成绩、展示自己的竞争实力,但绝不能对听众的现场反应充耳不闻,一意孤行地宣读竞聘稿或自说自话,这样定会失去听众的支持。

威尔逊在竞选美国总统时,演讲刚进行到一半,有个捣乱分子高声喊道:"狗屎,垃圾!"威尔逊听到后,并没有置之不理,而是报之一笑,说:"先生,你提出的脏乱问题我马上就要谈到了。"

只有眼里有听众、心里尊重听众、言行亲近听众的竞聘者,才会获得听众的信任与青睐。

6. 就地取材

某单位正在举行人事处长的竞聘演讲,外面天很阴,当最后一位竞聘者的演讲就要结束时,外面忽然电闪雷鸣,几乎淹没了他的声音。这位竞聘者稍微停顿了一下,指着窗外说:"同志们,听着窗外响起的阵阵春雷,我的心中不由得一震。是啊,我们的屋内不也是春雷滚滚吗?聘任制度改革的春雷正在我们这块天空上震响,在这场竞争中也许我只是一个过客,但我要张开双臂,为春雷春雨的到来而欢呼!"他巧借突如其来的天气变化来抒发自己的情感,比起那些"背稿"的演讲者显然棋高一招。他的讲话激起了如雷般的掌声,会后人们还对他的机智赞不绝口。

如果竞聘者能在竞聘演讲的短短时间里,有效利用现场的因素,就地取材,做文章,巧发挥,让听众亲身感受到演讲者的聪明才智,那必定会有利于其竞聘的成功。

7. 把握大局

如果竞聘采取现场抽题的方式,要求竞聘者在短短几分钟时间内,就所抽取的题目进行现场演绎,这种情况下,需要竞聘者调动自己已有的知识储备来应对,在最短的时间内概括出对问题的认识。所以竞聘者在平时应掌握一些具有广泛适用面的思考问题的框架,否则临渴掘井,难度非常大,效果没有保障。在讲解时,我们可以借助一些现场提供或自己事先准备的工具,如白板、投影等,这样可以节约时间,展示得更清晰。

8. 重点突出

主考官:这个问题较长,请注意听。假如你竞聘成功了,你上班后本来要处理两件事,一是接待外商,一是听取下属厂长的汇报。这时你的下属来电话说他生病不能来上班了,原来安排好上午由他接待上级一个检查团接待不了了。这时,你又接到一个电话,一个企业的产品在出口时被海关查封了。请问,你将如何安排这些工作?需要说明的是,你不一定都亲自去干。

竞聘者:出现这些情况,要处理起来确定不容易。我想,任何事情都有解决的办法,我会仔细思考,寻找解决的方案。我首先得跟正主任汇报一下,让主任来安排处理这些问题,(主考官:请注意,现在谈的是如果让你去办这些事,你应怎么处理。)人不能分成两半,不能同时处理这些问题,我想我会分轻重缓急,一样一样地处理。像我以前就遇到过这样的事情,学校安排了很多活动,每个活动都很有意义,我和同学们都想参加,但是时间上有冲突,都参加是不可能的。我觉得还是要先调查一下这些事情的经过,然后根据实际需要再去处理,把谈判、接待工作、听取汇报和海关问题一一处理。谈判很重要,这涉及公司的利益,我会用我的能力争取到这笔生意;上级来检查工作必须接待好,这件事情也很重要;厂长生病了,汇报只能等下次了;海关的问题很紧急,关系到公司产品的信誉问题,我必须马上去办。我想这些我都能亲自处理好。

主考官的问题是考察竞聘者在遇到多个紧急事件时的处理方法,竞聘者在回答时应着重说明如何处理这些事情,让每项事情有条理地在规定的时间内完成。但这位竞聘者的回答绕了个大弯,本来是让他处理问题,他却说请示正主任;接着说人在处理事情时分身乏术,不能所有的事情同时进行,并且提到在校期间的经历,似乎是要用事实来证明自己在这方面的能力;随后话题一转开始分析每项工作的重要性,最后结论是每个工作都很重要,自己会亲自把每项工作处理好。竞聘者的回答从头至尾都在绕圈子,没有突出自己会采用什么办法处理紧急事件这个重点,自然主考官也得不到他希望的答案,竞聘的结果可想而知。所以,竞聘演讲或回答问题时一定要做到重点突出,在有限的时间内让考核者感受到竞聘者的工作能力。

9. 风格独特

竞聘者在阐述理论思想时,要有突出的个人风格和形象,而且后者更为重要。因为时间的短暂、知识面的局限,评委可能对演讲内容无法深入理解,评委的评分更多的是基于竞聘者所展示出来的个人形象。因此,竞聘者应该根据自身情况、所竞聘职位的要求、领导的偏好等因素去设计和传递个人形象。例如自信、幽默、大胆、不拘一格、有远见、严谨、坚定等。

(二) 竞聘演讲稿的写作技巧

竞聘演讲稿是竞聘者在竞聘演讲之前准备的用于口头发表的文稿。不管是自由发挥还是现场抽题的形式,竞聘者都需要将演讲的内容"写"成稿子,这样才不会手忙脚乱,不知所云。

首先我们分析一下竞聘面试的两种形式。自由发挥的形式,竞聘者可以根据给定的范围自选内容,选择的空间相对广一些,准备的时间长一些;现场抽题的形式,由竞聘者自己抽取考核者事先准备好的题目,选择的空间相对小一些,准备的时间相对短了很多。不管是哪种形式,考核者都会给竞聘者一定的准备时间,竞聘者要充分利用这段时间为自己"写"出演讲稿。

1. 演讲稿的结构

参加竞聘演讲是为了展示自我的能力,进行自我推荐,所以演讲时不能信口开河,表达得杂乱无章,让人摸不到头脑。这就要将演讲稿写得思路清晰,结构严谨。演讲稿一般分成开头、主体和结尾三个部分。

开头部分。俗话说:好的开头,成功过半。竞聘演讲的时间是有限制的,精彩而有力的开头便显得非常重要。常用的开篇方法有:

(1) 诚挚感谢。这种方法能使竞聘者和听众产生心理相融的效果。例如:我非常感谢各位领导、同志们给了我这次竞聘的机会。

(2) 简要介绍。例如:我叫李明,1983年毕业于北京大学新闻系,出身于农家、成长于北大。我有农民的朴实,又有诗人的气质,自信能胜任编辑工作。

(3) 概述内容。这种方法能使考核者一开始就明了竞聘者演讲的主旨。例如:我今天的演讲内容主要分两部分,一是我竞聘人事局副局长的优势,二是谈谈做好人事局副局长工作的思路。

主体部分。竞聘演讲的目的，是让考核者了解竞聘者的基本情况，了解竞聘者对所求岗位的认识和当选后的打算。所以，竞聘演讲的主体内容应该包括以下几方面：

（1）介绍基本条件。简明介绍竞聘者的自然情况，使考核者了解竞聘者的基本条件；针对与所求岗位有联系的工作经历、资历作系统、翔实的说明，包括政治素质、业务能力和工作态度等，便于考核者比较与选择。介绍不一定要面面俱到，可根据实际情况进行取舍。

（2）全面评价，不回避缺点。竞聘者应将才学、胆识等方面的条件作为重点介绍，但不要夸夸其谈，多用事实说话，可以结合自己前一时期的工作来证明，"事实胜于雄辩"；尽可能地展示自己长处的同时，对自身的不足之处也不回避。例如：我从没有担任过班干部，缺少经验，这是劣势。但正因为从未在"官场"混过，一身干净，没有"官相官态"、"官腔官气"；少的是畏首畏尾的私虑，多的是敢作敢为的闯劲；正因为我一向生活在最底层，从未有过"高高在上"的体验，对摆"官架子"看不惯、弄不来。因此，我的口号是"做一个彻底的平民班长"。

（3）提出工作目标、构想或方案。考核者更关心的是竞聘者任职后的打算。因此，演讲者应鲜明突出地提出自己的工作目标和措施。这些目标和措施既要适应总体形势，又要体现部门特点；目标要客观、明确和先进；尽量定性与定量相结合，以便评委进行比较、评估；措施应针对目标制定，明确、具体、有可操作性，从岗位工作出发。例如某竞聘者在竞聘社区副主任时的演讲：

分析我自身的情况，我认为我有能力胜任副主任的工作。如果我能竞聘成功，我将做好以下几项工作：

第一，协助主任做好社区工作，解决我社区急需解决的问题。如……第二，积极组织社区内的老人们开展积极健康的文化和健身活动……第三，全面开展家访工作，特别要加强对社区内孤寡老人的服务工作……第四，设立意见箱，完善主任接待日的工作程序，了解我们社区老人的思想状况，了解他们的需求……

结尾部分。好的结束语能加深考核者对竞聘者的印象，有利于竞聘成功。竞聘演讲的结尾，要表达出竞聘的决心和信心，请有关部门和代表考虑自己的愿望和请求；同时要表明自己能官能民的态度。好的结尾应写得恳切、有力，使人能为之长思。

2．演讲稿内容的写法

（1）用气势感染听众。竞争性是竞聘演讲的一个重要特征，要获得成功就要争取听众的响应和支持，让听众相信演讲的内容。有效的方法就是让演讲充满气势，用充满气势、饱含感情的话语打动听众，进而获得支持。

（2）表达诚恳的态度。竞聘是在"毛遂自荐"，演讲时展示自我的优势是避免不了的。在做自我展示时，切记态度要真诚、老实，不能为了达到目的、获得成功而说大话、说谎话。

（3）话语要明晰简练。竞聘演讲虽是宣传自己的好时机，但也决不可"长篇累牍"。老舍先生说过："简练就是话说得少，而意包含得多。"竞聘演讲的时间是有限的，只要用明晰、简练的语言把主要内容表达出来即可，否则给人拖沓、冗长、重点不突出、使人厌烦。

（4）突出展示自我优势。听众对参与竞聘的这些候选人进行比较、"筛选"，竞聘者如果"谦虚"、"不好意思"说自己的长处，表示自己也是"一般般"，就不能战胜对手。因此竞聘者必须"八仙过海，各显其能"，尽最大可能显示出人无我有、人有我优、人强我新的胜人一筹的优势来。戴尔·卡耐基曾说过："不要怕推销自己。只要你认为自己有才华，你就应该认为自己有资格担任这个或那个职务。"当你站在演讲台上，面对考核者时，要从容不迫，以最好的心态来展示你自己。

3. 腹稿的"写作"技巧

时间充足时我们可以把竞聘演讲稿形成文字,而现场抽题的竞聘方式不会给竞聘者足够的时间来写作,这时我们可以打腹稿。竞聘者在抽取题目后,要仔细思考题目的内容及意义,立刻搜寻头脑中的材料作支撑,快速理清思路:如何开头?如何展开?如何结尾?想好一个顺序,可以按时间顺序、因果顺序、逻辑顺序等,在头脑中形成提纲、框架,最后从容地回答问题。

这种情况下发挥得如何,主要依赖于竞聘者平时工作的积累、阅历经验和竞聘前做的准备工作是否充足。因此,不管是写竞聘演讲的文字稿还是打腹稿,竞聘者都要对自己的经历和能力有比较全面、客观的评价和定位,这是完成演讲稿的基础。

(三)克服心理障碍

(1)胆怯。人人都有可能出现说话胆怯的情况,更何况在众多的考核者和竞争对手面前。胆怯会使人精神高度紧张,呼吸急促,心跳加速,心慌意乱。轻者张口结舌,语无伦次;重者将所准备的东西忘得一干二净,狼狈不堪。要克服胆怯心理,最有效的方法就是多说多练,上场前做好充分准备,从内容到形式都仔细斟酌,这样才能保持自信,远离胆怯。

(2)紧张。在公开场合几乎人人都有紧张情绪。有效的应对办法是对演讲场所和听众情况先行了解,做到心中有数。例如提前到会场熟悉环境,或者做几次深呼吸缓解压力,或者在听众中找出一张熟悉的面孔,注视他。

(3)惊慌。紧张通常持续时间较短,但如果不能及时控制,由紧张变成恐惧、惊慌,最后就会自乱阵脚,被别人完全击败。这种情况下,竞聘者切忌不可草率应付、长话短说,甚至就此离开,要知道大多数人还是不以成败论英雄的。竞聘演讲要给听众以影响,除了演讲内容,还有演讲者的心胸、气度等因素。如若拂袖而去,首先是对听众的不尊重,其次是对自己的不尊重。如果真的感到惊慌,我们可以告诉听众:"讲得不好,请多关照。"听众多半会被我们的真诚、坦率所感动,可能会有起死回生的效果。

(四)注重仪表美

仪表就是人的外表,包括容貌、姿态、风度等,它直接影响着演讲的效果,是演讲技巧不可或缺的部分。

(1)大方整洁,庄重朴素,给人留下美好的印象。服饰是一个人思想品德、内在修养的外在表现和自然流露。参加竞聘是一项正规、严肃的活动,主考官往往会以所竞聘岗位的需要和自己的审美观来评判竞聘者的穿衣品位。因此,参加竞聘应以庄重、朴素、大方的穿着为宜。有的竞聘者认为穿得与众不同会以新奇取胜,于是或服饰华丽,或不修边幅。岂不知,这样做的结果,不仅群众眼里通不过,也不会给评委留下好印象,使竞聘的效果大打折扣。

(2)从容稳健,精神饱满,发挥肢体语言作用。从登上讲台开始,竞聘者都应自然抬头挺胸,步履稳健,呈现出潇洒大方的身姿,用目光向全场听众致意。站在讲台中间适当的位置,以能环顾全场听众为宜,并使在不同位置的听众都能看到演讲者。站立可两脚平行分开,与肩同宽;或一脚前一脚后,两足成45度角为宜,给人精神集中、振奋向上的感觉。致谢时身体微微前倾,并说"谢谢",从容走下讲台然后落座,回到座位时举止神情应与上台时一样。

【实训设计】

实训任务1：

学生从教室门口走到讲台上,致意,扫视同学,做1分钟自我介绍,致意,然后走下台。轮流练习,同学互评,教师点评。

实训任务2：

有位农民带着一只狗、一只猫和一筐鱼。到了渡口,那里有一只很小的船,农民一次最多只能带一样东西上船。如果先带鱼过河,怕狗欺负猫;先带狗过河,怕猫吃了鱼。他坐在河边冥思苦想,终于想出了一个好办法。你知道是什么办法吗?

教师口述故事后,请同学们在2分钟内说出自己的答案并进行分析。

实训任务3：

将下列句子重新排序使语意通顺。

(1) ①给儿子买足球;②看到儿子在和一群孩子踢球;③叫儿子回家吃饭;④充当裁判;⑤几个孩子争执不休

(2) ①对水质作了鉴定;②多种矿泉水投入市场;③工商部门将假矿泉水销毁;④将自来水灌入瓶内;⑤一种矿泉水打入市场

(3) ①具体实施;②反馈;③计划修正;④制订计划;⑤确定目标

(4) ①再接再厉;②领导赏识;③给予晋升机会;④成绩突出;⑤工作努力

(5) ①定编定员;②精简人员;③调整机构;④工作效率大大提高;⑤削官为员

第三节 主 持

【学习目标】

1. 掌握主持人的含义,明确主持口才的功力要求。
2. 学会主持的口才技巧,能在主持活动中灵活运用。
3. 通过训练,提高主持口才水平及主持的应变能力。

【引例与分析】

某中学用十多间一室一厅套房免费给"尖子生"做宿舍,屋里设备豪华,还配备手提电脑;而与此同时,一些学生和教师们,只能十几个人挤一间十多平方米的宿舍。中央电视台"第一时间"节目中"马斌读报"的主持人马斌,对该现象做如下评论:"这个学校真可以说是无私奉献了。就是苦了那些挤在十几个人一间宿舍里的孩子们,还有那些挤在集体宿舍里的老师们。说到这儿,发现刚才有句话说错了,这个学校的做法,既不是无私,更不是奉献。"

分析：

马斌没有严厉地斥责学校,也没有直接批评学校的做法,而是先说"无私奉献",最后指出学校的做法"不无私"、"不奉献"。这样的语言极具特色,幽默诙谐中实际上已经进行了辛辣、尖刻的批评,这样的正话反说给观众的印象比严厉斥责更为深刻。可见,主持人的语言是一门艺术。

【相关知识】

一、主持人的含义

主持人是指在节目或活动中,出场为听众、观众主持节目或活动的人。因此,主持人是整个舞台的焦点,是节目的中心,主持人通过主持语言来完成这一任务。主持人通过出色的口才,将舞台和受众更好地连接起来,从而使活动有条不紊、顺利展开。主持人的语言能力如何,直接影响着他与受众的沟通,影响着节目的进程、质量、品位和传播效果。优秀的主持人,除了必须具备的素质之外,卓越的口才是最显著的标志。

主持人用自己的学识和感受来介绍、组织、评说、串联节目,报道新闻事件或采访人物。总之,各类节目所要传递的信息,主持人所要表述的观点、见解,以及主持人与受众思想感情的沟通交流,都主要是通过语言来进行的。成功的主持人必须对在特定的语境中所形成的带规律性的主持语言有所认识和了解,并力图在节目中熟练地掌握、运用,并不断探究,力求使其更加准确规范、纯净高雅、精练生动、个性多样。

我国的主持事业起步较晚,但正赶上了改革开放的好时机。尤其进入现代社会,随着各种公众活动的增多,各种媒体的出现和发展,主持人已不只是传统的司仪、引导者了,而是被公众作为性格来认识的"独特人物",数以万计的主持人正活跃在广播电视及其他行业中。面对日渐庞大的主持人队伍,我们却发现了一些问题:年轻、漂亮的面孔表达的却是苍白肤浅的内容,悦耳动听的声音传送的却是逻辑混乱、漏洞百出的话语。这些现象与主持人语言修养欠佳、功底不够有着极大的关系。

二、主持口才的功力要求

在主持艺术中,语言艺术占据极为重要的位置。节目所要表达的思想观点、要传达的信息、要达到的目的、要完成的任务,都需要主持人用准确到位、恰如其分、通俗流畅、雅俗共赏的语言加以传载。可见,主持人的语言功底至关重要,它甚至可以淡化、隐藏主持人在某些方面的"拙",弥补主持人因其他条件欠缺而形成的不足。

美国著名的心理学家阿尔特·蒙荷拉比把语言表达效果概括为这样一个公式:一句话的影响力=15%声+20%色+25%姿+40%情。还有一个心理学家总结出一个有趣的公式:情感表达=7%语言+38%声音+55%的表情和动作。这说明好的语言表达并不是把话说出来就行,而是需要经过艺术加工的。

(一)使用规范的普通话

通常的对话环境下,说话人的音色、音量和音域,与表达效果的关系不是很大。但在主持语言中,发音吐字却是至关重要的。这也是主持语言最基本的功力要求,是主持人做好本职工作的前提条件。

国家语委、国家教委(现教育部)、广播电影电视部(现国家广播电影电视总局)在《关于开展普通话水平测试工作的决定》中曾作明确规定:"普通话是以汉语传送的各级广播电台、电视台的规范语言。"同时又规定播音员、节目主持人普通话水平等级测试要达到一级乙等以上,这就要求节目主持人首先要说好普通话,做到语音纯正,符合普通话语音规范的要求,在语言表达方面做到规范与严正。这一规定充分考虑到了主持人在推广普通话方面所起到的示范、导向作用。

主持人的普通话对受众有着很强的示范作用。这要求主持人站在一定的高度上,以强烈的责任感、语言规范意识和职业要求去对待普通话的规范问题。

1. 语音标准规范

参与或观看活动或节目时,受众不仅是在接受主持人传递的信息,同时也是在向主持人学习普通话,如果主持人的语音不规范,会对受众产生误导。

2. 用词和语法规范

语言是一个个词按照语法规则组合起来,造出句子进行交际的工具。其中词汇反映人们对客观世界认识的广度和深度,是语言的建筑材料,没有建筑材料就不能盖房子,所以没有词汇就不能造句子。主持人的词汇越丰富、越发达,其语言本身也就越丰富、越发达,表现力也就越强,也就能更确切地表达思想、传递信息。主持语言中的每个词、每句话,都必须是按照现代汉语语法规则进行组合。主持语言的语法必须严谨完整、逻辑清晰,这样才能准确无误地把节目内容传递给受众。

(二) 语言应生活化、口语化

主持语言是有声语言。它不像报纸、杂志那样的书面语言,看不懂的内容可以重复阅读,复杂的句子成分可以仔细推敲、细细品味。它的特点是稍纵即逝,所以主持语言应讲求生活化、口语化。主持人以第一人称的口吻出现在节目里,与受众构成了和谐的、如同朋友交谈一般的传播情境,然后平心静气、娓娓道来,这样的主持亲切自然、通俗明白、易于接受。

然而,现实中人们对主持语言的生活化、口语化存在着一些误解,认为主持语言生活化、口语化,就应越随意越好,越"土"越有个性,于是生活中的方言土语,或是一些比较低俗的东西被搬到节目中。还有的人认为生活化、口语化就是在书面语的基础上加些"啊"、"呢"、"了"、"吧"等语气词就会达到效果。

主持语言的生活化、口语化并非是生活语言的简单复制,而是语言的通俗化、日常化,是亲切而不媚俗、自然而不随意。主持人要根据活动或节目的要求,围绕主题和传播目的斟酌、展开话题;根据交流的需要,对日常口语进行筛选、加工、提炼,把日常口语中不准确、不规范、不通顺、不精练的杂质去掉,形成具有特殊语言结构方式和语感的、具有交流功能的口头语言。

(三) 表达应与节目基调相吻合

人们很容易把主持人的语言质量同是否"能说会道"相联系,而忽略了更广泛的表达效果。一个节目的基调是由节目的性质、内容等诸多因素构成。节目类型不同,其基调自然大相径庭:庄重严肃的,亲切热情的,轻松活泼的,风趣幽默的。主持人只有深入了解节目宗旨,熟悉节目内容,方能准确把握基调,运用主持语言将节目基调、主题渲染出来,做到形神兼备;准确将节目"思想感情的总和"传递给受众。毫无疑问,主持人的语言表达应当追求语流的丰富变化,形成一种"曲线美"。当然这种美的组织与表达不是随意的,要与节目的基调相吻合。我们发现有的主持人不论主持何类节目都是一个味儿,究其根源就是事先未能弄清节目的基调。不同的节目,有着不同的主持特色、不同的主持风格,需要运用不同的语气表达情感。所以在主持之前,主持人应对节目的整体进行把握,了解节目的性质和内容、节目的环境和气氛、交流的对象及身份等因素,根据节目的基调理解和消化主持稿的内容,清除生活用语的零碎、杂乱,将其转换成艺术化的口语,这样才能表达得自然、恰当、妥帖、圆满,说得优美动听,给人以美感。

(四)交流应融入真情实感

古人云:"感人心者莫先乎情",充满深情的语言往往能撞击受众的心扉,因其情感的共鸣,从中得到感情的释放、交流与享受。所以,感情是主持人语言表达的依托,主持人在与受众交流的过程中应该是始终饱含感情的。充满感情的语言能大大加强传播的效果,尤其在艺术活动中,节目的认知功能、娱乐功能、审美功能都通过情感起作用。主持人应当根据节目的基调,正确运用情感及情感的变化,带领受众一同融入节目的氛围,让人感受到言语有心,言语用心。

但是情感交流并不是无的放矢,情感的释放需要把握分寸,这也是主持口才的重点功力要求,是主持人语言艺术中的重点和难点。若主持人缺乏激情,会与观众心理不协调,不能满足观众的审美需求;如果主持人失去控制,情感渲染过于浓烈,则易被认为在"煽情"、"作秀",受众会对主持人情感的表达和交流产生抵抗心理。真诚饱满的情感会使主持人更加充满人文关怀,从而更好地提升节目的品位。例如:在美国被誉为"谈话节目皇后"的黑人女主持奥普拉·温弗莉之所以受到人们的欢迎,就是她能够对观众动之以情,使她的观众能很快进入角色,也使她能开拓别人不曾想到过的话题。看奥普拉的节目就如同与一个好朋友交谈。她的善良与真诚让她在美国成了家喻户晓的明星人物,她在政治态度、价值判断和生活方式上深深影响了观众。

冷漠、无动于衷、麻木不仁是主持的大敌。主持人面对不同年龄、不同职业、不同文化背景的观众,面对大千世界许多经历的或未曾经历过的生活,面对熟悉的或陌生的事件,难免会有深浅不同的感情体验,但无论怎样,主持人都应该以富于情感的态度倾听、讨论、交流,体现博大的人文情怀。

(五)表演应恰如其分

多数情况下主持人要面对受众,是"暴露"在众目睽睽之下,所以受众接收到的,不仅仅是主持人的声音,还有眼神、表情、手的动作、身体的姿势。主持人在台上的一颦一笑、举手投足、神情变化都是一种辅助语言,它对有声语言起着铺垫、强调等作用,甚至会起到"此时无声胜有声"的效果。实践也证明,主持人需要有表演能力,通过运用自己的语言、动作、身体、表情来传达信息,会使节目或活动更具感染力。

一般来说,主持人对自己的面部表情和语气都比较注意,被忽视的往往是肢体语言的运用。主持人不但应当具有一定的风度仪表,还应根据活动气氛的需要,选择适合的形态姿势,或坐或站或走动,但一定要注意姿势优美;适当使用手势。主持的手势贵在精,美在果断、放松,千万不要频繁打手势,更不要重复同一单调的动作。

主持人的表演应有"度",不要过于夸张,如果夸张过度容易使观众感到腻烦。主持人不应该超越自身去曲意地"演节目"。"演"要有本人的真情实感,以自己的真实个性作为表演的出发点来真切感受活动内容与现场气氛,应以受众熟悉或认可的本来面目出现在节目中,音容笑貌应具有自然的本色,能为观众的心理所接受,如此才能焕发出自然、真切、动人的效果。

(六)语言应字斟句酌、具有内涵

众所周知,主持人的"说话"是大众传播,是公开发表,要负责任的。所以主持人说话前要像写稿子那样,字斟句酌之后才能出口,要少出差错,不出差错;要条理清楚,开口之前先整理思路,然后一边说一边整理思路;不能认为口语比书面语要浅白,就放弃词语的选择与提升。

古人说:"语不惊人死不休",说的是作诗、写文章要字斟句酌才能写出传世篇章。主持语言是有声语言,是人们传递信息、交流思想的手段,它由语符、语义、语言的文化内涵三个层次构成。

其中语义隐藏于语言代码的背后,反映了人们传播的意旨和目的,是有声语言的实质;语言的文化内涵是将语言作为一种刺激,使人们在获得信息的同时,引起审美想象,得到文化的陶冶和美的享受。这样主持语言在达到生活化、口语化要求的基础上,也需要精于修辞,锤炼字句,做到高雅而不粗俗,韵味无穷而不是味同嚼蜡;既能被大众理解和接受,同时又具有深厚而丰富的文化内涵。

(七)控场应机智灵活

当主持人直接面对受众进行交流时,主持人语言表达上的一点混沌都会给活动的进行带来不必要的麻烦,会直接影响到受众的接收效果。因此,主持人要尽量避免自己言语表达上的不当,培养自己快速反应的能力,只有这样,主持起来才能做到从容镇定、挥洒自如。比如:有的被采访者不善于表达思想,这时需要主持人耐心启发、提示;而有的人喜欢表达,滔滔不绝,偏离主题,则需要主持人在适当的时候巧妙地打断他的谈话,围绕采访目的提出下一个问题;如果被采访者讲得快而且有地方口音,主持人则要在重点的句子、词组上给大家重复一下;遇到某些专业术语,应请被采访者加以解释。

要想成为一名优秀主持人必须有机智灵活的现场反应能力,否则很难保持长久的魅力。主持过程中,遇到突如其来的情况时,主持人应充分调动自己的主观能动性,使大脑思维处于高度运动和思考状态,迅速快捷地作出反应,引导和控制场上的局面,处变不惊,保持清醒头脑,急中生智即兴发挥,机敏而巧妙地引导受众向预定的方向发展。

(八)主持应富于个性化

个性是在一定的社会条件和教育影响下形成的。作为主持人也要有鲜明而突出的个性,但不是任何个性都会被观众喜爱和接受,主持人追求的个性一定要适合时代、适合观众,才易被接受而又不流于庸俗。所以,主持人的个性应是一定的行为规范下的个性,言语态度要保持坦率热诚,言语内容要言之有物,言语组织要严谨规范,这种规范下产生的个性才能被观众接受。

主持的个性化体现在个性化的评论。主持人的评论不能人云亦云,重复别人的观点看法。优秀的主持人应当清醒地认识现实,冷静地把握自己,用真情去感受生活、体验人生,用自己的正义和良知去关心社会、关注百姓,然后用富于个性的语言把这种感悟、体验、思想、见解加以表达,这样的节目才具吸引力,才能留住受众。

主持的个性化体现在个性化的风格。不同的主持人运用自己独特的思维方式和表达方式,可以表现出不同的个性,形成不同的个性化形象,或温文尔雅,或热情活泼,或老成持重,都能引起观众的共鸣。比如,崔永元在主持"实话实说"的时候深受广大观众的喜爱,除了他的机敏和含而不露的幽默以外,还在于他给受众提供了一个自由说话的空间,他总是以幽默的语言化解受众的尴尬,为对方着想、替对方解围;而敬一丹则习惯把眼光投向教育、贫困、流动人口等,想通过自己的节目表现最大多数、最普通的老百姓,传递他们自己的声音。每当谈起这类话题的时候,她就有种想说话的冲动,就有一种可称为"情结"的感触。也正因为如此,敬一丹赢得"平民节目主持人"的亲切称呼。

三、主持技巧

(一)用声技巧

好听声音的标准,可以归纳为:准确规范,清晰流畅;圆润集中,朴实明朗;刚柔并济,虚实结合;色彩丰富,变化自如。好听的声音,是对主持人的基本要求之一,也会直接影响受众接受的情绪、主持的质量。发声固然有先天条件的成分，但通过科学的方法练习，也能不断提高驾驭声音的能力，运用自如。

（1）音节要读准。简单来说，就是按普通话的标准和规范，把汉字音节的声母、韵母的声调念准，使发音正确、声调准确、字正腔圆。

（2）音节要协调。适当使用双音节词、四音节词讲话或练习朗诵，增强语言的响度和节奏感；运用拟声词、象声词也是使音节协调的一种办法，可以使被表述的事物形象生动，可使声音和谐，达到声与形的有机统一，增添语言的表现力。

（3）韵调要和谐。这里所说的"调"，是指声调。汉字一字一个音节，每字又有四声即平仄之分，如果声调搭配得好，就可出现高低抑扬、急缓起伏之情势。

（二）准确定位

主持人需要有敏捷的反应、渊博的知识、幽默机智的语言、深刻的思想、独特的思维方式。一个合格的主持人要对自身素质、主持风格及节目特色有明确定位。定位既是对节目的有效把握，也是对自身素养的清晰认识。

首先要准确把握节目的定位，即了解节目的宗旨、内容范围、风格特点，尤其要注意与同类节目的区别；其次要清楚节目的服务对象，了解他们的心理和需求，然后分析这个节目要求主持人应有哪些特点；最后在这个基础上，完整地理解自我，知道自己相对于这个节目有什么优势，有什么不足，再结合前面的认识，强化自己的优势。有了这些对节目、对受众、对自身的分析，初步形成了主持人的形象定位，主持就会变得得心应手。

（三）做足功课

主持人作为受众的代言人，必须对节目涉及的内容作充足、全面、深入的了解，这样才能很好地把握节目的节奏、层次和主题。在主持之前，要做足功课，这样才能有备而战，临危不乱，出色发挥。例如，在和嘉宾进行正式的访谈之前，主持人必须全方位地深入了解话题的背景、原因、发生、发展、经过、现状、未来趋势，以及了解被访嘉宾的成长经历、语言习惯、独特风貌，找到提问的切入点，然后制定采访提纲。提纲可以使整个节目脉络清晰、层次分明，有利于主持人更好地在宏观上把握节目。如果是针对专业性较强的话题与某个领域的专家进行对话，往往会有很多专业术语，主持人若在前期没有做好相关的准备，那么节目进行中遇到不懂的词汇，会非常的尴尬。只有查阅大量相关资料，在占有信息的基础上做好"认识"、"研究"的功课，才能获得和专家对话的"资格"。

（四）以情传意

我们在郁闷或高兴时说话的声音是不一样的，前者消极、被动、低沉，后者积极、主动、明快。要发出好听的声音，一定离不开你的思维活动和情感运动。所以思维和情感是我们发出好听声音的重要前提，这也是克服播音主持常见的"读书腔"、"蹦字"等问题的根源。我们要用"心动"带着"嘴动"，也就是我们常说的言为心声，只有这样，说出的话才有感染力、亲和力。让"心动"的有效方法激发内在语。

内在语是指那些在文字语言中不便表露、不能表露，或没有完全显露出的语句关系和语句本质。内在语并不在主持人的有声语言中出现，它是主持人的内心意念，它使思维与情感处于运动状态，对有声语言的表达起着引发、深化的作用。既然内在语没有明确地在文字中显示出来，这就需要主持人努力挖掘文字后面更深刻的含义。明晰、准确的内在语会激活我们的有声语言，使我们自然、真实地把稿件变为自己心里要说的话,传达给受众。通过内在语句关系,可以让我们理解感受文章的内在逻辑关系,帮助我们找到自然贴切的语气,造成一气呵成、浑然一体的效果,增强有声语言的活力;通过分析语句本质,可以揭示语句的内在含义、感情态度,帮助我们引发贴切的语气,使得有声语言深刻丰富、耐人寻味,对表达起深化作用。

(五)保持平和心态

主持人应当以平和、安适、端庄大方的仪态真诚地走进千家万户,积极适时地向观众报告你的"所见所闻"。任何妨碍以真诚态度为观众服务的心理状态,诸如自我表现、个人情绪等都要在排除之列。每一次主持,都要以充满自信的情绪面对观众。这是保证主持人顺利主持各种活动的重要前提,也是主持人现场语言生成的最好心理状态,更是主持人保持艺术生命力的关键。

(六)把握分寸和节奏

语言表达的分寸是要求主持人通过语言表达,和受众像朋友一样平等交流,既不能和受众之间的心理距离拉得太远,居高临下地说教;也不能太近,这样主持人就无法起到引导者的作用。作为主持人,正确的分寸把握应该是亲切自然、随和真诚。分寸把握得体,主持人与受众的情绪就会相互激发、感染、交流与共鸣,就能沟通节目与受众之间的联系;反之,分寸把握不得体,就会出现情感沟通的阻隔与断裂。

兼顾语言表达的节奏。主持人应在尽量短的时间内表达更多的意思,传递给观众更多的信息。所以,不仅讲话的内容,包括表述的层次和结构、讲话的节奏,主持人都要事先考虑。当语言表达的节奏掌握得恰到好处时,会收到意想不到的效果。反之,把编辑、导演所撰写的台词机械地复述出来或是一股脑地丢给受众,那只能是干涩、毫无生机的语言,受众看到的是主持人慌乱而稚嫩的临场发挥。

主持语言的节奏包括结构的疏与密,内容的详与略,情节的起与伏,情感的激与缓,声调的抑与扬,音量的大与小,态势的动与静,速度的快与慢,语流的行与止,过程的长与短等要素。将这些要素综合运用,便会形成节奏,形成有声语言的乐章,激荡听众的情感,启迪听众的思维,引发听众的共鸣,鼓舞听众,感召听众。所以,主持人要将自己摆在一个正确的位置上,使自己能够较好地掌握语言表达的分寸和节奏。

(七)妙笔升华情感

文字变成有声语言不是简单地念出声音,而是经过一系列的准备、感受、酝酿,让自己的思想感情处于运动状态,再利用声音的多种表达方法,形成色彩丰富、变化自如的表达。如果缺乏内心的情感,声音会显得"干巴巴",或者呈现"读书腔"。主持人内心情感的依托就是主持人的主持稿,所以我们说主持人既要练口头,也要练笔头,"下笔千言"、"出口成章"的要求并不为过。

受众需要美好的视听享受,主持人要将美好的文字转化为动听的有声语言,文而优后语,语而优先文,以笔头促口头,用"妙笔"升华情感,让"语"与"文"互动出精彩。经常动笔,懂得为文之妙,那么在主持中就不容易信口开河;自己要说的话自己写,主持时才得心应手。

(八)注重知识积累,丰富文化底蕴

主持人虽各有不同的形象、性格和气质,但在博学多才的素质上应该是相同的。渊博的知识是主持人应有的修养,这样才能面对受众侃侃而谈。而渊博的知识来自工作中的积累,也来自平时勤奋地学习采集。有时候主持人所充当的角色就像一名引导人们在百花园中观光的"导游",主持人一定要充分认识自身所处的重要地位和作用,不断提高自身的文化修养和知识水平。如,采访新闻事件的当事人和有关人士,或对时事做评述时,主持人提出问题的深度,对问题的分析见解,都会一览无余地呈现出来。

现在的世界是一个不断变化的世界,身处不断变化的社会,主持人要不断更新所学,开拓思路、活跃思维,切莫书到用时方恨少,腹中空空,无言以出,那时面对的将不仅仅是对自己孤陋寡闻的羞愧、受众的失望,更会让自己被竞争的潮流所淹没。只有不断充实自己,才能更好地把握时代主题,紧扣时代脉搏,贴近群众,贴近生活。

（九）临场巧发挥

1. 幽默

"幽默是才智的瞬间闪光,生活需要幽默。"主持人在主持节目时同样也需要幽默,因为幽默可以放松现场气氛,让主持人显得平易近人,赢得受众的好感;可以展现主持人的睿智与魅力,让他在主持节目时更能举重若轻,轻松掌控现场。

例如,在"神州风采特别节目"的主持现场,三位主持人运用了他们的幽默。凌峰调侃道:"为了丰富我们的节目,我们特别为您介绍一位比我长得困难的,来自东北的赵本山。"赵本山接道:"我比他还丑？既然如此,我也来抓个垫背的,他比我丑!"说着指向冯巩。冯巩也不甘示弱,说:"亲爱的朋友们,你们好,我知道我长得丑,属于困难户、重灾区,但跟他们二位相比,我可以自豪地宣布:我脱贫致富了! 不客气地讲,一看见他们二位,就想起了万恶的旧社会!"在相互贬低、戏弄、调侃中,观众的笑声连成一片,节目的气氛马上被调动了起来。

2. 悬念

在很多活动或节目中,我们经常能看到主持人拧着眉头问观众:"这究竟是为什么呢？"几乎每个"选秀节目"的现场都会回荡一个声音:"究竟谁会成功晋级(或遭到淘汰)呢？"这些语言就是在设置悬念。

需要指出的是,电视节目主持人在设置悬念营造气氛时一定要注意"度"的把握,千万不要哗众取宠,更不能过分渲染"忽悠"观众;不能让悬疑信息的指示与答案的揭示相差甚远,使观众产生某种受骗的感觉;也不能为了迎合部分观众的猎奇心理,出现低俗化的悬念倾向。毕竟,设置悬念只是一种增强传播效果的手段而不是目的,我们不能为设置悬念而设置悬念,而应让悬念抓住观众的"思想",让观众在悬疑中得到一种"心智"上的审美愉悦。

3. 机智

在主持的过程中,尤其是现场主持,主持人完全暴露在受众面前,如果出现意外情况,这就需要主持人随机应变,将大事化小,小事化了。例如,主持人报幕说"下面请欣赏歌曲",可伴奏操作失误,响起的并不是预期演唱的歌曲。这时主持人不失时机地补充道:"连日劳累,唱机也要休息一下了,不过这出戏得唱完了才成啊!……好,好,演出可以开始了。"一个小插曲就这样轻描淡写地对付过去了。虽然是情急之下的托词,如果恰当运用也会有不错的效果。

【实训设计】

实训任务1：

仿照例句,将同一句话用不同的句式表达。

例句:成功的人都是能够很好地控制自己的人。

表达为:只有很好地控制自己的人才能成功。
连自己都控制不了的人能成功吗?
所有成功的人都能很好地控制自己。
不能很好地控制自己的人就不能成功。

原句:(1)大家都喜欢和宽容的人交往。
(2)人类是有感情的。
(3)我们喜欢与自己志趣相投的人交朋友。
(4)深刻的思维有助于我们剖析事物的本质。

实训任务 2:

情感训练。写一篇回忆短文,然后有感情地朗读给全班同学,体会文中所描绘的画面。

实训任务 3:

在班级召开一次座谈会,会议内容自定。由每位同学轮流担任主持人,运用主持人的语言及技巧,引导座谈的进行。座谈时间自定,由主持人设计座谈主题、座谈的过程并进行评议。

实训任务 4:

每位同学用纸条写出一个词语,将这些词语收集上来。然后把学生分成几个小组,每个小组抽取三个词语,每个同学即兴用这三个词语连成意思连贯、语句通顺、语法正确的一段话。

实训任务 5:

搜集 2~3 位著名主持人的主持资料,进行分析,总结其主持的特点。

第四节　社　交

【学习目标】

1. 掌握社交原则及要求,了解社交中易犯的错误。
2. 学会社交语言的技巧,能在社交中灵活运用。
3. 通过训练,提高社交口才的艺术水平,提高应变能力。

【引例与分析】

理发店里陆续来了四位客人,师傅让徒弟招待客人。徒弟给第一位客人理完发,客人照着镜子说:"头发还是很长嘛。"徒弟不知如何回答,师傅过来笑着说:"头发长含蓄,藏而不露,符合您的身份。"顾客听后高兴地走了。徒弟给第二位客人理完发,客人照着镜子说:"头发剪得太短了。"徒弟又不知如何回答,师傅过来笑着说:"头发短精神,给人亲切的感觉。"顾客听了笑呵呵地走了。徒弟给第三位客人理完发,客人付钱时嘟囔到:"剪个头这么长时间。"徒弟又不知如何回答,师傅马上笑着说:"为'首脑'多花点时间很有必要。进门苍头秀士,出门白面书生嘛!"顾客听后大笑着离开。徒弟给第四位客人理完发,顾客看了看,埋怨道:"太快了,20分钟就完事了。"师傅又笑着说道:"时间就是金钱,'顶上功夫'速战速决,为您赢得了时间,何乐而不为呢?"顾客听了微笑着告辞。

分析:

故事中的师傅真是能说会道。他机智灵活,每次都能巧妙地应对,使徒弟摆脱尴尬,让顾客转怨为喜,高兴而去。在社会交往中,高超的语言艺术,能够调解纠纷,化解矛盾,避免尴尬,缓和气氛,打破僵局,调剂关系。

【相关知识】

一、社交的道德原则

重视个人的道德修养,是中华民族的一种传统美德,尤其在社交活动中,更要注重遵守必要的行为规范,做到举止得体,落落大方,这不仅可以塑造好的交际形象,而且是为人处世不可或缺的素养。

(1)诚信。我国最早的字典《说文解字》中对"信"的解释是:"信,诚也。"对"诚"的解释是:"诚,信也。"在社交活动中,诚信就是重承诺,做到言而有信。诚信是立世之本,是力量,是做人的基本出发点,是做人的灵魂,任何人都不会愿意同一个不诚实的人打交道。

(2)正直。这是人与人之间信赖的柱石,是指要坚持正义,不搞歪门邪道,不做小人之事,不被名利或金钱而诱惑;是指要有正义感,遇到不正义的事情敢于抵制和斗争。

(3)宽容。宽容就是大气和大量,是人与人之间增加感情的黏稠剂。每个人都有可能犯错误,对自己的错误要严格,而对别人的不足要容忍,也就是"严于律己,宽以待人"的道理。在社交活动中,只要不是原则错误,还是要得过且过,要允许别人犯错误,允许别人改正错误。

二、社交的基本要求

我们的社会是一个多元化的社会,人们相互之间的关系越来越复杂。社会的复杂性导致个性的多样性,这必然引起个体之间冲突的加剧。要与周围的人保持良好的人际关系,就必须学会与他人和谐相处,求同存异,宽宏豁达,这样才能创建良好的交际氛围。

(一)尊重、平等

在人际交往中,每个人都有自己的人格尊严,并期望在各种场合中被尊重,这是交际过程中人的基本心理需求。而尊重也是进行交际的重要前提,一个人无论地位多高、名气多大,只有遵循这一原则,才能赢得对方的好感,才能使彼此在和谐的气氛中推进交际。

中国作家协会党组书记、副主席金炳华去看望德高望重的老作家许行先生。一见面,金炳华先生连忙上前搀扶许老坐下,恭恭敬敬地请许老题字;临行时向许老频频地致意,表现出对许行先生的极大尊重,丝毫没有领导的官架子,显得谦和低调、平易近人。所以他们的初次会见虽然短暂,却给许老先生留下了深刻的印象。

要得到他人的尊重,自己先要善于主动接近对方,缩短人际距离,沟通相互情感。

(二)换位思考

人与人之间的交际就像一把手电筒,以自己为出发点,只记着自己的利益去交际,就像迎着手电筒的光亮看一样,刺目、眩晕,什么也看不到,弄不好还会被强光刺伤眼睛。如果换一种角度,调转方向,以对方为出发点,从"手电筒"的背面顺着光线看,你将会发现,一切璀璨的风光都会尽收眼底,或许还会有新的发现。

有一个普林斯顿大学的男孩爱上了一个女孩,但他害怕被拒绝而不敢表白。男孩想出了一个办法,鼓足了勇气找到女孩,对她说:"你好,我在纸条上写了一句话,如果你觉得我写的是事实,那就请送我一张你的照片,好吗?"女孩知道这是一个找借口追自己的男孩,她多次遇到这样的情况,但总能顺利摆脱,不管纸上写什么只要自己都说不是事实就可以了。于是,女孩欣然应允。"如果我说的不是事实,你千万不要把照片送给我!"男孩忙说。"当然!"女孩俏皮地回答。男孩高兴地说:"一言为定,不许反悔!"男孩把纸条递给了女孩,女孩胸有成竹地打开看了很久,皱着眉头没有说话,最后女孩把自己的照片送给男孩。因为纸条上写着:"你不会吻我,也不想把你的照片送给我。"她绞尽脑汁也想不出拒绝的方法。这个男孩的名字叫罗纳德·斯穆里安,后来他成了美国著名的逻辑学家,他正是用换位思考的方法追到了他的妻子。

(三)恰到好处

恰到好处是对社交语言的量、时机和分寸感这三方面的要求。

(1)适量主要指说话的多少。说话太多会导致我们的话没有分量;适量也不是少说或不说,更不是指音量没有变化的念经式的说。适量与否应以是否达到说话目的为准,根据社交对象、环境、时间的不同,该多说时不少说,该少说时不多说为衡量标准。为了达到说话的目的可以进行必要的重复,但不是啰啰唆唆、没完没了,应当以既不影响到说话效果,又不影响自己的社交形象为宜。

(2)时机是指把话说在该说时,止在该止处。一个观点、一个意思表达明白就行,不要过多重复,没完没了。把握时机还表现在需要表明立场、观点的时候,不能畏缩,不能胆怯,话语一定要点到。少说一句别人也许就无法理解我们的意思,也就无法达到社交的目的。

(3)分寸感是指根据不同社交对象把握言谈的深浅度,根据不同场合把握言谈的得体度,根据自己的身份把握言谈的分寸。试想,如果到某公司面试,主考官请面试者谈谈对该公司的认识。面试者开口说到:"你们公司还不错,管理挺严格的,员工也很努力。就是办公环境差了些,连空调都没有,现在工作环境很重要的,我建议咱们公司也多投入些;另外在午餐的补助上应该再提高些,现在物价都很高的。"该面试者没有把握好自己的身份,公司需要的是为公司创造价值而不是挑三拣四的员工,即使要提建议也应该是委婉地、含蓄地提出,没成为正式员工前就开始对公司指指点点,这样的人怎会受到用人单位的青睐?

(四)和谐相处

一位哲人说,人生的美好,是人际关系的美好。其实,和谐的人际关系不仅是身心健康、生活幸福的重要保障,也是事业成功的法宝。

要构建和谐社会,首先需要我们建立起和谐的人际关系;要建立和谐的人际关系可以做如下的尝试。

(1)微笑。爱笑的人永远都受欢迎,作为友善的信号,笑可以温暖人心,给人好感;相反,冷漠呆板的表情,是人际交往的巨大障碍,仿佛在告诉人们"离我远点儿",别人见了自然会尽量回避。所以纽约一家百货商店的人事主管说:"我情愿出高价雇佣一个脸上总是带着可爱微笑的、连小学都没毕业的女职员,也不愿雇佣一个满脸冷冰冰的博士生。"

(2)热情。我们会有这样的感受:在寂寞的旅途中,倘若自己对身边的旅客主动一点,热情一点,马上就会打开僵局,大家在一起聊天或打牌,这一路上谈笑风生,充满愉快,路程也仿佛缩短了;反之,一路上难免沉闷无聊。这说明,人际和谐需要主动热情,消极被动只会让自己孤立封闭,会错过许多不该错过的朋友。须知:冷漠待人,人家回馈你的也不会是温暖。

（3）常交往。俗话说:"交情交情,常交才有情。"人际关系是在交往中建立、发展和深化的。一般说来,人际和谐的程度同交往的次数是成正比的。常来常往,人际关系就容易密切;反之,即使是亲朋好友,关系也会淡薄疏远。"远亲不如近邻"说的就是这个道理。同学、亲戚、朋友、同事乃至邻里之间都要经常走动,相互关照。只有这样,彼此关系才会亲密融洽,办起事来才能顺利方便。那些习惯于"平时不烧香,临时抱佛脚"的人,注定会让自己陷入无人理睬的尴尬境地。

（五）绿色交谈

在交谈过程中我们要传达有效信息,给别人带来快乐,进而赢得别人的好感。应注意保持"绿色"交谈,不要让一些"噪音"成为"绿色"交谈的拦路虎,即避免表述不清、音量不适以及不当的态势语。

（1）交谈的前提是让对方听清楚自己在说什么,这就要求发音标准,吐字清晰;少用方言、土语,话语含义表述明确,不要模棱两可产生不必要的误会。另外,为了表示尊重,我们常说"您好","请教您一个问题",等等。一个"您"字,使口气谦恭得体,起到了尊敬对方的作用。

（2）在不同的交谈场合,说话音量的大小也会影响交谈的质量。大庭广众、聚会时噪音较大,为了让听者听清楚,说话音量应适当大一些;私人拜访、多人聊天时,谈话可采用一般音量,给人舒服感;密友、情人之间交谈,适当降低音量则显得亲切,能够拉近距离;某些特殊的场合如会场、教室或办公室等,大多也应该音量放小,避免对他人造成骚扰。

（3）态势语是一种没有声音相伴随的语言。在社交中,态势语对有声语言起配合、替代和补充的辅助性作用,所以应适当使用体态语辅助社交语言的表达。有时对方说话会"言不由衷",我们在听其言时可以察其色,根据对方表情解读、了解话语的真实含义,了解对方真实的思想感情。态势语大多数处于辅助性地位,但有时它也可以直接替代有声语言,并且能更充分地表达语义,收到良好的表达效果。

（六）使用礼貌语言

中国有句俗话:"礼多人不怪。"礼貌用语能够展现一个人良好的修养,和蔼的交际态度,为社交活动展开良好的开端;礼貌用语往往能给对方留下美好的第一印象,为进一步交往奠定基础。当我们迷路要问路时,若直直地走过去问:"往××地方怎么走?"别人可能会一言不发地走开。如果加一个"您"字效果会大不相同,对方可能会热心地给你指路,即使不知道如何走,可能也会找人帮忙或客气地说抱歉。一个"您"字流露出对被问者的尊敬,也让自己获得了尊重与帮助。

对不愿、不敢、或不方便说出来,却又不能回避的问题,可以用委婉含蓄的语言表达。例如,一位作家到青年监狱为犯人们做一场关于人性道德的报告。如何称呼听报告的人让作家犯难了,既不能伤了听者的自尊心,又要缩小双方沟通的心理距离。作家选择了"触犯共和国法律的青年朋友们"的称呼,这一委婉的称呼既符合听者的实际身份,又表达了愿意与他们交朋友、共同探讨人生的真诚心愿,作家得到犯人的热烈欢迎,报告的初步目标实现了。

三、社交中容易出现的问题

自吹自擂;不注意说话的语气,经常以不悦而且对立的语气说话;应保持沉默时,喋喋不休;在别人说话时经常打断别人的话;当别人出现失误时嘲笑别人;以傲慢的态度提出问题,给人一种只有我最懂的印象;不管自己了不了解,随意对事情发表意见;公然质问他人意见的可靠性;在朋友面前议论其他朋友;指责和自己意见不同的人;以傲慢的态度拒绝他人的合理要求;无端指责别人的能力低下;与他人交流时措辞不当或使用带有攻击性的语言;对以往的得失总是挂在嘴边耿耿于怀;不厌其烦地反复谈论一件别人不感兴趣的事情。

四、社交的技巧

要社交成功就要学会社交的技巧。社交技巧包括:怎样提出话题,怎样表达自己的观点并设法影响对方,怎样预见和应变;根据对方提出的话题预测谈话的目的,认真领会和理解对方谈话的真实意图;适时表达自己的观点和见解并加以适当的阐述;说出自己的疑问或反驳对方的言论等。应当充分准备,使自己在社交中掌握主动,做到进退自如。我们按照社交语言出现的时间及方式,将其分为问、听、插话和答四个方面。

(一)问的技巧

1. 大胆直问

一员工想跳槽,老板全力挽留,该员工语出惊人:"这里对我来说没有吸引力,我要有更好的发展。"老板听了很恼火,告诉他:"好吧,既然这样,你可以离开这里。"年轻人离开了。但他跑了很多地方,试了不少工种,都不合心意。最后,他鼓足勇气重新走进这家公司,诚恳地对老板说:"我在外面经历了许多,却总希望能回到这里。现在,您还愿意接纳我吗?"老板原谅了他。后来他一直在这家公司工作,并且成了销售主管。

在很多人眼里被认为是"不可能"的事情,而年轻人并没有被吓倒,而是"大胆"地上去一问我可以回来吗,从此他的人生被改写。当因胆怯而问不出口时,不妨这样告诉自己:我既不会伤害对方,自己也不会受到什么损失。这样,就会有大胆一问的勇气。

2. 明知故问

美国总统罗斯福当年在海军担任要职时,一位朋友曾向他打听海军在加勒比海的一个小岛上建立潜艇基地的保密计划。罗斯福向四周看看,压低声音对朋友说:"你能保密吗?"朋友坚定地回答:"能,当然能,我会守口如瓶。"罗斯福微微一笑,跟着说:"那么,我也能,我也会守口如瓶。"

提问者明明知道自己所提问题的答案,但为了达到自己的目的而故意提问。

3. 启发诱导

马克思和燕妮约会,在树林里散步。马克思故意装作满腹心事的样子,让燕妮感到很奇怪。燕妮问:"你怎么了?有什么心事,能不能跟我说说?"马克思说:"有。我交了一个女朋友,我很爱她,很想和她结婚,可是怕她不同意……""你有女朋友了?"燕妮吃惊地问。"真的,认识很久了。我这里有一张她的照片,你想看看她的模样吗?"马克思说着拿出一只小木盒。燕妮点了点头,心里却忐忑不安。她接过小木盒,颤抖地打开了木盒。小木盒里装着一面小镜子,并没什么照片。燕妮照着镜子,一下子呆住了,燕妮恍然大悟,惊喜万分。

当某些问题比较敏感,或有所忌讳不便直接发问,或直接发问容易遭到拒绝时,就需要迂回地、委婉地启发、引导对方回答,有时还要以退为进,然后才能得到想要的答案。

4. 请君入瓮

美国总统华盛顿的马被人偷走了。警察找到了偷马的人,但他不肯承认。华盛顿忽然用双手遮住马的眼睛,问:"这匹马的眼睛有一只是瞎的,你知道是哪一只吗?"小偷说:"左眼。"翻开一看,没瞎。小偷又说:"右眼。"翻开一看,也没瞎。于是警察说:"你都没有说对,说明这马不是你的。"小偷只好承认了。

通过有意识地引导,使对方陷入自相矛盾中或露出破绽,"以子之矛,攻子之盾",让对方自己否定自己,进而达到提问的目的。

5. 循序渐进

一位员工想升职,又担心领导不同意反而留下不好的印象,影响今后的工作,思索良久不知如何开口。这天陪领导出差,他知道这是一个沟通的好机会。"陈经理,咱们单位有个职工想挪挪地方,因为这个岗位更适合他,能发挥他的专长,您认为可以吗?"经理说:"行啊,水往低处流,人往高处走,人之常情。"这个人一看有机会,接着说:"可他有点顾虑,他觉得厂子精心培养他,还总提要求,怕领导说他心高。"经理笑了,"我们很赞成人才的合理流动。"见陈经理的态度中肯,于是进一步说:"如果这个人是我呢?"经理稍作沉思,说道:"那也不拦,到哪都是为国家服务嘛。"经过这样的交谈,不久这位员工被提拔为部门副主任。

什么时候、什么情况下提出问题是很有讲究的,有时我们并不能预知对方对我们提出的问题作何反应,我们可以借助过渡性、试探性的问题,循序渐进地接近对方,缓解对方的戒备心理,赢得好感。

6. 含蓄婉转

某公司召开产品宣传会筹备会,大家都在忙着打印、装订文件,布置会场。肖林发现孙涛慢吞吞地把打印纸一张一张地放到打印机里,便冲孙涛叫道:"孙涛,你能不能快点,别老拖后腿……"孙涛正在思考产品宣传会的程序安排,一听肖林怨声怨气的话,顿时怒火中烧,于是粗声粗气地反唇相讥:"嘁嘁!怎么啦?就你能干,要不你一个人干得了……"

一场没有硝烟的战斗就这样打响了!冲突的诱因何在?很简单,就是肖林说话时带上了坏声气,也就是令人反感的声调和语气。如果肖林能含蓄婉转地和孙涛对话,又会怎样呢?——"孙涛,我们这些都装订好了,用不用我帮你打印?"把催促变成"帮忙"的提醒,事情也就不会像原来那样发展了。为了避免尴尬局面或出现不愉快的情况,可以使用这种方法。

7. 限制选择

小面店的老板在客人点餐后问:"加一个还是两个鸡蛋?"把客人可能会出现的选择作了限定,降低了客人选择不加鸡蛋的概率;如果问:"要不要加鸡蛋?"则客人选择加或不加鸡蛋的概率各占一半,老板想多卖出鸡蛋的可能性也降低了。

这是一种目的性很强的提问技巧,在发问时有意识、有目的地把对方的思路引到所希望的答案上,让对方感受到诚意,即使原来想拒绝也不好意思拒绝了,进而减少被问者拒绝的概率,帮助提问者获得较为理想的答案。这种提问适用于预期目的十分明确的情况,如果情况不明不宜使用。

8. 察言观色

1975年5月的一天,做完手术正在恢复中的周恩来,由医护人员陪同散步时问道:"你们说实话,我还能坚持多久?"医护人员听后一怔,竭力绽出笑容,想用几句轻松的安慰话搪塞过去。周恩来见状长吁了一口气,收去笑容,换上严肃的神情,说:"你们一定要把我的病情随时随刻如实地告诉我,因为还有许多工作要做个交代。"医生的声音哽咽了,眼里涌满了泪花,声音颤抖着说道:"怎么讲呢?总理,你叫我们怎么说……"周恩来脸上恢复了一丝不易辨清的浅笑,缓缓点头,极轻极轻地说了一声:"不用说了,我已经知道答案了。"周恩来还没有等对方亲口说出来,就从对方的表情与声音变化里获得了答案。

在问话后,要想摸清对方的真实答案,不仅要分析所听到的,还要留意对方的面部表情,最好是盯住对方的眼睛,结合所看到的,然后再做判断。这在多数时候是有效的。

(二)倾听的技巧

社交中,认真、耐心、仔细地倾听他人的谈话,表现出对他人言谈极大的兴趣,使他人感到自身价值被承认和尊重,这对增强谈话气氛、融洽相互关系有极大的帮助。美国学者赖斯·吉布林指出:"你能给他人的最高赞许之一就是细心听他讲话。你耐心地听就是在向他宣布:'你值得听。'这样,你可以提高他的自尊。"可见倾听在交际中的重要性,我们要学会倾听。

一位曾经拜访过松下幸之助的人这样记叙道:"拜见松下幸之助是一件轻松愉快的事,根本没有感到他就是日本首屈一指的经营大师,反而觉得像是在同中小企业经营主谈话一样随便。他一点也不傲慢,对我提出的问题听得十分仔细,还不时亲切地附和道'啊,是嘛',毫无不屑一顾的神情。见到他如此的和蔼可亲,我不由得想探询:松下先生的经营智慧到底蕴藏在哪里呢?调查之后,我终于得出结论:善于倾听。"

1. 用心地听

交际过程中,以心换心是获得友情的法宝。己之所欲,先施于人。心与心之间的回应通常是相对的,在朋友遇到烦恼或忧愁时,我们以一颗真诚、友善之心去碰撞对方的心,会赢得对方心灵的回声。你给他微笑,他会回报你一脸阳光;你给他真诚宽慰,他会回报你感激涕零;你给他嘲笑、挖苦,甚至恐吓,他回报给你的只能是一堵厚厚的心墙。

相交满天下,知心能几人?这句诗是对朋友易交、知己难寻的描述。也许这只是一声慨叹,却令人不得不对人际交往进行认真思考。要想赢得友情,获得尊重,就要用心,把对方放在我们"心"上。

我们在用心倾听对方心思时应是默默进行的,要含而不露,自然得体,如果让对方感觉到你在研究、分析他,会使对方有不安全感,产生厌烦情绪,从而启动他的心理自卫系统,反而对进一步的交往造成障碍。

2. 耐心地听

荀子曾说:"听人以言,乐于钟鼓琴瑟。"歌德也说:"认真对待别人的述说,这是一种教养。"社交是为了交流信息和沟通情感,耐心地听,则反映一个人的素质与修养,表明其对交往对象的理解和尊重。所以,耐心地听,能够帮助我们赢得信任、拉近感情,了解谈话的背景,促进问题的解决。所以一个人学会说话之前首先要学会听话,二者结合起来才叫会对话。有时可能并不需要讲很多道理,只要耐心地听,就是一个理解、接受、赞同别人的态度。

3. 欣赏地听

社交的过程是交流信息和沟通情感的过程,主要目的不是要查找别人的缺点,所以说话不要总说别人的缺点,同时,也不要把社交看成竞赛。有的人在交谈时,把交谈当成了辩论或竞赛,一定要分出个高下。常在他人的话里寻找漏洞,常为某些细节争论不休,或常纠正他人的错误,借以向人炫耀自己知识渊博、伶牙俐齿。这样的确会给人留下深刻的印象,不过是不好的印象。

4. 仔细地听

当我们对谈话的内容不感兴趣时,我们的思想很容易"开小差",这时可能会漏掉一些重要的内容,导致自己无法应对,甚至不知所云,这是很不礼貌的。一个人作出不妥当的批评或发出不智的言论,往往是因为他没有仔细听别人说的是什么,没弄清楚对方要表达的是什么,只是想当然地认为自己能够控制谈话的场面,结果适得其反。如果我们能仔细聆听,就会注意到对方是否愿意与自己交流,了解对方的观点或感受,也可以看出对方所关心、愿意讨论的重点在哪里。一个不友好的"听众"绝不可能成为一个友善的交谈者。

5. 注意反馈

与别人谈话就像司机开车一样,要随时留意"交通信号",知道什么时候继续,什么时候停止。当听众表现出不耐烦或厌倦的情绪时,就等于亮起了"红灯",这是暗示我们应当尽快停止谈话;反过来,当交往对象对我们所谈的内容感兴趣时,常会露出满意的神色,这是暗示我们继续谈话,这时信息和情感的交流也就变得更顺畅、更容易了。

(三) 插话的技巧

朋友们聚在一起,或闲聊神侃,或讨论争辩,其情其景,融洽和谐,其乐融融。此时有些人可能会十分痛苦,欲加入其中,却不知如何行动。因为不懂插话之道,不是因插话时机不对破坏了别人谈话的兴趣,就是所插之话离题万里破坏了交谈的氛围,或者人云亦云、毫无新意,不为人重视,弄得自己十分尴尬、被动。

1. 选择恰当时机

在交谈时,有些人表现欲强,往往不等别人把话说完就中途插嘴,压住或抢过别人的话头,硬要发表"高见"打断对方,这既有失礼貌,也容易引起别人反感,所以插话一定要把握好时机。礼貌的做法是等别人把话说完或把一层意思表述清楚后,在对方话语停顿的间隙,亮出观点,陈述己见。

课间,同学们围在一起聊起了阶段考试后要召开家长会的事情。平时成绩一般的陈立发牢骚道:"每次开完家长会,我就'很受伤',老师批评,爸妈抱怨。我看,这家长会是老师联合家长整治学生的机会,是打压成绩滞后同学的会议!"一些同学附和着说有同感。一旁正埋头做作业的李想听到后,很不认同这样的观点,没等大家说完,他接过话头说开了:"我的看法恰恰相反,我认为家长会非常有效果,是老师与家长、家长与学生之间交流的机会,是学生赢得家长在学习方面支持的契机。上次开完家长会,老爸回去跟我交流了半个多小时,从那以后,安排我补课的次数减少,让我自主学习的时间增多了。"本来陈立心中就有很多不满,话还没说完就被打断了,而插话的李想平时成绩不错,老师又很喜欢他,听李想这样一说,让陈立觉得李想就是针对他们这些滞后的学生,是针对他的,于是立刻言辞激烈地予以反驳,结果两个人差点打起来。

可见,要融入原有的交谈人群中,一定要注意选择恰当的时机,这样才不会让人产生反感或抵触心理。

2. 注意过渡衔接

无论是争论或交谈,都有其特有的话题或氛围,作为局外人想参与其中,在插话时一定要做到恰切自然地过渡衔接:所插之话内容应服从交谈的话题;自己的话语从总体上看,应与正在交谈的内容与氛围协调一致;不能岔开话题,无自弹琴。

一天,老师安排张泽和李刚放学后打扫卫生。当时张泽不在。等他回来后,李刚开玩笑地告诉张泽:"老师说今天放学你打扫卫生。"张泽信以为真,放学后就开始打扫。快干完时,李刚笑嘻嘻地说道:"这进度也不行啊,我来帮你吧。"张泽推辞了半天,李刚仍坚持,张泽感到不对劲,觉得老师是让李刚打扫,李刚假传"圣旨"愚弄他。于是张泽和李刚较起劲来,两个人争辩得面红耳赤。这时陈佳走了进来,插话道:"李刚是闹着玩的,你别当真,就当过愚人节吧!实际是老师让你们两个人打扫,你多做点儿,就当是'扶贫济困'吧。要谈对与错,应该是李刚的错,你是功臣呢!"

一个玩笑,引发了矛盾争执,若任其发展,则会引发更大的冲突。陈佳的插话很到位,既没回避矛盾,也没岔开话题,而是围绕双方争论的话题以幽默的语言批评了占小便宜的李刚,安抚了自感吃亏的张泽,避免了矛盾的升级。

3. 观点独到新颖

有的人在插话时,会引起别人的厌烦,是因为所插之话要么是老调重弹、陈词滥调,要么是人云亦云、没有主见。这种如鹦鹉学舌般的插话自然难吸引人,难以激起别人听话的兴趣。插话时,我们应根据语境选择独特角度,发表独到见解,力求给人耳目一新的感觉,这样,才有利于对方接纳这个"局外人"。

家长会上提出"文科作业习题化"的观点引起了家长之间的争论。"什么习题化,纯粹是题海战术的代名词。""做题目占用了阅读的时间,文科的'文'在哪里?""习题化是老师从实践中总结出来的,贴近实际,容易见效。不是有老师说吗,一天一个'马拉松',考试一定能成功。"大家你一言我一语,谁也说服不了谁。这时一个家长插话道:"老师提出的'作业习题化'并不是最终目的,而是手段,学生可以结合自己的实际情况去理解老师的话,比如做作业时,将看、做、想相结合,举一反三,即使少做一些习题老师也不会怪罪的。""有道理,有道理。"大家不约而同地称赞。

当大家就一个问题争执不休、不相上下时,因为插话的人提出了独到新颖的观点,缩小了各方认识上的分歧,终于使争论各方求同存异,终止了争辩。

4. 切忌随意打断

例1:

同学A:昨天下课的时候我还检查我的作业呢,等我从老师办公室回来,就发现放在桌子上的作业本不见了,我的那道数学题目……(同学A非常担心老师误会他把作业借给同学,也担心抄他作业的同学受到批评。)

同学B:这下你惨了,你的本子可能被别人抄完一起交上去了。看来,下节课老师不但会纠正错题,而且可能会点名批评你把作业借给别人的抄袭行为。

同学A:(不愿再继续谈话,转身走开了。)

例2:

同事甲:这次竞赛的即兴答题环节,我发挥得太差了!中国有多少个省、市、自治区,我都会的,可一紧张,竟把……(他是想说,一紧张竟把新疆维吾尔自治区和重庆市给忘了。没有发挥好,心里非常难过,希望有人能安慰一下自己。)

同事乙:你呀,怎么能把这两个这么容易记的给忘了呢,看样子你学得太差劲了。我这次倒是能对答如流,比如……

同事甲:(听乙这样说更难过了,趴在桌子上哭了起来。)

在别人说话的时候,不分时间、场合的随意打断对方的话语是最不礼貌的行为,由于没有听完对方谈话的内容,很容易断章取义,让对方失去了交谈的兴趣,使谈话陷入僵局,或无法继续。

（四）答的技巧

1. 留有余地

一个人有口才当然是件好事，但是，好的口才并不等于能和别人很好地交谈。有时，徒逞口舌之快，不容别人开口发表意见，不给别人留下谈话的空间，"好口才"不但不会帮助你和别人搞好关系，反而会让大家疏远你。

大家聚在寝室里开"卧谈会"，谈论李白《静夜思》中"举头望明月，低头思故乡"，问题集中在"明月"和"故乡"到底有什么联系上。大家都知道林浩对诗歌很有见解，都问他二者的联系到底怎样讲才好。林浩笑了笑说："大家先说吧！"大家你一句，我一句发表各自的见解后，林浩才说道："我觉得有一首歌可以为李白这首诗做注脚，'十五的月亮，照在家乡照在边关，宁静的夜晚你也思念，我也思念'。李白举头望见明月，便想起了故乡，就是因为身在异乡的李白，看到明月，便想到明月既照着身在异乡的自己，也照着自己的故乡，但自己却不能回到故乡，于是，便把自己对故乡的思念寄托给天上的明月，或者说，只能把自己对故乡的思念，让也照着家乡的明月带回故乡。但这更增加了他对故乡刻骨铭心的思念。"林浩的话刚一说完，大家便拍手叫好，心悦诚服地为林浩伸出了大拇指。

林浩在交谈中先让大家发表意见、表现自己，然后再表达自己的见解，既让交谈气氛十分热烈，又让大家受到启发，使交谈成了快乐的交流和探讨。如果林浩不让大家发表意见，而是一味地侃侃而谈，显示自己理解得深刻，效果就要差很多。

2. 诙谐幽默

幽默是人际交往的润滑剂，一句幽默的话能使人们在笑声中相互谅解，心情愉悦。当遇到窘境或尴尬时，我们可以通过幽默的解说将其诙谐化，把僵硬的场面激活，将尴尬化解。

王晓在刚结束的奥林匹克数学竞赛上获得了一等奖。班主任让王晓给同学们介绍经验。王晓迈上讲台的一刹那，看到台下四五十双眼睛齐刷刷地注视着自己，心里一紧张竟然一个趔趄摔倒在了讲台上！

王晓很快爬起来，说道："同学们，知道我为什么会摔倒吗？因为我一时疏忽，没有'脚踏实地'。所以，我在以后的学习、生活中，还要脚踏实地、一步一个脚印地去学习，否则，会'失足''摔跤'的。"

在众目睽睽之下摔跤是十分尴尬的事情，而王晓用幽默的语言自我圆场，把不小心摔跤曲解成自己没有"脚踏实地"，并引申出在学习、生活中要脚踏实地，否则就要摔跤的道理，掩饰了自己的窘态，也制造出了幽默的气氛。

3. 委婉迂回

第二次世界大战中，丘吉尔在领导英国人民配合盟军战胜法西斯的战役中起到了关键作用。在战后丘吉尔退位时，英国国会拟通过提案，打算为他塑造一尊铜像，陈列在公园，使英国人民不忘他的卓著功勋。

丘吉尔听说之后，认为这样做不妥，于是拒绝了。他拒绝得很巧妙，他说："多谢大家的好意，可是我不喜欢鸟儿在我的铜像头上拉粪，还是请大家高抬贵手吧！"

在日常交际中，人们总会遇到一些不便说，不忍说，或者由于语言环境的限制不能直说的话，这时故意说些与本意相似或相关的事或物，来烘托本来要表达的意思，使原本比较困难的交往，变得容易起来。

4. 转移话题

在公众场合,我们往往会遇到一些相当敏感的话题,这时候不妨借对方的话语转移一下话题,有时会收到出人意料的效果。当然巧妙地转移话题,不是故意去回避对方的提问,而是让对方在你的牵引下,从另外的一个方面来了解你,让人耳目一新,收到一箭双雕的效果。

例如,1983年9月,美国国防部长温伯格访华时,在我国国防部部长张爱萍主持的欢迎宴会上,温伯格在祝酒辞中四次提到中美之间的"战略合作",但张爱萍部长只说:"中国奉行独立自主的外交政策",只字未提"战略合作",有意地把话题岔开了,以此表示中国对此有自己独特的看法。

5. 针锋相对

在人际交往中,我们有时候会遇到他人带有攻击性的话语,如果处理不当,会使自己陷入尴尬难堪的困境。当别人故意向你挑衅时,我们先要冷静地去"听",然后抓住对方话语中的漏洞,针锋相对,反过来刺激一下对方,让对方狂妄的气焰有所收敛,感受到你的不可侵犯的尊严,以此化解尴尬,走出困境。

原外经贸部部长吴仪,率团去美国参加中美知识产权谈判。美方财大气粗,架势盛气凌人,抓住中国市场上极少数人的侵权行为,小题大做,企图贬低中国。一见面美方代表就给中国代表团来了一个下马威:"我们是在和小偷谈判!"此时场上的气氛立即紧张起来,人们都担心今天的谈判恐怕难以顺利地进行下去。面对对方的无礼和挑衅,吴仪从容不迫地回敬道:"今天,我们不远万里前来,竟是和强盗在谈判!请看你们博物馆里的东西,有多少是从中国抢来的!"语音刚落,中方人员的脸上都露出敬佩的笑容,对方代表也无言以对,谈判的气氛才缓和下来。

吴仪没有就"小偷"的问题直接回击美方代表,而是"礼尚往来",抓住美方历史上曾经掠夺中国大量财物的事实,巧妙回击。寓意十分清楚:以偏概全的美国诬蔑我们是"小偷",追溯历史,美国简直是"强盗",并且铁证如山。坚决而得体的语言切中要害,既维护了祖国的尊严,又把难堪和尴尬抛回给对方。笑谈间达到了反击的目的,促进了谈判的正常进行。

6. 避实就虚

小到日常生活,大到国际事务,常常会出现一方居高临下,瞧不起另一方的现象。处于弱势的一方,如何面对对方的傲慢,迅速作出反应,使自己顺利地摆脱窘迫的局面?避实就虚,巧妙化解对方的刁难,是高明的一招。

在建国初期,毛泽东派何长工率军事代表团去苏联谈判。斯大林的特使维辛斯基一副"老大哥"架势,他知道新中国的很多军事将领都出身贫苦,很少上过正规的军事院校,就故意问:"你是什么军事院校毕业的呀?我看你就像个教书匠嘛。"何长工微微一笑,说:"我是游击大学毕业的,是战争大学毕业的。我的学历22年,天安门广场升起第一面五星红旗,我们才领到了一个集体毕业证书。"维辛斯基听后大吃一惊,换了一种态度,说:"在我接见的许多代表团团长中,你是最'调皮'的了。"何长工也笑了,说:"在中国,我只是一个中等'调皮'的,大'调皮'的还没有来呢。没有我们这些'调皮'的,怎么能打垮蒋介石八百万军队啊!"何长工的妙答,让维辛斯基刮目相看,为后来的谈判打下了良好的基础。

不卑不亢的态度,绵里藏针的话语,使对方转变了态度,为谈判赢得了好的开局。

7. 模糊应对

王安石的儿子王元泽年幼时,有一个客人拿着两只笼子,笼子里分别装着一只獐、一只鹿。

客人问:"哪一只是獐,哪一只是鹿?"

王元泽年幼不认识,便回答说:"獐边是鹿,鹿边是獐。"

客人听后十分惊奇。

模糊应对是当对方提出左右为难的问题,或不能直接回答的问题,或不知准确答案,用收缩性大,变通性强,语义不明确的词语,以"避实就虚,巧妙闪避"的模糊语言来作答,不让对方抓住把柄,进而化解矛盾,摆脱被动的局面。

总之,要想成为一个出色的、健谈的人需要有很高的技巧。掌握这些技巧,会使你成为受人欢迎的、出色的交谈者。那时你便会发现,交谈不仅仅是一件有趣的事,它还会使你得到意想不到的收获。

【实训设计】

实训任务 1：

五一放假,张明和厦华没有回家。两人相约5月2日一起去爬山。但由于厦华总是有事,结果两人的计划拖到了5月4日,而这天的天气阴沉,还下起了小雨。张明非常生气,在电话里和厦华吵了起来,两人谁也不理谁了。开学回来,你发现了两人之间的矛盾,作为朋友的你,要如何化解两人的矛盾?

实训任务 2：

你的朋友向你借了一本书,这本书是你最珍惜的,因为是珍藏版,现在已经买不到了。当朋友来还书时,你发现书不仅弄破了,而且缺了很多页。朋友又没有主动道歉。你该怎么办?

实训任务 3：

阅读下面两个例子,谈谈媳妇和女婿的谈话方式各有什么特点。

例1:巧嘴儿媳妇

媳妇煮好了米饭,先盛了一碗给公公。公公吃了一口,称赞道:"今天的饭真香。"媳妇听了高兴地说:"这顿饭是我做的。"公公又吃了一口,"咔嚓"一声,叫道:"怎么饭里有沙子?"媳妇说:"是姑姑淘的米。"公公把饭碗端起来,搅了两下,闻了闻说:"怎么有点煳味?"媳妇说道:"是婆婆烧的火。"

例2:新女婿

小刘和女朋友准备结婚了,女朋友的妈妈要见小刘。下了班,小刘顾不得买礼品,直奔理发店理了发,等赶到岳母家已经气喘吁吁了。

进屋后,小刘给岳母鞠了个躬,说道:"岳母,您好!"岳母招呼道:"请坐。"小刘盘着腿倚着沙发坐下来。"岳母,今年多大了? 在什么单位上班?""今年快六十了,在环卫处上班。""工作累吗?""还可以。你妈妈在什么单位?""在一个公司的外事办。工作很忙,经常和外宾打交道。"小刘眉飞色舞地说。"在这儿吃饭吧。"岳母说。"下班急着来这,没买礼物,请原谅。"小刘解释道。"别客气。"岳母进了厨房开始准备晚饭。小刘和女朋友进到里屋听起了音乐,直到岳母召唤才出来吃饭。吃了饭小刘就告辞回家了。

第五节 发　　言

【学习目标】
1. 掌握发言的基本要求，了解发言时常见的问题。
2. 学会发言的技巧，能在发言时自如地运用。
3. 通过训练，提高发言的水平。

【引例与分析】
新上任的村妇女主任发表就职讲话，面对的是一群没有太多文化的农村妇女，这种场合如何讲话便成了问题。她是这样说的："大伙选我当妇女的头儿，算是瞧得起我，请婶子、大娘、姐妹们放心，我也是女人，也有丈夫，有家，也怀孕生过孩子，我知道哪些利益该为咱妇女去争，哪些事该为咱妇女干。我先试着干一年，干不好，大伙再另选别人。"一番话赢得阵阵掌声。

分析：
这位妇女主任在就职发言时既没有讲当前形势，也没说今后措施，既没谈妇女的地位，也没讲计划生育的意义，却获得了非常好的效果。可见，好的发言不在于发言人的基调有多高，词语多丰富，而是看发言能否到达效力。

【相关知识】
一、发言中常见问题
当我们站在众多人面前讲话时，几乎每个人都会紧张。我们会发现到了台上之后，有时像变了个人一样，常常会出现一些问题。
（1）语音不清。普通话发音不准确，方言太重，吐字不清晰；声音小，声调没有起伏变化，语速过快或节奏过慢，缺乏抑扬顿挫之感；口头语过多，如就是说、这个、那个、啊、什么等出现的频率非常高。
（2）内容不明。很多准备好的内容，一旦到了台上全忘了，结果主题不突出，语句啰唆，没有条理性，内容混乱，让人不知所云。
（3）肢体配合不自然。站在台上身体不稳，不自主地摇晃；两肩不平，两脚分开宽过两肩；目光不敢与听众交流，只盯着一处看，或眼神飘忽不定；表情单一、没有变化，或过于频繁地眨眼。
（4）应变能力差。出现突发状况时缺乏应变、抗干扰的能力，不敢或不会幽默，造成很长时间的空场，不能控制气氛。
二、发言的基本要求
（一）语音清晰
发言时的语言应做到发音正确、清晰、优美，词句流利、准确、易懂，语调贴切、自然、动情。
以声音为主要物质手段的语言应既能准确地表达出丰富多彩的思想感情，又要悦耳爽心，清晰优美。为此，发言者必须努力使自己的声音达到最佳状态。
一般来说，最佳语音是：准确清晰，即吐字正确清楚，语气得当，节奏自然；清亮圆润，即声音洪亮清晰,铿锵有力,悦耳动听;富于变化,即区分轻重缓急,随感情变化而变化;有传达力和渗透力,即声音有一定的响度和力度,使在场听众都能听真切,听明白。

发言人借助有声语言发出的信息,应使听众能立即理解。因为听众接受发言人语言信息的主要途径就是听觉。对接收者来说,书面语言可以慢慢被理解,而口语则需要立即被听懂,这是口语与书面语言之间明显的差异,所以发言人的语言应流畅、准确、易懂。

语调是口语表达的重要手段,它能很好地辅助语言表情达意。同样的一句话,由于语调轻重、高低、长短、急缓等的不同变化,在不同的语境里表达效果完全不同。比如,语气急骤、声音较重可以表达坚定、果敢、豪迈、愤怒的思想感情,语气舒缓、声音较轻可以表达幸福、温暖、体贴、欣慰的思想感情,语调前后弱中间强可以表达优雅、庄重、满足的思想感情。应当根据发言场合选择贴切的语调,而贴切、自然的语调也正是演讲者思想感情在语言上的自然流露。

(二) 分清场合,措辞得当

好口才不在于能说会道,巧舌如簧。衡量发言人口才最主要的标准是看他语言效力的高低。废话空话套话一大篇,别人是不愿意听的,对讲话效果有非常大的影响。所以,发言人根据不同的场合,注意自己的言辞表达技巧是十分重要的。

周总理举行记者招待会,介绍我国建设成就。一个西方记者说道:"请问,中国人民银行有多少资金?"周恩来委婉地说:"中国人民银行的货币资金嘛?有18元8角8分。"当他看到众人不解的样子,又解释说:"中国人民银行发行的面额为10元、5元、2元、1元、5角、2角、1角、5分、2分、1分的10种主辅人民币,合计为18元8角8分……"

这位记者提出这样的问题,有两种可能性,一个是嘲笑中国穷,实力差,国库空虚;一个是想刺探中国的经济情报。周总理在高级外交场合,同样显示出机智过人的幽默风度,让人折服。可见如此巧妙的发言依靠的是雄辩的口才和飞速的思维。

场合分为正式与非正式。正式场合说话应严肃认真,事先周密准备,不能乱说。非正式场合说话可以稍随便一些,像聊天一样,但也不是随心所欲,想说什么就脱口而出,同样需要思考。场合还分为欢快与悲伤。欢快的场合,宜说欢快高兴之事,忌说丧气之话。悲伤的场合就不适宜兴高采烈地叙述。另外,应当根据现场的情况掌握发言的时间。当时间很紧时,说话就要简明扼要,如果啰唆没完,即使听者不便拒绝,发言的效果也会非常不好。

(三) 重点突出

发言的主要目的就是要把自己的观点表达给听众,所以,观点应是发言的核心,应贯穿于发言的始终。如果能用几句精练的语言集中表达出观点,就无须多费口舌,与主题无关的话大可不必说。抓住重点,讲深讲透,言简意赅,给人干脆利落之感,越是精练的话语越有一种无形的力量,也就是"惜语如金"。

1924年8月,北洋奉系军阀张作霖在作战前要做训话。秘书们连夜赶写训话文稿。写完后交给张作霖过目。张作霖骂道:"你们这帮耍笔杆儿的,准叫墨汁灌糊涂了!文绉绉的长玩意儿,多耽误事!说的人费劲,听的人难受,简直活坑人!他妈的重写!"于是秘书连夜加班,几易其稿最后交上来1 000多字的稿。训话开始了,张大帅气宇轩昂走上讲台:"军人说话,贵乎简。军人说话,贵乎明简。呵咳!呵咳!"张大帅干咳了几声,就再也说不下去了。他把"贵乎简明"说成"贵乎明简",结果想不起下文,接不上了。突然,他把日本式的胡子一捋,放开嗓门,即兴说道:"咱们就说大实话:前年夏天,咱们跟吴某人干了一仗,大家还记得吧?!(军官们低头不语。)丢人的事都记在我账上,你们别抹不开。眼下,姓吴的又找茬了!你们说说,该咋办?(群情激愤,振臂高呼'打'!)好!打!咱们丑话说在前头:这回,许胜不许败!胜的,升官得奖;死的,多给恤金;败的,军法论罪!我说话算数!你们好好合计合计。我的话完了。"

没有过多修饰性的词语,没有繁复的修辞手法,语言简短朴实,但力度和作用却显而易见。就因为要表达的意思清晰、重点突出,听者非常容易地接受了,发言的目的自然就达到了,贵乎精而非多,就在于此。

(四)情理并重

发言的过程也是社交的过程,所以发言应使用社交语言,讲究文明礼貌。同时,发言的内容要具有感染力,能打动人心,晓之以理,动之以情。只有尊敬他人,才能赢得他人的尊重,因而,发言人的讲话应入情入理,让人心悦诚服。这就要求发言人要不断更新自己的知识,更新观念,提高自己的语言素质,使自己的语言充满时代气息,体现时代文明。

(五)临场应变

在众人面前发表意见时,特别是在互动环节中听众提出问题时,发言者可能因为一些突发状况而精神紧张、心慌意乱,原来准备得很好的讲话内容,也会一跑而空,自己变得不知所云。这就需要发言者具有一定的临场应变能力。发言者应变能力的形成与敏捷的思维、快速反应能力、发言经验的积累、日常训练等都有很直接的关联。所以,要想在发言时根据临场环境进行更好的发挥,必须注重平时的训练和积累。

三、发言的技巧

(一)做好知识储备

不少人有这样的感觉,说起自己特别熟悉的问题,容易打开话匣子,滔滔不绝,遇到自己不熟悉的话题时,哑口无言。这说明,具有渊博知识的人,才会有较强的语言能力。只有用丰富的知识——专业知识、自然知识、历史知识、社会知识、生活知识等,把自己的头脑武装起来,在发言中才能游刃有余,左右逢源,流畅无阻。尤其是即兴发言,对于一个缺乏艺术功底和文化素养的人来说可以说是一种危险的陷阱;但是,即兴发言又是一种成功的阶梯,只要具备了丰厚的艺术功底和文化素养就能攀登上去,展示出自己的才能,达到光辉的顶点。

(二)做好心理准备

美国心理学家曾在三千人当中做过一次心理测验:你最担心的是什么?答案是漫无边际的:死亡、双目失明、丧失亲人、疾病、面容被毁、离婚等。令人吃惊的是,约占40%的人认为最令人担心也是最令人痛苦的事是在大庭广众之下讲话。既然许多人都和我们一样有这种心态,那么对此不妨泰然处之。美国口才大师詹宁斯·伯瑞安初次上台演讲时两个膝盖颤抖地碰在一起;美国讽刺作家马克·吐温第一次当众朗诵时口中像塞满了棉花;印度总理英迪拉·甘地初次发表演讲时"不是在讲话,而是在尖叫";古罗马雄辩家西塞罗开始演讲时脸色苍白,四肢和整个心灵都在颤抖;被喻为"世纪演说家"的英国首相温斯顿·丘吉尔开始演讲时心窝里似乎塞着一块厚九寸的冰疙瘩。看来,怯场人人都有,只是那些成功的口才艺术大师多上场表达几次,多拥有几分克服怯场的经验,并使这种胆怯缩小到最低限度而不至于外露而已。所以,发言前调整好心态,坦然应对,会让自己有更出色的发挥。

(三)自己先"懂"

要作出精彩的发言,首先要自己"懂"。在没说之前,确认你对所说内容或问题是否彻底弄清楚了;明确自己向听众表达的观点是什么,讲话的主要内容是什么;确定通过讲话期待产生什么样的后果。在没有弄清楚之前,不要急于发言。很显然,目的越清楚、明确,语言就越能抓住重点,越能为听众所理解。

一位教师受邀请参加迎新生联欢会,会上主持人请他代表老师发言。他是这样说的:"亲爱的同学们,你们好!大家带着父母新的希望,带着朋友新的祝福,也带着自己新的理想,来到了这个新的地方。在这新的学期里,衷心希望大家以新的语言、新的行动、新的风貌、新的一切去适应新的环境,开始新的学习,展示新的生活以掌握新的知识,增加新的技能,取得新的成绩。相信大家三年之后,将以新的姿态、新的风采站在父母、朋友、社会的面前,那时你就可以骄傲地说:'新的生活开始了!'"

这位老师抓住了主题——新,然后展开。不管是有明确主题的场合,还是未有明确题目只有情景的发言,甚至是生活中的突然发问,发言者都要先弄懂发言的目的、主要内容、预期的效果,然后调动自己的生活阅历从知识的宝库中提取材料,布局谋篇。

(四)想好再说

巧妇难为无米之炊。发言也是如此,好口才固然很重要,好思路更是必不可少。只有好的思路,才能有好的表达。思路的展开有这样几种方法:

1. 循规蹈矩

人们对事物的认识有其习惯的程式,人们处理事情、解决问题也常有一定的章法和规范。在发言时,我们依据固有的定式,在杂乱无章中快速地理出头绪,形成清晰明了的思路,自然会使我们的表达清楚明白,也更便于读者理解。

2. 逆向思维

事物都有正反两个方面,而反常规、悖常理的探求和思考,常能使我们想人所未想,见解独特,立异标新,这叫逆向思维。言人所未言,讲说新奇,这样与众不同的表达,利于抓住听众,达到出奇制胜的效果。

3. 旁征博引

如果我们去挖掘、探究就会发现事物之间有许多相似之处,就像珍珠项链一样,都是靠着一条线穿起来的,只要抓住这条线,就能把事物巧妙地、创造性地联结在一起。找到事物间的相似性就找到了它们的联系,由此辐射开来,就能使我们举一反三,触类旁通,开启思路的闸门,找到滔滔不绝的话题,收到一石多鸟、多管齐下的效果,还能开阔思路,使我们的思路形散而神聚,利于从整体上把握事物。

总之,精彩的发言,至关重要的是思维及思路的训练。善于说,必须先善于思。

(五)用"心"去说

当一方根据对方的提问来发言时,要尽量把内容讲清楚,使提问者得到明确的答复,因为每个提问者都希望从对方处获得答案。所以,发言时要认真对待,用"心"对待。发言人对自己回答的每一句话都负有责任,因为对方可以把他的回答理所当然地认为是一种承诺。这就给发言的人带来一定的精神压力与负担。发言者的水平高低很大程度上取决于答复问题水平的高低。当然,用"心"去说,不等于不加思考地有一说一,要考虑问题的意义所在,然后作答。我们可以将问题范围缩小,或者对问题的前提加以修饰;对类似的情况加以说明,利用反问把问题转移;避免出现漏洞,减少对方追问的兴致和机会;给自己充足的时间思考。

（六）形象地说

优秀的演讲之所以会给听众留下深刻的印象，就是因为演讲者在描述时注意到了形象性。发言同演讲一样，也需要注意形象性，让听众在听过之后留下比较深刻的印象，有时形象化的叙述便可以表明观点，不需要更多的议论或说明。如何让讲话中所涉及的人物、行为、动作、景物、事物、场面等，真实地再现在听众面前，使听众加深对所听到的内容的理解呢？如何让听众在实实在在的形象中感悟发言人所要表达的内涵？选取形象化的素材，可以加大讲话内容的形象性。运用形象化的词语和句子，可以启发听众做形象化的想象和联想。在内容的表达上，形象性是最能体现作者的主观意图的，选择有代表性的形象素材，本身就是在突出表现发言的特色内容。

【实训设计】

实训任务1：

教师为学生播放一段5分钟左右的录音，录音内容可以是新闻稿，也可以是杂乱的材料，要求学生在录音播放过程中做好记录，然后复述。

实训任务2：

针对下面的话题展开一段发言，时间3~5分钟，轮流进行。
（1）大学生的文凭不能够代表水平。
（2）企业更看重人才的德。
（3）知识来源于社会。
（4）传统节日与西洋节日的异同。
（5）名牌大学决定命运。

实训任务3：

根据现场环境做即兴发言，然后请同学们点评。听者可以当场根据发言内容提出质疑，最后大家讨论发言时怎样稳定心理，在面对质疑时如何应对。

第六节 论　　辩

【学习目标】
1. 掌握论辩的含义、类型和作用，明确论辩的语言要求。
2. 学会论辩的各种技巧，能在论辩中灵活运用。
3. 通过训练，提高论辩的水平和临场应变能力。

【引例与分析】

历史上有一段苏格拉底和欧西德关于"正当与不正当"的经典对话。

欧西德：我所做的事，没有不正当的。

苏格拉底：那么，你能举例说明什么是"正当"，什么是"不正当"吗？
欧西德：能。
苏格拉底：虚伪是"正当"还是"不正当"？
欧西德：不正当。
苏格拉底：偷盗呢？
欧西德：不正当。
苏格拉底：侮辱他人呢？
欧西德：不正当。
苏格拉底：克敌而侮辱敌人，是"正当"还是"不正当"？
欧西德：正当。
苏格拉底：诱敌而窃取敌物，是"正当"还是"不正当"？
欧西德：正当。
苏格拉底：你方才说侮辱他人和偷盗都"不正当"，现在为什么又说"正当"？
欧西德：以前是对友，现在是对敌。
苏格拉底：假如一位将军见其军队士气低落，不能作战，便欺骗士兵说："救兵将到，勇往直前吧！"因此大获全胜。这是"正当"还是"不正当"？
欧西德：正当。
苏格拉底：小孩生病不肯吃药，父亲骗她说："药味很甜。"小孩吃了，挽救了生命，这是"正当"还是"不正当"？
欧西德：正当。
苏格拉底：你的朋友因精神病发作想取刀自杀，你将他的刀偷去了。这是"正当"还是"不正当"？
欧西德：正当。
苏格拉底：你说"不正当"只可对敌，不可对友，何以现在又可以对友了呢？
欧西德：苏格拉底，我不能答你了。

分析：

苏格拉底从对方所熟知的具体事物和现象开始，揭示对方的矛盾之处，层层推进，最终得出双方都认可的结论，这就是论辩。论辩能够激励人们产生新的思想，增长见识，提高口才。论辩是客观存在的，不管人们是否承认，是否重视，它是人类语言、思想活动交流的伴侣。

【相关知识】

在社会生活中人们为了推进人际关系的和谐、社会的发展、科学的进步、工作的顺利开展，随时要与周围的人达成思想和情感共识，因此论辩活动在社会的各个领域中无处不在、无时不有，它是一种必不可少、行之有效的解决矛盾、统一认识的语言交流方式。

一、论辩的含义、类型和作用

（一）论辩的含义

论辩又叫辩论。论，就是议论、讲述；辩，就是辩解、辩驳。是指双方站在不同立场上，就同一问题阐释自己的见解，批驳对方的话语，以求明辨是非、分清曲直的双向性口语交际过程。从哲学、社会学的角度,人总是生活在一定的自然环境与社会环境中,社会的广博、复杂、多变,使人们的经历各不相同,人们对社会的感知、对事物的思考角度也就不同,形成的观点也不尽相同。双方为了维护自己的观点,通过不断论证、辨析想驳倒对方,尽可能地展现自己伶俐的口齿、广博的知识、敏捷的思维、幽默的谈吐等,这些精彩的发挥深深地吸引着我们。可见,论辩展现的不仅是语言的魅力,更重要的是它的思想魅力、精神魅力。

(二) 论辩的类型

1. 日常争辩

日常争辩是以生活中发生的问题为论点,或为了达到某种效果,或为了完成某项任务展开的论辩。它不受时间、地点、人数的限制,一般不用准备,是一种即兴的表达。这种论辩一般不是为了分出胜负而进行的,多是为了维护正义、集思广益、消除分歧、建立和谐的工作生活气氛。但这并不是说可以随心所欲地发表意见,也要遵守一定规则:要有积极意义;争辩的过程中要注意说话的尺度;要善解人意,不能恶语相向。

公共汽车上,姑娘上车后看到一个小伙子旁有座位,走过去,问道:"请问,这儿没人吧?"小伙子说:"没有。"姑娘听后准备坐下,小伙子把腿放到座位上,姑娘很奇怪,问:"既然没人,你为什么不让我坐?"小伙子说:"因为你不会说话。"姑娘纳闷地问:"那么,请问该怎么说?"小伙子眯起眼睛,装腔作势地看了看姑娘,说道:"看来你是没受过什么教育,让大哥教教你吧。你应该这样说'大哥,这儿有人吗?小妹妹我坐这儿可以吗?'哈哈……"姑娘说道:"你既然这么有教养,又有自己独特的方式,见了我,你就应该按你的'礼貌'说话才对呀。"小伙子不明白了,"这怎么说呢?"姑娘不紧不慢地说:"看见我来了你应该起身肃立站好,鞠躬致意,说:'大姐,这儿没人,小弟请你赏脸,坐在这儿可以吗?'你连自己的'礼貌'都没做到,还想教别人。"小伙子在乘客们的嘲笑声中,脸上一阵红一阵白,尴尬万分。

不合时宜的刁难、挑衅的争辩,最后只会给自己带来尴尬和挫败。

2. 专题论辩

双方围绕某一论题,在指定的场地进行的论辩叫专题论辩。参与这种论辩要有备而来,语言要准确,论证得要有力度,不能随心所欲,漫天跑题。

专题论辩包括决策辩论、学术辩论、论文答辩、商业谈判、法庭辩论、外交辩论等。因为场合、目的、内容不同,各有特点。

3. 赛场辩论

这种辩论是有组织地按照一定规则、程序开展的竞赛活动。它具有演练性、立场的不确定性(由抽签决定)、规则性、公平性等特点。可以说是前两种论辩的模拟活动,是一种正在发展的比赛项目。

例如,全国大学生辩论赛、国际大专辩论赛等都是大家非常熟悉的,这些比赛就是赛场辩论的形式。

(三) 论辩的作用

论辩作为一种言语交际方式,随着社会生活发展的需要而发展,反过来对社会也起着重要作用。墨子早在两千多年前便作过很好的论述:"夫辩者,将以明是非之分,审治乱之纪,明同异之处,审名实之理。处利害,决嫌疑。"

1. 增长知识,明辨真伪

论辩中双方为了找到对方的漏洞进而反驳对方,会搜集资料,对论题进行深入的了解和分析,这个过程扩大了自己的知识面;通过论辩双方交换信息,辩手了解到不同的观点和意见,丰富了自己的认知;论辩的气氛能激发辩手的思维,引发灵感,可能使原来百思不得其解的问题,一下子找到了答案。所以通过论辩,能够让人增长知识,明辨真伪,战胜谬误,光大真理。

2. 增进沟通,拉近距离

辩手在论辩中或合作、或竞争的关系,能够改善和调节人际关系,使人与人之间在更符合理性的原则下交往。社会发展中很多的旧与新、解放与保守的观念都是通过论辩促进其发展或改进的。通过论辩可以分清是非,求同存异,实现更高层次的心理沟通。

3. 培养思维,锻炼口才

针对对方的质疑或攻击进行论辩可以增长知识,而想胜辩就需要根据对方的问题迅速找到反驳的论据,快速作出回答而没有漏洞,所以论辩还能培养思维、锻炼口才。在论辩现场气氛的积极作用下,论辩者会积极调动自己的思维,敏锐观察,理顺思路,形成井井有条、富有感染力的语言。

4. 激发热情,促进发展

论辩是一种智慧的、知识的、心理的和口才的比拼,论辩者必须有坚定的意志与沉着的心理才能取得成功,否则不辩即倒。所以参加论辩能够激发热情,培养人的竞争意识。通过论辩可以汲取先进的理论,推陈出新,摆脱旧观念的羁绊和束缚,使新观念日渐完善;论辩可以激发人的创造力、改革意识。社会的变革、新观念的涌出,很多都是在论辩中开始的。

二、论辩语言要求

论辩是为了探求真理,为了实事求是,只要世界上存在是与非,只要真理没有穷尽,论辩永远是需要的,永远有意义。唇枪舌剑、针锋相对的论辩与其他交谈、演讲不同,有自己的特点及要求。

(一)语言严谨,富于感情

论辩的语言必须逻辑严密,思路清晰,才会使自己的论点坚实、有力,让对方找不到漏洞,没有反驳的余地,从而取得论辩的胜利。在论辩过程中,辩手必须全身心地投入,充满激情,用自己有声有色的语言去感染听者;用感人之事、肺腑之言与听者进行情感交流,使听者能从辩手的举止言谈中感受到对他人的尊重之情、友好之情和对论点的坚信,从而获得好感、赢得支持。

(二)语速适当,内容精练

一般情况下,辩手间的对抗都比较激烈,信息传递节奏非常快捷,听众的情绪也比较亢奋,这时,辩手长篇大论必定会引起反感,因此辩手除了吐字清晰、嗓音明亮外,还应根据听众的心理节奏掌握好语流节奏,做到抑扬顿挫、起伏有致,多姿多彩。尤其是赛场辩论,双方的发言均有时间限制,为了不给对手留下更多思考的时间,辩手都想快速作答来压缩时间,这样容易造成语速变快,把话说得像连珠炮似的。虽然节约了时间,但容易使人听不清楚。只有在较小的篇幅里容纳较多的信息,其反击才是最奏效的。所以,论辩的语言应是简洁明快、精练有力的。

(三)针对性强,观点鲜明

辩论双方所持的观点往往是针锋相对,非此即彼,这就形成了双方的矛盾性、对抗性。双方面对面地进行争论,各己己见,努力论证自己的观点,批驳对方的观点,呈现出一种攻与守的对抗状态。为了说服对方,论辩的语言就要发挥出强烈的攻击力,语言要明快、犀利,论点要清晰、明确,说理要入木三分,批驳要直言快语,语气要铿锵有力,从气势上压倒对方,赢得听众。这是由论辩的对抗性所决定的。

（四）机智灵活,体现智慧

论辩又被称为论战,战则有术,术即谋划策略。所以说论辩是舌战,也是智斗。辩论中要想捍卫自己的观点,令他人信服,就需要讲究方式与方法,讲究策略。怎样进攻、怎样防守、怎样反击,都需要巧妙、精心地策划,仔细推敲,才能克敌制胜。只有敏锐的思想意识,严密的逻辑推理,准确的战机捕捉,迅猛的攻击和恰到好处的语言表达,才是不可战胜的。论辩中的一问一答都是辩手智慧的展现。

三、论辩的技巧

（一）解题的技巧

保持正确合理的论点使对方难以找到辩驳的缺口,增添获胜的信心,是论辩获胜的基础。因此,论辩之前确立论点要注意科学全面,符合辩证法的原则。我们对事物的认识不能绝对,应在一定条件下谈论其正确性与合理性。美与丑、真与假、善与恶是相对的、有条件的。通常,论辩的题目都具有较强的可辩性,给论辩的双方提供的胜率也是相同的,不会偏袒任何一方。论辩的结果不同,是由于双方对辩题的理解、分析角度的不同,语言表述的差异导致的。正所谓欲论辩先破题。即在辩论开始前深入分析辩题,找到关键所在,用简洁、凝练的语言说破辩题的要义。这如同作战一样,一开始双方就要抢占"制高点",占领了"制高点",掌握了主动权,胜利的机会就会增大。解题的优劣在很大程度上决定了论辩的成败。

1. 以点带面

论辩中,参辩者可以抢夺先机,率先对辩题中某些关键词作出有利于己方的定义,进而对辩题作出自己的解读,先于对方占领论辩的"制高点",突然发起攻势。对方措手不及,立即陷入被动,必然会招架乏术,反击乏力。例如,一次辩论赛的辩题是:外来投资能不能确保发展中国家经济高速增长。这句话中的"确保"应当是指有了外来投资就可以使发展中国家经济高速增长。显然,这话说得太绝对了,这么一来,正方几乎无理可辩,极易受到反方的攻击。

在辩论赛开始时,正方利用所拥有的定义优先权,率先对"确保"这一关键词进行重新定义:"'确保'并不是指百分之百地保证。例如,在大城市的公交车上,售票员常常用扬声器呼唤:'为了确保各位乘客的安全,请不要扶车门。'这并不是说只要不去扶车门,乘客的安全就可以百分之百地保证了。"正方对"确保"一词作了有利于己方的重新定义,对辩题的解析就成了"外来投资可能使发展中国家经济高速增长,当然也可能由于种种原因,经济达不到高速增长"。反方没有准备,不知如何去反驳,默认了定义,使自己陷于困境。

这种解题技巧,使正方立论坚实而灵活,进可攻、退可守,立于不败之地;反方一招被动,招招被动,最终失败。

2. 大事化小

论辩忌讳从理论到理论地大发议论,所以应尽量将辩题向现实靠拢,用现实材料去展开论证,避免空谈,以此赢得听众。在论辩前,辩手要先审视辩题,如果觉得辩题的内涵不明确、外延过大,对自己不利,将其"大事化小"来缩小其外延,丰富其内涵,从而使自己的论点坚实,为取得胜利创造条件。

例如,关于"发展旅游业弊大于利,还是利大于弊"的论辩,持"发展旅游业弊大于利"的一方,如果就辩题本身展开论述的话是很难取胜的。而这一方提出"如果不分时间、地点、环境,无条件地、盲目地发展旅游业,则是弊大于利"。巧妙地缩小了辩题的外延,丰富了内涵,化被动为主动,变不利为有利,解题中肯,并用现实中的例子来佐证,对方难以置辩,最终获得胜利。

3. 小题大做

论题过大可以变小,而有些论题让人感觉对方占着绝对的优势,自己似乎无理可辩,如若就事论事,结果可想而知。这时我们可以把辩题放在一个更大或更高的范围来审视、分析,联系该辩题所涉及的历史背景、现实环境等,扩大其外延,高屋建瓴地占领"制高点",效果会截然相反。

例如,某大学生辩论赛的辩题是"艾滋病是(不是)医学问题,不是(而是)社会问题"。艾滋病从小范围上可以说是医学问题,但反方辩手指出:"艾滋病是在社会中发生、发展的","必须用社会系统工程加以解决","艾滋病有传染性、致命性和社会危害性",艾滋病已经成为一种严重的社会公害,"已远远超出医学的范畴,因此,控制艾滋病只能依靠社会整体力量"。把辩题放在社会的大背景中居高临下地论述,站得高,看得远,从气势上和理论上都让人难以反驳、抗衡。

4. 与时俱进

在论辩中,参辩者应对辩题的"利"与"害"因素作全面认真的分析,在破题时能"趋利避害"。因为随着社会的发展,时代赋予很多词汇新的含义,有时这些新意能使自己摆脱被动局面,化害为利,争取主动地位,为赢得论辩创造有利的条件。

有一场关于"门当户对是不是美满婚姻基础"的辩论。"门当户对"之说是多年来被批判的观点,所以初看这个辩题似乎对正方很不利。然而正方却与时俱进,把时代感融入其中,这样解题:"门当户对只是一种比喻,是指缔结婚姻的男女双方在家境、经历、文化修养、社会地位、性格、爱好等方面大体接近或趋于一致。自古就有'在天愿作比翼鸟,在地愿为连理枝'、'燕雀安知鸿鹄之志哉'说法,大鹏之所以不能和小雀比翼齐飞就是门不当户不对。"

这样巧妙的解题,将不利因素化为有利因素,给约定俗成的词语注入了时代感,赋予全新的含义。使题目完全跳出了"婚姻双方要地位相当",升华为"婚姻双方要志同道合",取得了辩论的主动权。

5. 拨云见日

在论辩中,参辩者要善于对辩题作辩证性思考,从事物对立统一的辩证关系来破题,对辩题进行辩证阐释,透过现象看本质,使得见解更为精辟,立论高人一等。

在"实施环境保护会不会降低经济增长速度"的辩论赛上,正方辩手一上场就声明:"我们是环保的坚定拥护者,我们希望既保护环境,又增长经济。但是鱼和熊掌不可兼得。为了人类的生存和发展,为了子孙后代的幸福,我们宁可适当降低经济增长速度,也要保护好环境。"正方言之凿凿,掷地有声,打动了评委和观众,占了上风。

这种情况下,反方如果从实施环境保护不会降低经济增长速度的角度作切入,显然违背了评委与听众的心理认同,会给人强词夺理的印象。于是反方"拨云见日",深入挖掘,指出:"从表面看似乎太阳绕着地球转,而实际上是地球绕着太阳转;从局部看大地是平面的,而宏观上大地是球面的。同理,从现象、短时内看,实施环境保护似乎会降低经济增长速度,但是从本质、长远看,实施环境保护不仅不会降低,反而会提高经济增长速度。"

反方的解题,向评委和观众显示了透过现象看本质,算大账、算总账的气度,与正方相比,立论高远、逻辑严密,奠定了胜利的基础。

参辩者根据辩题的具体情况认真分析、开拓思路、挖掘要义、选好角度,别出心裁地解题,就一定能在论辩中左右逢源,攻守自如,进退有据,辩入佳境。

(二)语言技巧

论辩场上,唇枪舌剑,据理力争,论与辩始终是论辩的中心问题。有论有辩才有论辩的精彩纷呈,有奇论妙辩方能体现出论辩是一种挑战的游戏、智慧的较量、谋略的竞技。论辩中任何人取胜不仅决定于阐述的道理,也在于所使用的论辩语言技巧。研究和提高论辩的语言艺术对提高一个人说话水平是十分必要的。

1. 论的技巧

(1)动之以情。这是论辩中攻心的优良手段。动之以情不仅可以打动对方,而且可以打动听众,取得同情的效果。春秋战国时期,郑庄公因故将其母亲赶出都城。其母居地的一名小官颍考叔觉得应该为庄公的母亲辩护,他给郑庄公献上一只鸟。郑庄公问这是什么鸟,颍考叔说:"这叫夜猫子,白天瞧不见东西,黑夜里什么都看得见,是个不知好歹的东西。母鸟辛苦地把它喂养大,长大了它却把母鸟吃掉了,是只恶鸟,所以逮来,请主公办它。"颍考叔表面是在评论禽鸟,实质上是在谴责忘恩负义之徒,用母子血肉相连的亲情唤醒了郑庄公的良心。郑庄公听后渐生惭愧,把母亲接了回来,恭敬地赡养。古人云:"动人心者,莫先乎情。"情动于衷,行发于外,论辩就成功了。

(2)先发制人。论辩开始立即发起进攻,争取主动,在对方发表言论之前,先把对方的论点驳得体无完肤,当对方再举出这个论点时,已索然无味。这种方法可以镇定自己的情绪,给对方一个下马威,扰乱对方的阵脚。论辩赛中,一、四辩的陈词可以使用多媒体,观众能边听边看。例如,某次比赛的辩题是"电脑的智能化可能导致人脑的简单化"。正方辩手猜想反方会从人脑结构的退化以及功能的丧失使人脑简单化的角度立论,所以正方利用先陈词的机会,首先下定义:人脑是意识与物质的统一体,即"内宇宙";人脑简单化是思维的单一化、情感的淡漠化、信仰的虚无化等,并利用多媒体展示了图案。正方先发制人地给出一般人对人脑的理解,使反方"脱离人脑的社会性本质谈人脑"的致命弱点暴露无遗,进而掌握先机,把握了主动。

(3)直截了当。就是不卖关子,直接表达自己的想法。例如,1936年,"西安事变"爆发,周恩来受党中央力求和平解决的委托,亲赴西安与张学良、杨虎城手下的军官围绕是否杀蒋展开了论辩。当时军官情绪非常激动,一致要求杀掉蒋介石。面对这些异常愤怒、言辞激烈的军官,周恩来同志劈头一句:"杀他还不容易?一句话就行。"闻听此话,军官们顿时平静下来。周恩来接着问道:"可是,杀了他以后怎么办?局势会怎样?日本人会怎样?国家和民族的前途会怎样?各位想过吗?"连续的发问使大家陷入了深思。接着周恩来做了深入、全面的分析,使大家更深入地认识了问题,最后军官们被说服。

(4)循循善诱。论辩中的双方都希望自己取胜。而经验告诉我们:只有具备敏锐的思想意识,严密的逻辑推理,准确的战机捕捉,一步步诱敌深入,采取迅猛的攻击和恰到好处的语言表达,才是取胜的法宝。

公共汽车到站乘务员验票时,一个乘客说他的票丢了,乘务员让其补票,乘客骂骂咧咧耍无赖,还拉着乘务员找经理说理。经理听完乘客的叙述后问:"你在哪站上的车?该买多少钱的票?你给售票员多少钱?她找你多少钱?"一连串的问题让没有心理准备的乘客一开口就把票价和站名说错了。经理抓住了漏洞,继续追问:"这段路的票价是一元五角钱,你说的一元钱怎么回事？是不是售票员报错站了？售票员找给你的一元钱怎么没了？不买票被查出来是要罚款的，你即使买了一元钱的票，也还是要补票并罚款的。现在咱们之间也说不清楚，你看怎么办好，要不咱让派出所处理这件事吧。"当经理拨打派出所的电话时，乘客主动承认了错误，并表示愿意接受补票罚款。经理循循善诱地提出问题，让对方认识到事情闹大了的严重性，进而主动补票交罚款。

（5）旁敲侧击。在论辩过程中，当正面交锋难以奏效时，可以先避开敏感的实质性问题，从侧面选择突破口，旁敲侧击，由远及近，由此及彼，逐渐接近目标，切入论辩的关键性问题，迫使对方就范。通过迂回的形式，达到战胜对方的目的。

甲乙二人就"能不能预料未来的事"展开论辩。甲说："以往的事我们能知道，未来的事却不可预料。"乙说："我们知道，人们只要掌握了事物的发展规律，就可以预料未来的事。"甲说："事物的发展规律是难以掌握的，因此，未来的事是不可预料的。"乙说："那么我问你，飞机速度快，还是火车速度快？"甲说："飞机速度快，火车比不上它，这是以往的经验告诉我们的。"乙说："假设你在上海接到电报，要你在一天之内赶到北京去参加紧急会议。你是坐飞机去，还是坐火车去？"甲说："当然坐飞机才赶得上开会。"乙说："你现在还没有去北京，怎么能够预料坐飞机才能赶得上开会呢？"甲无言以对。乙没有从正面反击甲，而是用生活常识从侧面设问、突破，诱使甲得出坐飞机才能赶得上开会的结论。然后，乙迅速转入正题，反问还没有发生的事如何知道，甲无言以对，只能接受乙的观点。

这种方法有助于打破僵持局面，从侧翼开辟出一条克敌制胜的捷径。

（6）穷追猛打。论辩一方所以顽固坚持，往往赖于某种心理的支撑。我们应当看到这一点，从多角度、多方向，展开心理进攻，连续突击，彻底打掉对方的心理支点，使之不能负隅顽抗。

一位女士到一家公司应聘，面试的经理是一位中年男子。一见面，经理就摇头说："怎么又是一个女的。"他简单问了几句后说："我对你的学历和其他情况都感到满意，但我们需要的是业务助理，一位能力强的实干家，而不是一位女士。"话中明显带着性别歧视。听了此话女士没有生气，而是平静地说："经理先生，我很佩服您的诚实。女性是存在着许多不如男性的地方，但事物都有两面性，女性特有的细心和温柔往往能够避免矛盾的激化，协调好单位内部的人际关系。难道现实不是这样吗？"经理说："你说得对，理论上是这样的，实际却很麻烦。"女士立即反驳道："麻烦？那我们来谈谈'麻烦'。无须回避，女性由于身体方面的因素确实存在一些麻烦，但真的会麻烦到影响工作的程度吗？我想请经理把传统的家庭妇女与现代意义上的职业女性区分开来。一个职业女性拥有一个幸福和谐的家庭，会让她拥有更多的热情和责任感投入工作。"说到这里，经理已经对她刮目相看了。

女士针对经理的偏见和傲慢心理并没放弃，连续追问，批驳其不当说法，使之难以立足、节节败退，最后一击点出本质，彻底突破了对方的心理防线，将其"俘虏"。

2. 辩的技巧

（1）委婉迂回。直说直辩固然有效，但它往往有犯颜忤意的副作用，难收善果。因此，根据实际，讲究策略，巧辟蹊径，就显得十分重要和可贵。可以正话反说，也可以欲取先舍，欲擒故纵，先扬后抑，等等。

齐景公的一匹爱马暴死了，他怀疑是马夫故意杀害，要将马夫肢解。晏子同情马夫，为其辩护。在征得齐景公同意后，晏子怒斥马夫的罪过："公使你养马，你却把它杀了，你所杀的是公最好的马;使公因一马之故而杀人,百姓闻之必怨吾君,诸侯闻之必轻吾国,如此重罪还不该死吗?"景公越听越不是滋味,这哪里是指责马夫的罪行,分明是在说我胡乱杀人,于是下令释放马夫。

晏子运用反语和婉曲的方法,言此意彼,隐山匿水,使齐景公认识了错误,收回了成命,避免了冤案,又没有发生因"逆圣听"而触犯天怒的可怕情形。

(2)抓住弱点。俗话说:"弱马易骑,弱点好攻。"论辩双方在其论辩过程中,总有其薄弱之处,如性格弱点、心理脆弱、论证不周、论据不足、举例不当、表达欠妥等。恰当地利用这些弱点,可以迅速突破对方的防线,尽快取得论辩的胜利。

英国公使巴克斯非常傲慢、目空一切,遇到棘手的问题时他总要巧妙回避:"等我和沄国公使谈了以后再回答吧!"一次,日本的外交官西乡南洲拜见巴克斯,巴克斯很傲慢地接见他。西乡南洲问道:"对不起,我很冒昧地想问您一件事,贵国到底是不是法国的属国?"巴克斯听后大怒,说道:"请你停止这样说,你应该知道英国是世界最强的立宪君主国家,怎么会是法国的属国,德意志共和国也不能和英国相提并论。""我以前也认为英国是个很强大的国家,但我最近却不如此想。"西乡南洲不动声色地说。"为什么?""其实也没有别的事,只是每当我们的政府和你谈论到国际上的问题时,你总是说等你和法国公使谈了以后再回答。如果英国是一个真正独立国家的话,那不应该凡事要看法国的意见行事。在我的印象中英国好像不是法国的属国,所以我今天才大胆向您请教。"巴克斯被驳得哑口无言了。

(3)就地取材。论辩时只有把握现场,沟通各方,引起共鸣,才会博得观众、评委的好感。这就要求我们善于就地取材,让现场为我所用,使辩驳切时、切境,更加出彩。取材的方法有:第一,就"己方"取材,即以己方的某一情况为素材,或引出问题,或反驳对方,以证明己方立场的正确。第二,就"对方"取材。即把对方辩友的相关材料作为论据,或证明自己立场,或批驳对方观点。第三,就"现场"取材。即把辩论现场人员或现场环境等"扯入"自己的辩驳中,为证明己方的立场服务。

(4)以退为进。是指在论辩过程中,面对对方的错误言论和无理要求,为避免正面冲突,表面上作出某种同意、妥协的姿态,然后抓住对方的漏洞,反守为攻。这就像拳击赛中,聪明的拳击手将拳头收回来再打出去,更加有力、奏效。它具有以柔克刚、后发制人的特点。

某汽车站候车室内一男子将痰吐在洁白的墙上。管理员对青年说:"同志,'不准随地吐痰'的标语看到了吗?"青年回答道:"看见了,我没吐在地上。"管理员说:"如果这样说的话,我们是不应该处罚你的了。但是,也可以这样理解,我们有痰都可以吐到你衣服上,因为衣服也不是'地上'。"青年被说得哑口无言。

(5)归谬反驳。这种方法是先假定被反驳的话题是正确的,由此导出一个虚假的结论,从而确定该论题的荒谬与错误,达到"以子之矛,攻子之盾"的目的。归谬反驳的一般步骤是:找到对方的错误观点——假设对方的观点正确——得出一个类似的结论——得出结论明显荒谬——对方的观点错误。

有一个人喜欢说谎:"我们那里有座寺院,里面有个用竹篾片编成的大澡盆,可以容得下千万人同时洗澡。"旁边一个人说道:"这有什么稀奇,我们那里有一件新鲜事说出来让人吃惊。"大家问是什么事。他说:"有座寺庙里面有一片竹林,还没有三年的时间,就长了几百万丈高。现在已经长得顶了天,再也长不上去了,却又从天上长了下来。"说谎的人说他吹牛。他反问道:

"如果没有这么长的竹子,那拿什么竹篾编织那么大的浴盆啊?"

第二个人针对第一个人的谎话,不进行直接的反驳,指出其荒谬之处,而是以其人之道,还治其人之身,模仿第一个人的说法叙述了另一件事,让说谎者承认了自己的谬误。

(6)转移话题。转移话题是指故意将话题转移到与原话题有联系的另一个话题上,回避原题对自己的不利。这种方法有着欺骗性。两个论题之间有关联,另一话题是原论题的引申、联想,或是同一事物的不同角度,但实际上已经改变了问题的焦点。

机场售票厅里,乘客们正秩序井然地排队购买飞机票。突然,一个穿着讲究的男士挤到最前边,指责售票员工作效率太低,耽误了他宝贵的时间。他大声嚷着:"你们知道我是谁吗?"一副唯我独尊的姿态。售票员转过头对票房里的工作人员说:"这位先生需要我们帮助,他不知道自己是谁了!"接着,售票员问排队买票的乘客们:"你们有谁能帮助这位先生回忆一下吗?他忘了自己是谁了!"乘客们哄堂大笑。那位男士羞愧得满脸通红说不出话,低头返回队伍后面,依次排队。

(三)心理技巧

辩手的心理状态是否良好,直接影响到论辩的谋略、技巧的选择和运用的效果,影响到辩手才华的显现与发挥,影响到论辩的成败。

1. 增强意识

(1)充满自信。基于充分的物质与精神的准备,辩手要对自己的论辩充满信心。

(2)战略意识。在进入论辩前,辩手要以战斗的姿态对待,充分意识到论辩中时刻都要努力压倒对手,努力争取主动;明确论辩的指导思想和原则,在论辩中顽强拼搏,灵活具体地加以贯彻。

(3)控制意识。辩手要充分地认识到论辩是一场攻心战,要做到顺应对手的心理要求,因势利导,使其就范;要不断努力排除和摆脱自身的情绪波动和不良心理,保持稳定的心理。这样就可以掌握主动,驾驭论辩局势的变化,稳坐钓鱼台。

2. 调节心态

(1)明确目的,平静心态。由于人的思想和性格不同,对于同样问题的看法和意见也就会不一致。平时我们所接触的人,包括家人、朋友以及不相识的人,为了闲谈,或为了业务往来,我们除了相互表达意见之外,难免和别人争论一些问题。这时我们要明确我们争论的目的是为了交换意见、交流思想,或是提高工作质量或水平;即使是在辩论场上的论辩也不是要谁压倒谁,谁屈服于谁的目的。所以,论辩中我们要避免正面冲突,注意自己的态度。

(2)失言不失态。论辩中"失言"是致命伤。但失言后千万不能就说错的问题钻下去,那样往往会更紧张,导致方寸大乱。应集中注意力想一些与失言无关的事,让情绪逐渐缓和下来,镇静心态,如环顾论辩的环境、扫视对方的衣着等,这样做可以化解因失言引起的愧疚不安,从而做到失言不失态。其实,任何人都免不了有"出洋相"的时候,论辩中,我们不要怕"出洋相",一旦出了"洋相",就要对自己说"没关系",这是论辩胜利的必备心理之一。

【实训设计】

实训任务1：

就下列论题,分成小组进行群体论辩。
(1) 大学生相处的原则应以合作(竞争)为主。
(2) 网络的发展拉近了(疏远了)人们之间的距离。
(3) 成才的关键是机遇(努力)。
(4) 个人的命运由个人(社会)掌握。
(5) 挫折有利于(不利于)成才。
(6) 求学期间打工利大于弊(弊大于利)。

实训任务2：

找一篇演讲词或散文,弄懂文意、明确字音后朗读。
朗读要求:不要有停顿,发音要准确,吐字要清晰。
目的:锻炼口齿,发音准确,吐字清晰。

参 考 文 献

1. 郭枫、郑淑乔:《演讲宝典》,延边大学出版社1997年版。
2. 刘建祥:《演讲与口才应用知识大全》,湖南人民出版社2001年版。
3. 王箕裘:《口才训练教程》,中国财政经济出版社1996年版。
4. 颜永平:《演讲艺术与实践》,海潮出版社2002年版。
5. 韩富军:《现代礼仪》,东北大学出版社2005年版。
6. 李元授、邹昆山、徐永年:《演讲训练》,武汉大学出版社2004年版。
7. 刘建祥:《能说善辩是一种本事》,湖南人民出版社2007年版。
8. 莫非:《实用口才学》,济南大学出版社2000年版。
9. 郑成刚:《演讲口才》,吉林大学出版社2004年版。
10. 李忠实:《谈话的艺术》,当代世界出版社2004年版。
11. 李元授:《口才学》,华中科技大学出版社2004年版。
12. 刘伯奎、王燕:《口才与演讲》,中国人民大学出版社2002年版。
13. 孙海燕、刘伯奎:《口才训练十五讲》,北京大学出版社2004年版。
14. 叶晗:《大学口才教程》,浙江大学出版社2004年版。
15. 唐戈隆:《练说话 练口才》,中国纺织出版社2006年版。
16. [美]马尔科姆·库什纳:《公众演讲》,机械工业出版社2003年版。
17. 马银春:《口才训练与演讲艺术》,中国物资出版社2005年版。
18. 常建坤:《现代礼仪教程》,天津科学技术出版社2002年版。
19. [美]鲁道夫·F.维德伯:《讲话的艺术》,中信出版社2003年版。
20. 王允庆 于忠生:《口语交际》,大连理工大学出版社1996年版。
21. 刘玉凯:《钱锺书的演讲风格及开场艺术》,《公关世界》,2008年第2期。
22. [美]戴尔·卡耐基:《口才——当众演讲与沟通的艺术》,群言出版社2005年版。
23. 欧阳友权:《口才学》,中南工业大学出版社1998年版。
24. 蔡践、冯章:《演讲的风采》,中国经济出版社2005年版。
25. 张韬、施春华:《沟通与演讲》,清华大学出版社2005年版。
26. 易书波:《精彩演讲特训营》,北京大学出版社2007年版。
27. 欧阳友权、朱秀丽:《实用口才训练》,中南大学出版社2002年版。
28. 高廉平、任崇芬:《普通话与口语表达》,西南师范大学出版社2007年版。

郑 重 声 明

高等教育出版社依法对本书享有专有出版权。任何未经许可的复制、销售行为均违反《中华人民共和国著作权法》，其行为人将承担相应的民事责任和行政责任，构成犯罪的，将被依法追究刑事责任。为了维护市场秩序，保护读者的合法权益，避免读者误用盗版书造成不良后果，我社将配合行政执法部门和司法机关对违法犯罪的单位和个人给予严厉打击。社会各界人士如发现上述侵权行为，希望及时举报，本社将奖励举报有功人员。

反盗版举报电话：(010)58581897/58581896/58581879
传　　真：(010)82086060
E - mail：dd@hep.com.cn
通信地址：北京市西城区德外大街4号
　　　　　高等教育出版社打击盗版办公室
邮　　编：100120

购书请拨打电话：(010)58581118